国家社科基金重大项目"黄河流域生态环境保护
与高质量发展耦合协调与协同推进研究"（21ZDA066）

祖国不会忘记

青年学生参加贫困县退出第三方专项评估调研感想

主编　宋敏　闫团结

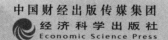

中国财经出版传媒集团
经济科学出版社
Economic Science Press

图书在版编目（CIP）数据

祖国不会忘记：青年学生参加贫困县退出第三方专项评估
调研感想/宋敏，闫团结主编. —北京：经济科学出版社，2021.6
ISBN 978 - 7 - 5218 - 2579 - 4

Ⅰ.①祖…　Ⅱ.①宋…②闫…　Ⅲ.①扶贫 - 评估 - 研究 - 中国
Ⅳ.①F126

中国版本图书馆 CIP 数据核字（2021）第 097955 号

责任编辑：于海汛　郑诗南
责任校对：刘　昕
责任印制：范　艳　张佳裕

祖国不会忘记
——青年学生参加贫困县退出第三方专项评估调研感想
宋　敏　闫团结　主编
经济科学出版社出版、发行　新华书店经销
社址：北京市海淀区阜成路甲 28 号　邮编：100142
总编部电话：010 - 88191217　发行部电话：010 - 88191522
网址：www. esp. com. cn
电子邮箱：esp@ esp. com. cn
天猫网店：经济科学出版社旗舰店
网址：http：//jjkxcbs. tmall. com
北京时捷印刷有限公司印装
710×1000　16 开　22 印张　300000 字
2021 年 6 月第 1 版　2021 年 6 月第 1 次印刷
ISBN 978 - 7 - 5218 - 2579 - 4　定价：88.00 元
（图书出现印装问题，本社负责调换。电话：010 - 88191510）
（版权所有　侵权必究　打击盗版　举报热线：010 - 88191661
QQ：2242791300　营销中心电话：010 - 88191537
电子邮箱：dbts@ esp. com. cn）

如果我们选择了最能为人类而工作的职业，那么，重担就不能把我们压倒，因为这是为大家作出的牺牲；那时我们所享受的就不是可怜的、有限的、自私的乐趣，我们的幸福将属于千百万人，我们的事业将悄然无声地存在下去，但是它会永远发挥作用，而面对我们的骨灰，高尚的人将撒下热泪。

——卡尔·马克思

实践是最好的老师

　　实施精准扶贫精准脱贫方略，消除农村的绝对贫困，这无疑是 21 世纪上半叶在中国发生的大事。2015 年《中共中央 国务院关于打赢脱贫攻坚战的决定》提出，到 2020 年底要确保在现行标准下，我国农村贫困人口实现脱贫，贫困县全部摘帽，解决区域性整体贫困。几年来，在国家确定的 832 个国家级贫困县中，"五级书记抓扶贫"，广大基层干部更是全身心投入，经济发达省份和央企积极对口支持，以及全社会广泛参与，打响了消除绝对贫困的"人民战争"。

　　为了确保减贫效果好、成色足、信誉度高，国家引入了第三方评估机制，对在县级申请、市级初审、省级专项评估检查已经走完程序的拟退出摘帽的贫困县，请独立的第三方机构进行评估，只有"三率一度"符合国家标准才可退出贫困县序列。国家的标准是，贫困人口漏评率低于 2%、脱贫人口错退率低于 2%、综合贫困发生率低于 2%（西部地区低于 3%）、群众认可度大于 90%。

　　第三方评估的工作流程是，调查队员深入贫困县的边边角角，尤其是容易被忽视的盲区和死角，去了解那里的农户是否真正解决了"两不愁三保障"（吃、穿不愁，住房安全、义务教育、基本医疗有保障）问题，是否享受到了产业政策、就业政策、扶贫小额信贷政策、教育政策、医疗政策等国家的各种扶贫政策，以此来测算贫困县摘帽是否满足国家要求的"三率一度"标准。

2016年初，北京师范大学开始参加国家精准扶贫工作成效第三方评估和贫困县退出第三方评估工作。2017年夏天，受国务院扶贫办的委托，北京师范大学牵头、多所高校积极参与，对重庆市2016年摘帽退出的万州区、武隆区、黔江区、丰都县、秀山土家族苗族自治县进行了第三方"试"评估。基于在北京师范大学学习的经历，宋敏老师被邀请作为带队老师参加了此次评估。是年国庆节，国务院扶贫办宣布这5个县区正式摘去贫困县的帽子。这是共和国自有贫困县以来首次在贫困县数量上的减少，具有标志性的历史意义，当时一共摘帽退出的有28个贫困县。2018年夏天，受国务院扶贫办的委托，北京师范大学承担了山西省、黑龙江省和内蒙古自治区2017年退出的9个贫困县的第三方评估工作，宋敏老师继续作为带队老师参加了此次评估。

随着拟摘帽贫困县数量的增加，为体现"中央统筹、省负总责、市县抓落实"的工作机制，国务院扶贫办将第三方评估的任务下放到了各省扶贫办，基于此，受相关省区扶贫办的委托，北京师范大学又承担了山西省、内蒙古自治区和黑龙江省2018年、2019年贫困县（旗）退出摘帽的第三方评估工作。基于几次评估活动确立的相互信任基础和建立的良好合作关系，西安财经大学单独组队，在宋敏老师的组织下，和闫团结、高林安、李莉、刘树枫、白忠德、刘若江、冯力沛、刘辉、任艳妮、李转、李睿等老师的带领下，每次都有几十位研究生积极参与，无论是在山西省的平陆县、万荣县、方山县、垣曲县，还是在内蒙古自治区的阿荣旗、库伦旗、奈曼旗，抑或是在黑龙江省的桦南县，每次都出色地完成工作任务，受到省区扶贫办和被评估县的好评。

2019年夏天，受国务院扶贫办的委托，北京师范大学承担了对青海省、宁夏回族自治区、新疆维吾尔自治区2018年摘帽贫困县的抽查工作。作为北京师范大学组织的抽查团队之一，西安财经大学评估队在宋敏老师和李莉老师的带领下，远赴新疆维吾尔自治区的克孜勒苏柯尔克孜自治州乌恰县，深入边境农村牧区，出色地完成了评估的外业工作。

经过三年来的多次评估，西安财经大学评估团队给我留下了深刻的印象！

我看到，参加评估的老师和同学都全身心地投入到工作中。他们有担当，不管工作环境多么恶劣，无论是在东北冒着零下20摄氏度的严寒，还是到平均海拔在4500米以上的帕米尔高原，都表现出极大的工作热情，从不讲条件；他们有礼貌，手握国家的标准和尺子去被评估县较真、碰硬，同时也表现出了对那些常年奋战在脱贫攻坚第一线的扶贫干部足够的尊重，充分理解他们的辛勤工作和付出；他们有爱心，当看到那些艰难生活的贫困户、听到扶贫干部感人至深的事迹后，他们会动容、会忍不住掉眼泪；他们有情怀，他们以真挚热烈的情感，参加着每一次评估，本书中记述的点点滴滴都是他们情感的真情流露。

我还看到，参加评估的同学们都有很强的求知欲。他们所到之处，学习那里的自然地理、人文社会，了解那里的风土人情，尤其是他们还学习被评估县当地的乡村俚语，以便能够准确地理解农户语言表达的真实含义，更好地完成工作，避免因语言问题而发生不必要的误解，伤了扶贫干部的心。给我留下强烈印象的是在乌恰县，他们与柯尔克孜语小翻译的完美配合，使语言不再是与少数民族农牧民沟通交流的障碍。在评估中，他们开阔了视野和眼界，更加直观地认识了中国农村。他们看到了充满了各种问题的中国农村，但这些都需要用发展的办法去逐步解决。当然，他们也领略了祖国的大好河山，感受到了中华文化的多样性。他们真的是做到了——读万卷书，行万里路！

我还注意到，同学们在完成国家评估任务的过程中，用所掌握的知识来解析社会、解析中国农村，把在调研中获得的感性知识进行提升，并将其学理化、系统化。同学们大多数是经济学相关专业的研究生，他们运用所学以独特的视角去看待这次精准扶贫和精准脱贫，去关注"三农"问题，去了解农户收入的构成问题，去思考现在农村的空心化和老龄化问题，去探索不可再生资源开发地区如何实现转型和接续产业发展问题等。

特别值得一提的是，每一次的评估都是一次难得的集体活动。每天的工作都要统一行动，每一份调查问卷都要有两位调查员（在乌恰县还有翻译）的合作才能完成，晚上回到驻地还要进行资料整理，联络员还要负责与地方对接并安排第二天的行程，入户期间还有许多繁杂的事情需要组织和协调，对此很多同学如辛强、金博等都表现得非常出色。

作为评估工作的总负责人，我深切地感受到，精准脱贫的第三方评估工作给同学们提供了接触社会、了解中国农村的绝好机会。"纸上得来终觉浅"，人是往前走的，经验之光只照人们的后背，只有在前行的实践和观察中才能丰富自己，得到自己需要的结论。实践是最好的老师。

是为序。

北京师范大学 刘学敏

2020 年 5 月 18 日

目　录

第三篇　晋善晋美

第四篇　深情黑龙江

第五篇　七彩云南

附录

后记

第一篇
大 美 新 疆

乌恰——帕米尔高原上的乌托邦

文/王岩

（西安财经大学经济学院 2019 级金融学研究生）

临近毕业的六月初，刚刚完成毕业答辩的我还在匆匆忙忙的整理着毕业设计资料，一个来自陕西的电话打了过来，"你好，我是宋老师的学生金博，宋老师在七月初将组织一次扶贫调研活动……你愿意参加吗？""我愿意，非常荣幸！"挂掉电话，我的心情异常激动，一方面是觉得宋敏老师能给我这次机会也算是对我的认可和考验，另一方面是因为从来没有参加过这种活动，心中充满了好奇与期待。

随后金博师兄通过微信发给了我调研的具体信息，我才了解到这个扶贫调研活动是由国务院扶贫办委托，北京师范大学组织的对贫困县退出的第三方评估，西安财经大学也是参与其中的一个队伍。了解了活动的来龙去脉，感到荣幸的同时也深知这是一次重要的任务。

时间过得飞快，上课的铃声还回荡在耳边，就已经告别了四年的本科生活。假期从泉州刚回到西安，便马不停蹄地参加了此次活动前的培训会。当得知此次调研要前往我国的西部边境新疆维吾尔自治区的乌恰县，便想起刘学敏老师在培训会上所说的，贫困地区大多是"老、少、边、穷"。然而此次调研所去的乌恰县几乎占了所有要素，再加上自己对于新疆的了解甚少，只有印象中甜甜的哈密瓜、能歌善舞的少数民族、美味的烤肉和馕以及严峻的维稳形势，顿时觉得此次调研可能会遇到许多困难，此前的兴奋与好奇也冷却了不少。

终于等到了出发，乘坐飞机从西安到喀什，随着飞机的起落架与地面的撞击，此次调研正式拉开了帷幕。坐在从喀什前往乌恰县的车上，大家都好奇地望着窗外，笔直绵长的公路，一望无际的戈壁滩，连绵不绝的山脉，在荒漠上许多河流的河道已经干枯，但还能看到那宽广的河床，仿佛大地上的一道道皱纹。最奇妙的是，在车辆行进的过程中，窗外的景色在不断地变化，时而荒芜，时而茂盛，有时竟能看到流向地平线远处的河流以及大片的绿洲。

来到乌恰县，首先举办了对接会，县领导向调研队伍讲解了乌恰县的基本情况以及扶贫工作的成果与亮点。作为会议记录员，我有幸参与了交接会结束后的信访舆情座谈会，在座谈会上，有一个细节令我印象十分深刻，当带队老师问到乌恰县的信访情况时，乌恰县政法委书记回答道："我们县的信访问题都在基层解决，从2014年分管信访工作至今，涉及扶贫工作的问题直接信访到县上的情况没有发生过。"这不禁让我产生了疑问，零县级信访的情况是实际情况还是领导夸大？很快，这个疑问在我随后的调研工作中得到了解答。

经过了一下午的休整，在 2019 年 7 月 9 号早晨，我们正式开始了入户调研，这是我第一次进行入户调研，也是我与我的搭档乔怡榕师姐还有我们的小翻译昆都孜妹妹的第一次合作。由于是第一次，师姐告诉了我基本的调查流程后，决定由我来做主要的提问，我有不懂或者不充分的地方由师姐进行解释和补充，师姐安排的这种团队模式也让我在随后的调研中很快地熟练了起来。在第一户调研中，因为我对问卷还不是很熟悉加上跟翻译的配合也还不够默契，我们第一户的调研足足进行了近 50 分钟才结束，但也正是前期的磨合让我们的团队日渐默契，随着调研的进行，我也初步了解到了当地的扶贫政策：由于乌恰县大部分人口为柯尔克孜族，这是一个古老的游牧民族，因此政府主要对贫困户的畜牧业给予帮扶，主要手段是通过补贴给贫困户发放牛、羊、驴、马等，鼓励农户发展畜牧业致富增收；并且给农户建造发放抗震级别达到 9 级的安居房；还安排了一大批护边员、护林员、保安等公益岗位。这些力度强劲的扶贫政策也使老百姓们的生活发生了翻天覆地的变化。

　　走进每一位农户家中，首先映入眼帘的是绣着各式各样复杂美丽花纹的挂毯、地毯、靠垫，当我问起这些精美物件的来源时，柯尔克孜族男人眼里会闪出自豪的光，笑着告诉我们："这都是我妻子在参加刺绣技能培训以后自己给家里绣的。"他们告诉我，这些手工艺品的原材料甚至连缝纫机都是政府发放的，他们的手工艺品不仅可以装点自己的生活，也可以用来补贴家用。柯尔克孜族人非常地热情好客，不管去哪一户调研，他们家中都摆着满满一桌招待客人的零食，馕、甜杏、核桃、大枣、糖果，甚至还有自己家里做的酸奶和现切的新鲜西瓜、哈密瓜。

　　都说"一方水土养一方人"，乌恰美丽的山水间也养育出了柯尔克孜族人美丽的心灵。这里远离了城市的喧嚣，远离了人与人之间的钩心斗角，剩下的只有湛蓝湛蓝的天空、连绵不绝的山脉、清冽透明的河流、笔直挺拔的白杨、穿着鲜艳色彩衣服的家庭主妇、唱着悠长号子的牧羊人。在七天的调研中，我不止一次被柯尔克孜族人的淳朴所打动，在一户抽查调研中，户主的哥哥跑来串门，看到我们在进行调研，盛情邀请我们完成这户之后一定要去他家里看看，到他家中以后，还没等我们提问，他便自己介绍起了家里的情况，说自己的日子如何一天天变好，说党对他们的关怀如何的无微不至，他还骄傲地给我们介绍他的儿子，儿子在浙江念书，成绩非常好，而且孩子上学的费用都是由他们家一位北京结亲户资助的。

令我印象深刻的还有柯尔克孜族人深厚的家国情怀。在七天的调研过程中，我听到最多的话就是"感谢共产党，感谢政府，感谢习主席"，从他们真挚的眼神和语气中，我能感受到他们对于党和国家那发自肺腑的热爱。在一次入户中，户主是一位 66 岁高龄的柯尔克孜族奶奶，她眼里含着激动的泪水向我们讲起从前吃不饱、穿不暖的艰苦日子，现在日子好了，想吃什么就吃什么，她的衣服都穿不完，为了表达对党的感谢，奶奶还写了一首诗送给党，并且全部都背了下来，看着奶奶眼含泪水慷慨激昂地背诵着她的诗歌，我们心中对于党和国家的热爱也更加深刻了。柯尔克孜族人对于党和国家的感谢不仅仅体现在一句句言语之中。乌恰县有着长达 410 公里的边境线，受周边国家恐怖主义活动的影响，守边护边任务也就显得十分重要，乌恰县的柯尔克孜族人自新中国成立以来就自愿为祖国护边。在 20 世纪 60 年代，护边任务都是义务参加，没有任何报酬，但爱国的柯尔克孜人还是提起棒子不畏风雪严寒、艰难险阻，用脚步和信念守护着祖国的边境，就像在边境埋下一颗颗"中国石"的布茹玛汗·毛勒朵奶奶说的那样："我们帮助国家守好边境线，就是保护我们自己的家。"我们还了解到，乌恰县的每一个村子在周一都会举行升国旗仪式，而且村民们都会准时参加仪式。在他们眼中，是党和国家给了他们一切，是党和国家帮他们做了父母都没有做到的事情，他们热爱党和国家，感恩党和国家，他们为自己是一个中国人而深深地感到自豪。正如宋老师说的那样，这次不仅仅是一次调研任务，更是一次生动的爱国主义教育。此前我心中对于政法委书记所说"零县级信访"的疑问也找到了答案。

　　令我感动的不仅仅有淳朴热情的柯尔克孜族人民，在乌恰县工作的汉族干部们也同样令人动容。他们远离故乡几千公里，无私地奉献着自己的青春和热血，为乌恰县的建设发展和民族团结做出了巨大的贡献。在乌恰县医疗一线工作了56年的吴登云医生，家乡在距离乌恰县5000公里的江苏扬州，从医生涯中从未接到投诉，自学掌握了所有科室的手术。在早期医疗条件十分落后的乌恰县，对于需要输血治疗的患者，只要得知患者与自己血型匹配，吴医生便会毫不犹豫地献出自己的鲜血为患者治疗。从他来到乌恰县至今，共献血34次，献血量达8000毫升，比一个成年人身体中所有的血液量还要多。对于烧伤后需要植皮的小孩，吴医生也毅然割下自己身上的皮肤来为小孩植皮，成功地挽救了小男孩的生命。吴医生说："一个人的生命是有限的，而人民的事业是无限的。"吴医生用自己一天天平凡认真地工作谱写出了伟大的生命史诗。在吉根乡，我们见到了来自重庆的党委书记陈邹凤，2015年，刚刚大学毕业的陈书记和男友通过内招一起来到了新疆，虽然年轻，但工作毫不马虎，她深入每家每户走访调查，掌握群众的生活状况，和护边员一起架设隔离铁丝网，长期的户外工作，把她的脸晒得黝黑，但每当提起乡亲们蒸蒸日上的生活时，她的脸上便浮现出最纯真最美丽的笑容。

　　七天的调研活动转眼间就已经结束，在这七天里我们欢笑、感动、热血澎湃、激情昂扬，我的第一次调研能够圆满结束，要感谢的人有很多。首先要感谢老师给我这次机会参与调研机会，并跟我们一起入户下乡、开会总结，带领着我们紧张有序地完成了调研工作；其次要感谢乌恰县的每一位干部和每一个农牧民，他们积极配合的态度让我们十分顺利的开展工作；最后要感谢我们小团队的每一个队友，乔怡榕师姐不光教会我如何进行调研工作，她虽然生病但还是坚持工作并且认真负责的态度也让我深受感动，我们的翻译昆都孜妹妹对待工作也十分认真，在遇到问题时积极与我们交流，她准确的翻译也给我们的调研工作带来了很大的帮助。

虽然离开乌恰很久了，但脑中还是时常浮现起乌恰的天，乌恰的云，乌恰的山川和小溪，乌恰人真挚的笑脸、清澈的双眼。乌恰之行除了工作以外更像是一次洗涤心灵的旅行，让我对于人生、对于世界都有了新的感知。我相信，如果世界上真的有美丽的天堂，那么乌恰一定是最接近天堂的地方！我也相信，在党和国家的深切关怀下，在习近平新时代中国特色社会主义思想的指引下，乌恰人民会同全国各族人民一起，团结互助、艰苦奋斗，共同迈向更加美好的明天！

最美乌恰，感恩同行

文/石玉

（西安财经大学商学院 2018 级会计专硕研究生）

2019 年 7 月 8 日，迎着清晨的曙光，我们踏上了前往新疆维吾尔自治区西部的乌恰县的调研之路，跨越三千多公里的距离，从祖国心脏到达祖国最西部的边陲小镇。

"落日戈壁、西极雄关、丹霞地貌、高山峻岭"是文人墨客对帕米尔高原乌恰区域自然风貌的形象描述。七天的调研中，我们共走访了 6 个乡镇的 7 个行政村，完成农户问卷 42 份，顺利完成了调研任务。根据走访情况，我们了解到所有农户已全部满足"吃得饱、穿得暖"的标准；政府全面落实十五年免费教育，没有出现义务教育阶段儿童辍学的情况，学生们也享受着政府提供的寄宿补贴、免费营养餐、书本费、学杂费等优惠政策，此外，贫困大学生还享受一定的资助资金；当地政府还建立了"城乡居民基本医疗保险＋大病保险＋医疗救助＋补助医疗保险"医疗保障体系，建档立卡贫困对象合规费用报销比例达 95% 以上，慢性病及大病的农户相比之前调研的地区数量较少。即使是患大病、慢性病的农户，也可以通过报销一定程度上做到"花小钱，治大病"；在住房安全方面，2014 年以来政府为农户建立富民安居房，大部分农户都享受到这一政策，他们可以花费少量的钱住上富民安居房，以上这些措施使农户们的"两不愁三保障"问题均得以解决。

我们所走访的农户，大部分享受过发展生产扶持项目的福利。例如，政府提供资金或实物等帮助农户发展产业，同时还发展兴边富民行动，将 7 个边境乡 22 个边境村中符合条件的建档立卡户中的 2656 名贫困人口聘为护边员，并发放补贴。此举一方面为边境人民提供就业机会，增加农户收入，另一方面实现了脱贫攻坚与富民固边的有机结合，确保了边民不流失、守边不弱化。

民族团结一家亲，天山南北花盛开

乌恰之行，我们有幸见到了"帕米尔高原上的白衣圣人"吴登云爷爷、护边 50 多年的布茹玛汗·毛勒朵奶奶、吉根乡"90 后"乡党委副书记陈邹凤以及无数个默默无名却又甘愿扛起护边重任的工作者们，他们将热血甚至整个青春挥洒在这片他们热爱的土地上，听着他们的故事，不禁让人感动落泪、肃然起敬。

80 岁的吴登云爷爷被称为"帕米尔高原上的白衣圣人"，是百位新中国感动中国人物、乌恰县人民医院原院长。当年他自愿来到我国最西端，将自己的一生奉献给了乌恰县的医护工作，更将自己的命运与当地各族人民紧紧联系在一起。他曾骑马走遍了乌恰县的每个村子和牧场，为柯尔克孜族牧民送医送药。他曾先后为危重病人输血 30 多次，累计献血 7000 毫升，相当于一个成年人全身血液的总量。他曾为挽救一个全身 50% 以上皮肤被烧伤的两岁儿童，从自己腿上取下 13 块皮肤移植给患儿。甚至他唯一的女儿也把年轻的生命献给了柯尔克孜族的卫生事业。他曾手把手地传帮带，悉心培养了一大批柯尔克孜族医生。他为给病人创造良好的就医环境，提出一个"十年树木工程"，硬是在戈壁滩上建起了一座园林式的医院。吴登云爷爷为我们讲述了当年抽血救人、割皮救人的故事，爷爷说当他看着患功能性子宫出血快要奄奄一息的柯尔克孜族妇女输入他的血然后一点一点好转时；看到不慎跌进火堆全身一半以上皮肤被烧焦的孩子通过他的植皮慢慢恢复时，他觉得他做的这些都是值得的。整个讲述，爷爷语气平实，他说这一切都是他作为一名医护人员的使命和职责，可又有多少人能像吴登云爷爷这样把平凡的岗位做到不平凡呢。

我们还专程拜访了吉根乡一位 75 岁的义务护边员——布茹玛汗·毛勒朵，她是"中国十大杰出母亲"之一，她家门口的"护边光荣之家"的牌子十分引人注目。护边历史教育馆的墙壁上，百余张图片无声地讲述着她的护边故事……毛勒朵奶奶 24 岁时成为乌恰县吉根乡的千里边防线上的首批义务护边员，她从小没有接受过教育，只认识两个字——中国！在海拔超过4000 米的冬古拉玛山口，除了冰川雪山，还有一道独特的风景，那就是刻着汉文和柯尔克孜文"中国"字样的石头，这些都是毛勒朵奶奶在 50 多年的巡边生涯中一块块刻下的，她说每写一块就将这块石头埋在边界线下，无论斗转星移，只要挖出地下的石头，就昭示着这里是中国的领土！

毛勒朵奶奶不仅把自己的一生奉献给了祖国边境，也把这种守护者精神传递给了身边的每一个孩子们，她经常给学校的孩子上民族团结课，奶奶说："边境线的每座毡房都是一座哨所，我要继续讲好民族团结的故事，还要给更多的人宣传，'中国'这两个字不仅要刻在石头上，更要刻在我们每一个人心中。"

乌恰县吉根乡，是中国"最后迎来朝阳，最晚送走夕阳"的乡镇。90后的重庆妹子陈邹凤已是吉根乡的乡党委书记，她是我认知里最年轻、最有力量的乡村干部，小小的个子、黝黑的皮肤、扎着高高的马尾，微笑的时候露出两排整整齐齐的白牙，为人谦和真诚，讲起话来两只眼睛睁得大大的，炯炯有神，她的真诚渗透在每一个言语里、动作里，感染着身边的每一个人。她对新疆充满向往，所以义无反顾选择来新疆工作，她对管辖区域里每一户家庭的基本情况如数家珍，把农牧民的大事小事都放在心上，谁家有人生病了，她冒雨送往医院；谁家有孤寡老人，她就经常去看望照顾；有时候还帮孩子们辅导功课，帮缺少劳动力的牧民干农活。记得她给我们看了一张她和几位工作人员穿着短袖笑嘻嘻地站在雪地里的照片，背景是一座座白雪皑皑的大山，那一年在巡查边境线的过程中，山路难走只能靠滑，整个护边服都湿透了。她是照片里唯一一个女生，可是不知道为什么，她看上去和其他威猛强壮的护边大哥一样高大。

在乌恰我深刻感受到了"全民"护边，不仅仅是拥有公益岗位的护边员，每一户农户的护边意识都令我感动，我们组所接触到的农户，无一不在交谈中表达了他们的感恩之心，这让我最先学会的柯尔克孜语不是你好，而是谢谢——"呀合嘛哒"，因为他们总在对我们说"谢谢你们大老远来看我们，谢谢共产党，谢谢习主席，请你们帮我们转告习主席，我们乌恰人民过得很好，我们现在吃得饱穿得暖，有电有水，交通也便利了，还有富民安居房，很幸福，请他不要操心，我们一定守护好祖国的边境，请习主席放心"，每次听到这些，作为脱贫攻坚评估专项组的一员，我们都会微笑着回馈一句"谢谢，这都是我们应该做的，愿您一家身体健康，幸福喜乐"。通过这次乌恰之行，让我重新认识了边疆的人民，他们淳朴、简单、真挚、热情，在走访一家农户时，有一对70岁左右的爷爷奶奶，临走前，爷爷和奶奶分别亲了博哥和我的手，我俩也当作回礼般的亲了回去，走出了院子小翻译告诉我们，这种礼节一般是对子女才会有的。我们与爷爷奶奶只是一面之缘，短短的 40 分钟，竟然会收获如此礼遇，当时真的好想冲回去抱着爷爷奶奶说一声谢谢。

感谢同行的伙伴

这次外业调研与之前不同的是除了每组两个调研员外，团队为每组配备了当地的小翻译，以便我们与农户沟通顺畅。我们组的小翻译叫布祖拉，黝黑的皮肤，大而黑亮的眼睛，笑起来很好看，起初见面的时候还略带腼腆，后来相处熟了发现她真是个可爱迷人又认真的小姑娘。她明白自己的职责所在，每走访一户她就像提起了十二分精神瞬间进入工作状态，柯尔克孜族同胞的热情回复，布祖拉都会一句不差地翻译，经常一户走访下来就口干舌燥，翻译时遇到很难让农户理解的点或是农户回答不明确的情况，她都会反复确认；当地人民十分热情，总会在走访完毕后跟我们聊聊天，由于语言不同，都是全程翻译，几天下来布祖拉整个嗓子都哑了，但我们能做的只是多让她喝点水，塞给她西瓜霜含片，多给她夹菜让她多吃点别饿肚子，这让我们又爱她又心疼她。她是一个感性又可爱的人，走访中布祖拉会因为听到了感人的故事睁着泪汪汪大眼睛翻译给我们听，会跟着哭着说"感谢党、感谢习主席、感谢国家"的农户一起偷偷抹眼泪，我和博哥虽然听不懂他们语言，可此情此景也足以让我们读懂一切。她是一个有想法又细心的人，相处的时间总是过得很快，记得从第 2 天起她就开始疯狂地拍照，后来她偷偷告诉我说，她想帮我们把最美的景和最好的我们都记录下来，这是属于我们小团队自己的精彩回忆。

七天的调研结束了，最后我想说：

"你好布祖拉，我们约好还会相见。"

霞恋之地，美好永驻

文/徐瑶

（西安财经大学经济学院 2018 级金融学研究生）

　　在中国有一片神奇疆域，这里有风光壮丽、路途惊险、景色绚丽的沙漠原乡，这里就是新疆的南疆，也是丝绸之路的咽喉要道。这片美丽又神奇，有着梦幻般吸引力的地方，将是我们第三方评估退出贫困县抽查的第一站：克孜勒苏柯尔克孜州乌恰县，它位于塔里木盆地最西端，帕米尔高原东部，天山与昆仑山两大山脉的交汇处，是我国最西北的一个县城，每日负责送走祖国最后一缕阳光。生活在城市的人们，总是会互相调侃一句，你见过凌晨五点钟的太阳吗？以表自己对生活的努力和热爱；但是，现在我可以问一句，你见过晚上 10 点钟的太阳吗？以表自己见过祖国最晚也是最美落日的自豪。以前从没有细思过，新疆这个地名的由来，"疆"可为界、可为地，那"新"的意义从何说起呢？原来，在公元1878年左宗棠从阿古柏手中收复了新疆之后，沙俄侵略者也在1881年签定《伊犁条约》后被迫归还了伊利地区，左宗棠力主在天山南北建省，他在给清朝皇帝的奏折中称新疆是"他族逼处，故土新归"。于是，1884年新疆建省，新，寓意疆土的失而复得，告诫后代更加珍爱此地。

细数起来，这已经是我第四次参加退出贫困县调研任务，走过3个省5个县，从陕西的邻省山西到祖国最东部黑龙江，再到这次祖国的最西部新疆。去过人人知晓的笑话王国万荣县，看过桦南县一望无际的黑土地，感受过乌恰县柯尔克孜族人民的淳朴和善良。在乌恰七天的调研时光很快就结束了，现在再回想起在乌恰的点点滴滴，总会情不自禁翻出自己记录的张张照片，每一张照片背后的故事都能很清晰地浮现在脑海中。

搭起友谊的桥梁

在相册中出现次数最多的是一个小姑娘，她是我在乌恰县认识的第一个柯尔克孜族的珍贵的朋友：她聪明、开朗、大方，偶尔还有些小机灵，在七天的调研工作中，她担任着很重要的角色，为我们和受访户之间搭起一座语言的桥梁，她就是我们的小翻译阿丁。回忆起初次见到她的时候，一副略显稚嫩的脸庞上，两个乌黑的大眼睛显得特别干净、有神，活力满满是我对阿丁的第一印象。在入户调查过程中，阿丁和我们配合得比想象中更默契，她理解能力很强，表述能力也非常好。每当遇到比较难理解的专业名词，我们都会给她转换为通俗易通的话语讲出来，她理解得很快很准确，再用柯尔克孜语翻译给农户。只经过一天的磨合，她就可以灵活地把相关问题放在一起询问，问完农户之后，她会把刚才的信息捋顺了后用汉语转译给我们，尤其是当问到农户收入的时候，因为收入来源比较多，还牵扯到收入性质的分类，所以她会先把农户反馈的收入在自己的本子上进行一遍核算，再一项一项告诉我们，我们再进行复核。她的聪慧和认真，让我们的入户调研工作进行得更加顺利。

在调研之余，这个我们眼中的小妹妹，无时无刻关心和照顾着我们，她说你们来到乌恰，就是我们的客人，这是我应该做的。她身上所展现出的热情、淳朴、善良，代表着每一位柯尔克孜族人民。在调研过程中，她搭起的是一座语言的桥梁，但在两个民族之间，她却搭起了一座友谊的桥梁。这座友谊的桥梁见证着民族之间的团结和友好，也时刻提醒着我们作为国家新一代青年，维护好民族之间团结友好的关系，是义不容辞的责任和义务。

鱼知水恩，乃幸福之源也

手指翻动着相册，慢慢停在了一张老奶奶落泪的相片上：那是入户调研的第二天早上，当我们打算去第二户的时候，在路边被一位奶奶拉住了，她抓着我们的手，嘴里说着我们听不懂的话，刚说没两句，奶奶的泪水就落下来了。根据以往调研经验，我们觉得可能是奶奶遇到什么困难了，需要我们的帮助，我们急忙喊来了阿丁，让她帮我们问问。通过阿丁和奶奶的沟通，我们才知道奶奶刚才是在表达感谢，她说感谢国家，感谢党，感谢习主席，给我们这么好的生活，我们现在没有困难了，吃的饱也有衣服穿，生病看病也不需要自己出钱。她还说现在都住进了明亮的房子，村里的路也从"水泥路"变成了真正的水泥路，我们在政府的帮助下已经可以自力更生了，通过自己勤劳的双手去致富，不再给国家添麻烦了，你们可以去帮助更困难的人们，我们现在已经很好了。

听到这里，我的泪水一直在眼眶里打转。想起之前调研期间遇到过一些为了能多领一些政府的补贴不愿意脱贫的人，为了能吃上低保虚报收入的人，只要是不用通过自己劳动就可以获得的收入，别人有的，我也一定要有，从不去想那些确实有困难的人，也从不会想让有限的资源去帮助那些更需要帮助的人，只想着自己有没有不劳而获的收入。相比之下，这位老奶奶的一番话让我非常感动。其实，我们在入户调研中所看到的只是他们现在的一个生活状态，但他们之前为此幸福生活所付出的努力和艰辛是我们无法想象到的，在这种情形下，他们还能知恩、感恩，这是最令我感动的地方。

鱼知水恩，乃幸福之源也。在这几天调研走访过程中，我感受到最多的是柯尔克孜族人民的热情，听到最多的就是感恩的心声，他们对于党和国家的帮助是发自内心真诚的知恩和感谢，他们用最纯朴的话语和行动向我们表达着这份心声。我们每到一户人家，他们都会提前很用心准备非常丰盛的食物招待我们；听说我们要来，他们都会梳洗打扮一番换上过节才会拿出来穿的漂亮衣服；有位大娘扭伤的手还没有痊愈，却一大早起来给我们烙当地一种很好吃的饼。因为我们只是抽查，不会每一户都去到，但是他们每一户都做好欢迎我们到来的准备。因为他们有太多太多感谢的话要对我们讲，因为他们时刻记着是党和国家的帮助让他们生活变得越来越好，有一位老爷爷激动地对我们讲：我以为这辈子这些感谢的话讲不出去了，你们来了我也就不留遗憾了。我相信一个懂得感恩的民族，他们会越来越幸福，越来越美好，我为他们祝福。

边境线上的白杨树

乌恰县西北与吉尔吉斯斯坦共和国接壤，拥有两个国家一类对外开放陆路口岸，同时也拥有 425 公里的边境线。边境线是对国家领土的界定，国家领土就需要有人来守卫。在乌恰，我们见到了许许多多身着军装手持武器的护边员，在这些护边员中很大一部分是柯尔克孜族人民。在我们的走访过程中，了解到只要是贫困户，家里就会有一个人是护边员，每月有固定的工资收入。我们一开始认为护边员是政府性扶贫政策，通过培训他们做护边员来增加家庭收入。让我们改变这种看法的是一位老奶奶，她就是布茹玛汗·毛勒朵，一名义务护边员。这位老奶奶从 60 年代起就用自己的双脚丈量着祖国的边境线，几十年过去了，奶奶在边境线上留下了自己重重叠叠的脚印，也把边境线上一草一木一石都刻在了心中，在奶奶守护的山口，从未发生过人畜越境的事件，奶奶将守边当作她一生的事业为之奉献，无怨无悔。现在奶奶老了，仍不忘教诲子孙后代：有国才有家，你们现在每个月还能领到护边工资，就算国家不给这笔钱，我们也有义务守护好我们的国土。布茹玛汗·毛勒朵奶奶是众多义务护边员中的代表，在他们心中我们每一个人都有义务、有责任去守护好祖国的每一寸领土。

当我们白天在城市里为生活奔波的时候，有一群可爱的人正站在边境线上守望着；当我们夜晚进入甜美梦乡的时候，有一群可爱的人正在边境线上巡逻。有一句话说得好，哪有什么岁月静好，只不过有人替你负重前行。向守卫在边境的每一位可爱的护边员致敬！正因为有你们，国家才能和平安稳；因为有你们，祖国才能发展强大。

扶贫之根

授人以鱼，不如授人以渔。一味地给予终究不是长久之计，要想改变贫穷的面貌，就得让贫困户有稳定的收入来源。在乌恰，政府根据地方特色设立的就业培训有养殖培训、刺绣培训。柯尔克孜族人民主要以畜牧业为主，但主要是靠天吃饭，牛羊的产量不高，养殖技术也较落后；在政府的带动下，他们开始接触改良品种的牛羊，还学习了更多养殖方面的知识，改变了他们的养殖观念，增加了他们的养殖收入。刺绣致富的农户也很多，几乎每一家都会有政府补贴的刺绣机，一方面可以为家里刺绣地毯减少支出，另一方面还可以通过出售刺绣成品获得经济来源。只有教给他们致富的路子，让他们通过勤劳的双手富裕起来，这才是真正的脱贫致富奔小康。

为了不让贫困代际相传，义务教育就得有保障，让贫困家庭的孩子能上得起学、读得起书。在乌恰，每个村子里都修建了一所幼儿园，孩子上学很方便。在入户调研中，我们了解到这边孩子上学基本不用掏钱，各项教育政策都会享受到。每每谈起孩子上学，他们都会说国家比他们自己对孩子都要好，在学校可以吃上可口的饭菜，住上免费的宿舍，就连校服都是学校免费发的。对于贫困家庭的孩子，摘掉贫困的帽子最重要途径就是珍惜教育机会。俗话说，"人穷穷一时，智穷穷一世"，教育是"治愚""扶贫"的根本。教育能让贫困家庭学生从精神上"走出困境"，丰富他们的思想，开阔他们的眼界，从而使他们"不畏'贫穷'遮望眼"。

霞恋之地，美好永驻

第一次听到"霞恋"这个词，是从随车的司机师傅口中讲出来的。那天，我们在去吉根乡的途中经过一处戈壁，上面有两个用白色石头拼出来的字，这两个字就是"霞恋"，我将它释为晚霞眷恋，这个被晚霞眷恋的地方有个美丽的名字叫乌恰，这个被晚霞眷恋的地方居住着一群可爱的人民。很感谢自己通过这么宝贵的机会，可以用脚量量祖国广阔的土地，可以用眼看看祖国大好的河山，可以用心感受民族之间深厚的友谊，这些珍贵的回忆将是我一生中最宝贵的精神财富。

我的柯尔克孜族兄弟

文/赵志明

（西安财经大学经济学院 2017 级金融专硕研究生）

　　新疆，一个我从没有到过却令我魂牵梦绕的地方，在我记忆中那是一个天高地阔的地方。在没去之前，要是用三个词来表达我对它的印象，脑海里蹦出的是：荒漠、绿洲和能歌善舞的人。荒漠不仅是地貌特征，往往也伴随着地域辽阔和人迹稀少；绿洲，不仅是水草丰美，更是生活的希望和繁衍不息的动力；能歌善舞几乎是所有游牧民族的共性，同时也代表着他们乐观、热情的生活态度。当然我也知道新疆之大，不能仅凭想象就可以概括其特征。

　　2019 年 7 月 8 日，西安财经大学调研团队在宋敏教授的带领下，安全到达距离西安市 2900 多公里外的新疆维吾尔自治区喀什机场。在飞机准备降落前，透过飞机舷窗，首先看到的色彩整体都是土黄色，零星的有几点绿色，顿时就有一种苍茫的感觉。此次我们团队代表西安财经大学在北京师范大学团队的带领下，目的地是到祖国边陲克孜勒苏柯尔克孜自治州乌恰县，进行贫困县退出第三方评估抽查工作。

这是我自 2019 年以来参加的第七次相关调研，此前去过山西、黑龙江、陕西的多个县，每一次的调研工作都给我留下了深刻的印象和难忘的回忆，而这一次的乌恰之行给我带来更多不一样的思考和感悟。

中国西极的守边员

乌恰县位于祖国的最西部，被称为"中国西极"，是送走祖国最后一缕阳光的地方。这里有着茫茫的戈壁滩和裸露着黄色岩石的光秃秃的山，同时这里也有蜿蜒 425 公里的边界线。第一次来到离祖国边界这么近的地方，我们对一切都十分好奇，希望可以看一看用钢丝网拉出的边界线，摸一摸带有国徽的界碑。但是对于这里的柯尔克孜族兄弟来说，我们所好奇的一切都显得那么平常，因为这就是他们生活和工作的一部分，他们祖先在这里生活了几千年，祖祖辈辈守护着祖国的边界线，现在依旧日复一日地继续守护着。

买买提艾沙·吐尔尕西是乌恰县托云乡托云村的一个普通村民，今年 40 岁，妻子叫孜拉古丽·白克尔，两个人只读过小学，同时两个人都是"护边员"。在他家访问时，我们只见到了买买提艾沙一个人，他说自己在边界线巡逻了 10 天，昨天刚回来，他的妻子接替他又去护边了，13 岁的儿子放暑假在家没有人照看，送到父母那边帮忙照顾了。当谈到他们夫妻俩的工作时，他告诉我们：这就是我们应该做的，没有什么，只要我们还能走得动，我们就一直会过去守边的，我们的父母、祖父母以及我们的祖先都是这么做的，我们也会做下去。况且现在条件好了很多，政府会每个月给我们护边员发工资，在边界有可以临时居住的房子，也能吃上热饭，已经感觉很幸福了。

在到农户家进行访问调查之前，我们已经知道政府提供了"护边员""护林员""治安员"等公益性岗位，一方面是因为乌恰县位于祖国的边界线上，通过公益性岗位派发工资的形式可以调动他们守卫祖国的积极性；另一方面，也可以大范围解决就业，增加村民收入。在我们走访的农户中，这些公益性岗位就业人员十分普遍，每个家庭都有一两个人在做这样的工作，我们也就自然而然地认为这就是一份工作而已。但是随着访问的进行，我们发现这并不像我们想象得那么简单。

在对买买提艾沙的访问过程中，我们逐渐了解到这不仅仅是他们可以拿工资的工作，更是他们甘愿牺牲保卫祖国的一种爱国情怀。买买提艾沙说，他做这份工作已经快15年了，但是真正有工资是从2013年左右开始，起初每个月发一百多元的补助，之后慢慢开始增加，现在每个月固定可以有2600元的工资。刚开始是跟着村民一块义务守边，没有人知道，政府也不知道，手里拿着棍子包里背着馕就过去了，夏天还好有河水可以喝，到了冬天零下二三十度的天气，经常是一下雪就被困在山上下不来，没有水喝就吃雪，没有房子住就自己搭白毡房。那会儿没有钢丝网拉的边界线，经常是看边境线对面有人赶着牛羊快要越过边界线的时候，他们就挥舞着棍子隔空喊话直到对面的人离开边界线。他很平静地告诉我们这一切，我们却感觉身边这个个头不高的男人是位心里装着保家卫国的巨人。

当我们问到现在他们工作生活有什么困难时，他很高兴地告诉我们：现在没有任何困难，一切都好。房子是政府盖的抗震房，家里有自来水、有电、有网络；每个月有工资可以拿；小孩念书15年义务教育，自己不用花钱；通过养牛羊收入很稳定，牛羊生病了政府会派兽医过来医治，还会对他们的牛羊免费进行品种改良，冬天下大雪封路后，政府会派推土车推开雪，让他们的饲料可以运送进来……虽然他说的柯尔克孜族语言我们听不懂，需要翻译员一句句的翻译给我们听，但是透过他的表情，我们能看到这种油然而生的幸福和骄傲。

当我们对他们为祖国默默守护所做的贡献表示感谢时，买买提艾沙脸上流露出些许羞涩，随即很坚定地拍着胸脯告诉我们："为祖国守边，这原本就是我们的责任和义务，我们的祖先是这样做的，我们也要这样做。况且现在政府为我们提供了这么好的条件，如果连这些都做不到，我们真的要愧对祖先，愧而为人了。我们时刻准备为祖国流血牺牲，我愿意在此守卫祖国。"

柯尔克孜族人世代生活在这片土地上，也默默地守护着这片土地，他们希望祖国一天比一天强大，边界有长久的安定和平。他们不是军人，却自觉地承担起保家卫国的责任，他们是这片土地上最可爱、最可敬的人。买买提艾沙·吐尔尕西和孜拉古丽·白克尔只是守边队伍中一对普通的夫妻，还有许许多多像他们一样奉献着青春和热情的柯尔克孜族人。

保姆式的帮扶责任人

在我们调研的过程中，也遇到这样一群可爱的人：他们都说着流利的普通话，却和当地人一样有着黝黑的皮肤；他们都看着像刚参加工作的大学生，眼睛里却流露出坚毅的目光；他们穿着笔挺的正装佩戴着党徽，皮鞋却磨损严重。虽然没有时间和他们过多的交谈，却能感受到他们对工作的热情、对这片土地的热爱，以及跟这里人民建立的深厚情谊。他们是普通的基层干部，是从内地招聘的公务员，也是一支年轻有活力的队伍。

在入户调查过程中，有一个问题就是询问村民对驻村工作队和帮扶责任人的满意度。在这里，帮扶责任人和第一书记无论是汉族、柯尔克孜族，还是维吾尔族或者其他民族，农户们都可以脱口而出他们的名字，说出他们的帮扶情况。当问到村民是否满意、对村民是否有帮助的时候，听到最多的就是"他们不是我的子女却比我的子女还要亲""他们不是我的兄弟姐妹，却对我无私帮助""他们不是我的父母，却像父母一样关心我的生活学习"……不知道要多长时间的朝夕相处才能培养出这样的情谊，不知道要多少生活的点点滴滴才使得原本陌生的人变得如此亲热。

在一个村部午休时，我们跟一个大姐聊天，她原来是乌恰县财政局的职员，3 年前开始做帮扶干部，到农村工作。3 年的时间，一周 5 天吃住都在农村，工作地点就是田间地头，定期去帮扶的农户家走访，其他时间就是一块解决村里和农户的问题，大的问题要解决，住房、修路、水电要协助安排到位；小的问题也要解决，牛羊走失要帮忙找、孩子升学要提供咨询、农户生病要帮忙联系医院等等，用他们的话说就是"帮扶干部无小事，当好人民群众的全职保姆"。

当跟大姐聊起家常时，大姐眼角有些湿润，她说她的女儿今年刚参加完高考，她终于可以解放了。她语气中既可以听到欣慰和轻松，也可以听出她对女儿的一丝亏欠，3 年前她女儿刚读高一，她被选为帮扶干部，工作地点从县城到农村，女儿基本由老公照顾。大姐说这 3 年对于女儿的成长，她只能心里默默担心，并不能做些什么，每次对女儿的关心都是通过电话传递。虽然做帮扶干部也和原来一样是双休，但是休息日总是或多或少地会有事情要帮忙解决，并不能安心回家，很多时候都是凑着女儿放假回家一家人坐一起吃顿饭，然后就各奔东西忙自己的事情。她说，有时候女儿都会吃醋地跟她说，她的帮扶对象家的孩子见到她的时间都比女儿和她在一起的时间长。

这些默默无闻的帮扶干部，暂时脱离原来专业知识，停掉原职工作，由原来熟悉的县城或市区的工作环境重新融入到乡村之中。在三四年后的今天，看到自己的帮扶对象家庭生活一步步地改善，看到村庄里逐渐改善的硬件条件以及越来越融洽的邻里关系，看到脱贫攻坚路上取得的来之不易的成就，一切辛劳都是值得的。不是所有人都有勇气进行这样的选择，有毅力可以坚持下去，今天翻天覆地的变化都是三四年的时间一点一滴累积而来的，在日常的琐碎中还能一直保持自己的热情，真是平凡而伟大的。

乐观热情的柯尔克孜族人

这片贫瘠的土地上有太多令人感动的故事，这和柯尔克孜族人朴实乐观的天性有着直接的关系。乌恰县人口以柯尔克孜族为主，占总人口的 73%，其他人口由汉族、维吾尔族、哈萨克族等组成，在调研过程中接触最多的就是柯尔克孜族人，他们也给我们留下了难忘的印象。

乌恰县的生存环境应该说比较恶劣。全县总面积 2.2 万平方公里，总人口 5.8 万人，人均面积 0.38 万平方公里，但是 99% 以上的土地是戈壁滩和山脉，不能耕种。同时，这里是天山山脉和昆仑山脉的交界处，处于地震频发带，年均 3 级以上的地震上百次，而且干旱和洪灾频发，冬天最低气温达到零下 30 摄氏度，可以说这是真正的不适宜居住区。可就是在这样的生存条件下，柯尔克孜族及其他民族却表现出乐观向上的生活态度。

在这次调研工作中，跟随我们一同工作的还有一群可爱的小翻译，他们是刚毕业的高中生，刚完成生命中的第一次大考，就和我们一同参与到家乡扶贫攻坚的工作中。此次充当我们翻译工作的是唐努尔·哈力别提，她是一位柯尔克孜族姑娘，她十分开朗，一路上为我们介绍家乡的风景，在为农户翻译的过程中也十分认真，遇到翻译中表达不太准确的地方就做好笔记再跟专业的老师请教。我们一直以为她是在父母的宠爱中长大的姑娘，慢慢熟识之后聊到她家的情况，我们才知道她小小年纪就经历过至亲相继离世的痛苦，看着她表现出的她这个年龄所没有的成熟和乐观，真是懂事得让人心疼。

在访问过程中，我们无数次为村民过去生活的恶劣环境以及稀缺的物质条件而唏嘘，但是他们却一如既往地表现出乐观的态度，并且对今天来之不易的生活状态极其满意。从他们的言语和状态中可以看出，他们生活的幸福感很高，并且对祖国饱含热爱之情。

在乌恰县的八天时间里，从最开始对这里的风景感到好奇，到逐步加深对这里的认识，开始真正了解这里的风土人情和人民生活状况，最后这里的一切给我们留下了难忘的回忆，也改变了我对新疆的认识，完成了我们内在的转变。感谢乌恰之行，感谢柯尔克孜族人，这份深厚情谊会一直留在我的生命里。

往后余生，一起守护你

文/乔怡榕

（西安财经大学经济学院 2017 级产业经济学研究生）

从评估检查到评估抽查

老师发来的一则新闻，让我意识到我们的"战役"即将打响。新闻中说，2018 年脱贫摘帽县抽查工作将在 2019 年 7 月初展开，此次抽查，将采取第三方评估、暗访和相关部门提供情况相结合的方式。我知道我们将作为第三方评估工作团队参加此次抽查工作，我们会秉承客观、公平、公正、统一的原则完成好任务。我意识到这是一项极其严肃的工作，并且也是一项政治任务，我需要全身心投入，为脱贫攻坚战贡献自己的一份力量。

我参加过 2018 年贫困县脱贫摘帽 5 个县的实地评估检查工作，在老师的带领以及指导下，我也算是身经百战、阅历丰富的老手了。随后优秀的夏娃及孙岩同学为我们主要介绍了这次调研地区的特殊地理位置，特殊人文环境，特殊民俗文化及特殊的问卷调查，让我这个"路痴文盲"涨了不少见识——新疆喀什，位于新疆西南缘，塔里木盆地西部，东临塔克拉玛干沙漠，南依昆仑山脉，西靠帕米尔高原，是中国最西部的边陲城市。由于此次任务的特殊性，培训会的时候我们以及带队老师都不知道我们具体要去喀什的哪个县。之后孙岩同学将自己的手机连到电脑上，开始为我们实际操作怎样进行电子问卷录入。最后北京师范大学的刘学敏老师做了总结，讲到了此次抽查评估与上一次评估检查工作的不同，这次的政治任务比以前更重了，要求也更严格了，顿时就激发了我的紧张感和责任感。随后刘老师讲到了安全以及保密问题，作为一个参加过五次调研的老队员，相信我有能力做得更好，更相信我们的团队会做得更好。最后刘老师谈到了社会对年轻人的质疑，说到了娃娃脸，不懂方言，不懂中国，等等，这些问题在我没有踏入新疆这片土地，没有接触新疆这里的人们的时候，只能无力地反驳他们片面，用一些大道理来苍白地辩驳，还没有更深刻的思考和切身的体会，但通过这次调研我会很认真地用此次抽查中刻骨铭心的感受来回答这些质疑。

蓝天下白云共雪山一色

7 月 8 日，我们启程奔赴新疆乌恰。

在大巴车上我做了个梦，梦里的新疆漫天黄土，冰雹说下就下，一片荒芜，人们各个嘴唇干裂，出行全靠骆驼。在我的认知里，新疆那么遥远又那么神秘，我情不自禁地思考新疆到底是什么样的，是我在梦里梦到的那样吗？

　　乌恰，被称作祖国西极的地方，驼色的天山与黛色昆仑山在这里交汇。当飞机临近乌恰的上空时我已经被震撼了，从上面看过去全是灰色的沙漠，唯独那雪山圣洁的让人移不开眼。下了飞机，我没有看到漫天的黄沙，反而呼吸到比西安更干净的空气；我没有感受到狂风肆虐，反而见识了这里骄阳的傲慢；我没有看到荒芜的沙漠，反而看到安定有序的车流和人群；这里有我从未见过的雪山，有我从未品尝过的甘泉，有我从未目睹的风貌。我被这蓝天下白云共雪山一色的美景所征服。

时间被折叠的地方

　　乌恰是祖国日落最晚的地方，当你送走祖国的最后一缕阳光时，常常有一种生命被拉长的错觉。

　　在这里时光被折叠了，每天晚上 11 点才会日落，一天的时间被生生拖长了将近 3 个小时。还记得第一天来到乌恰，在会议室里开会的我不由自主地开始打哈欠、揉眼睛。我还纳闷呢，我这个白天精神头十足的丫头怎么会这么早就困了呢，外面明明是下午 6 点多钟的样子啊，太阳的光芒依旧倔强地照射在每个人的脸上，我拿出手机一看已经将近 11 点了，真的是太不可思议了。

　　在这里没有高耸入云的摩天大楼，没有川流不息的车流，有的只是平平淡淡的小镇。听当地干部说，这里的经济发展比较单一，要滞后于内地 8 年多。这里没有城市的繁华和喧嚣，这种缓慢而安稳的生活节奏，会让人不由自主静下心来。

　　虽然日照时间长，经济发展滞后，但是这里的人心却是最淳朴的。我们进入的每一个柯尔克孜族百姓家里，都会被迎面而来的热情触动。他们穿着节日才会穿的民族服装迎接我们，摆着最尊贵的客人才会享受的茶摆，一家老小围坐在会客厅，秉着最纯真朴实的心思配合我们工作，拿出蕴意深厚的毡帽和披肩赠予我们，献上最深厚的额头亲吻的祝福。我握着最温暖的双手，喝着最新鲜的马奶子，围着最鲜艳的披肩，看着最灿烂的笑容，真是三生有幸来到这里。

在这里我还见到了乌恰县人民衷心爱戴的吴登云老先生，这位 22 岁来疆、25 岁时输血救人、30 岁时植皮救人的家喻户晓的吴大夫。从 20 世纪 60 年代到 80 年代末，每年都要花三四个月时间到牧区巡诊和防疫，他骑着马、背着药箱，足迹踏遍乌恰县 9 个乡、30 个自然村。如今满头白发年近 80 的吴老先生用两个小时讲述了他的故事，用着平淡的口吻说这是他应该做的，说他只是尽百分之百的努力救治每一位病人而已。吴老先生也提到要想让人民富裕起来，要想让地方发展起来，首先要抓好教育，还亲切地询问我们在座的每一位是否赞同他的说法。几天的实地调研我也看到了国家对边境贫困区教育的重视，这边可以说是"十五年义务教育"，从上学前班直到高中毕业全部免费，并且中午还提供免费的营养餐，我们真的被祖国对于边疆地区的扶持所感动，不由得为我们祖国的强大感到自豪，那份热血澎湃的感动我将铭记于心。

我喜欢你的清澈

"我喜欢你的肤色，喜欢你的头发，更喜欢你清澈的眼眸；我喜欢你的鼻子，喜欢你的牙齿，更喜欢你清澈的笑容；我喜欢你的语言，喜欢你的舞蹈，更喜欢你清澈的心灵。我喜欢的样子你都有，你的样子我都喜欢。"

这不仅仅是对我们小翻译的表白，更是对所有七天接触的柯尔克孜族兄弟姐妹的真情流露。

我见过的所有清澈的蓝天，都不及你们眼眸里的百分之一。

我见过的所有清澈的流水，都不及你们心灵里的万分之一。

七天入户访谈中，听到最多的一句话是"感谢党，感谢政府，是习主席让我们过上了好日子"，这句发自肺腑的感谢，是对好政策的感恩，是对祖国强大的自豪，更是对祖国这片土地最深沉的热爱与守护。在一位老奶奶家中我被深深地触动了。刚进去时，老奶奶因为自己午睡没能下楼迎接而表达着歉意，接着老奶奶便和我们坐下来聊家里情况。我们听她讲起以前一个村里妇女轮流穿一条裙子的故事，听她讲起政府帮她建抗震房子的故事，听她讲起20多年自己抚养孩子幸好有政策帮扶的故事，听她高声朗诵出自己写给党和祖国的诗歌。语言沟通虽然靠着翻译小妹妹的帮助，但是心灵的震撼与感动超越了语言。最后老奶奶更是光着脚连追两层楼梯非要送我们刚做好的奶疙瘩。我想，那不仅是赤着的脚，更是赤诚的爱国心。

用脚丈量祖国边界，用心感受祖国温暖

　　入户访问的过程中，我们了解到这边有一个特殊的职业叫作护边员，这些护边员都是当地农户，为了照顾贫困户，基本上每个贫困户家里都会有护边员。护边员的工作就是轮流去哨所，由于不同地段轮班时间不一样，如果夫妻两人轮班的时间错开，他们一年都很难见面，但他们依旧热爱着这份工作。

　　在入户过程中我认识了一位大哥（工作照便是与他合影），这位大哥就是一位护边员。当他自己家实际收入超过标准线后，主动向村里提出退出贫困户，说靠自己的双手已经可以吃饱穿暖，以后还要靠自己的双手富裕起来。在他房间的正中间端端正正地挂着荣誉证，我很虔诚地问这位大哥，我可以看看荣誉证吗？大哥一脸自豪地说，当然可以啊。他拿下荣誉证书告诉我，一张是自己的优秀党员证书，感觉非常骄傲，作为优秀党员更应该主动脱贫；一张是自己的优秀护边员证，他还经常主动替哥哥去做护边员工作，说话间脸上写满了骄傲与自豪。我被柯尔克孜族百姓用脚丈量祖国边界线的

精神所感动，被他们由衷热爱祖国的真情所感动。

回答社会质疑之声

以前总是不服气社会各界对于学生模样的我们作为第三方评估对象的争议，可正儿八经地要我说出个一二三四五，我还真的会一时语塞，经过这次调研中的切身感受，我敢说作为学生的我们完全扛得起肩上的责任，同时也得到更多意想不到的收获。

我们确实是娃娃脸，但我们敢问敢查敢上报，我们最客观公正，我们身上没有世俗气息；我们确实是不太懂方言，但是我们学习和沟通能力很强，谦虚认真，愿意用最朴实的语言慢慢沟通，我们不懂就问，更重要的是我们有最亲爱的小翻译，我们可以很快和翻译弟弟妹妹建立起深厚的友谊；我们对于中国的农村情况确实不是很了解，但是我们有学校里储备的知识，相信我们在实践中会更好地掌握也会更快的归纳总结，我们始终坚信实践出真知；我们确实都是小年轻，但是我们有一腔热血，我们愿意去了解我们的祖国，我们会在了解中更加热爱祖国，更加忠诚地守护党和人民；我们在现实中感受着祖国的繁荣昌盛，在现实中体会着党的爱民为民，在现实中接受着最真实的爱国主义教育。听到一个个感动中国的人物故事，看着一位位平凡而伟大的基层干部为祖国边疆无私奉献，感受着老百姓们对祖国的感恩与热爱之情，相信每一位同学都跟我一样，认同这是一次震撼人心的调研行动。我为我的祖国感到骄傲！

这次调研工作给我的感动是刻骨铭心的。我愿，往后余生，让我们一起守护和柯尔克孜族兄弟姐们的友谊！往后余生，让我们一起守护我们的祖国！

给你一面红旗，便是一生的守候

文/高硕

（西安财经大学经济学院 2017 级金融专硕研究生）

2019 年 7 月 5 日的早晨，我踏上了飞往祖国最西端新疆喀什的飞机。当时的我肯定不知道，这将是最震撼我思想的调研之旅。

喀什的乌恰县位于塔里木盆地西端，帕米尔高原东部，天山与昆仑山两大山脉的交汇处，而乌恰是柯尔克孜语"乌鲁克恰提"的简称，意为大山沟分岔口。因克孜勒河谷在该地分岔成三道沟而得名，隶属于新疆维吾尔自治区克孜勒苏柯尔克孜自治州，坐落于中国最西部。一下飞机我们就被眼前的美景吸引了，喀什真的很美，而之后夜晚的乌恰也真的让人心醉。热情的民风，好客的民俗，我们来到的乌恰，一切都美得刚刚好。

临行密密嘱

在出发去乌恰前，我们大大小小的培训会开了几轮，踌躇满志，并没有认为这和之前的调研活动有什么不同。在随后的接触和了解中我们体会到，乌恰之行真的和我们以往的调研有所不同。

首先是小翻译的出现。以往的二人行变成了三人组，想到我们要和小弟弟小妹妹们并肩合作一周，像被注入了鲜活的空气，心脏激烈地跳动着，我们都在暗暗期待着自己的小翻译。其次就是与少数民族沟通的问题。和我们以往接触的不同，这次受访户基本上是柯尔克孜族和维吾尔族，我们在前行准备时，临时学了你好"亚克西木塞子"以及再见"霍西"。在我们调查过程中我们还学习了很好"加克西"，当然，这都是后话了。最后一点是宗教信仰问题。新疆乌恰信仰伊斯兰教，为此宋老师专门找了我们学校新疆籍的辅导员，学习他们本民族的风俗习惯以及禁忌。

交代完该交代的，嘱咐完该嘱咐的，我们就踏上了前往祖国的最西端，送走中国最后一缕阳光的乌恰之旅。临行前的夜晚，我们都不约而同地梦见了乌恰，梦里是绿色连片的草原以及草原上整齐的白房子。

天高云淡，望断南飞雁

初到喀什，迎接我们的是扑面而来的热气，以及儿时记忆中高透的蓝天白云，一切都美得像画一样。慢慢驶向乌恰的路上，才发现沿路是一眼望不到边的戈壁滩。哦，原来这才是真正的乌恰。

一扫坐飞机的疲惫，我们像一个个好奇宝宝般注视着眼前的一片片不一样的景色。司机师傅说这是喀斯特地貌，好多电影的取景地都在这里。新鲜好奇，促使我们越来越期待这次调研。下午对接会上的视频让我们更加了解乌恰。乌恰县位于祖国最西部边陲，东接阿图什市、南邻喀什市、西南毗阿克陶县、西北与吉尔吉斯斯坦共和国接壤；境内有吐尔尕特和伊尔克什坦两个国家级一类对外开放口岸，是我国连接中亚、西亚的纽带和对外开放的桥头堡。乌恰的自然条件恶劣，气候干燥，地震、洪水、雪灾、沙尘暴等自然灾害频繁。

在自治区、自治州党委、人民政府的正确领导下，在对口援助省区和单位的大力支持下，乌恰县委按照"牧业立县、城镇推县、工业强县、口岸旺县、劳务富县、旅游活县、科教兴县、和谐稳县"的发展战略，以"依托优势、科学发展、兴边富民、构建和谐乌恰"为目标，全县各族干部群众大力弘扬吴登云精神，克服恶劣环境和不利因素，扎根边疆、艰苦创业、坚忍不拔、无私奉献，促进了乌恰县经济发展、社会稳定、边防巩固。

我们在以后的调研中也慢慢印证了这些，乌恰的牧场分布不均匀，有些乡的农户家的农场牧场确实很丰厚，但是有的乡牧草就真的很稀缺。有农户和我们讲上一年冬天牧草没有存够，遭遇暴风雪，家里的羊死了很多，我们都很惋惜，但是他却安慰自己说这很正常。可能他的一笑而过里有很多的云淡风轻，可是我们的内心却涟漪不断。随后在当晚的见面会中认识了我们的小翻译阿丁。她怕我们叫不来她那长长的名字，特地简化了让我们叫她阿丁。这是一个天真善良热情的孩子，在她的眼中我仿佛看到了星辰大海，她的认真和负责让我们动容。慢慢地熟悉、慢慢地靠近，阿丁小朋友，我想说你对我们而言不仅仅是小翻译，更是我们路上快乐的源泉，你让我们觉得这次的调研时间过得丰富又有趣。

灿烂千阳

我们走过了很多的路，看过了很多的风景，但这次真的被深深地震撼。指导老师每晚开会的时候不断强调，我们这次不仅是调研，更是一次爱国主义教育的洗礼。感动我们的不光是他们的言语，还有他们说话时眼里的真诚。

我们每次到农户家都要从县城走好远的山路，在与司机师傅不经意的闲聊中，我们知道了很多当地的民风民俗，这里的人们远比我们想象的质朴、热烈。司机师傅讲，为了让我们适应这里的环境，怕我们坐车晕车再加上语言不通，连开车的司机师傅都是精挑细选的，我们不知道背后还有这么多体贴的考虑和照顾。

在我们入户调研的过程中，遇到一位老奶奶，名单上没有她的名字，但是她热情地拉着我们说感谢共产党，感谢习近平总书记，感谢我们的国家，说自己家里的条件已经很好了，让我们去帮助更困难的人。说完这些，老奶奶的眼眶都湿润了，由于语言不通一开始我们不是很懂，小翻译阿丁翻译过后我们的眼眶也都湿湿的，抬头看正在升起的太阳，我的脑海里一直在回响着一首歌曲："我和我的祖国，一刻也不能分割，无论我走到哪里，都流出一首赞歌"。我们可以感受到农户们是在心里真诚地感激党、感激习近平总书记给他们带来的好政策和好生活，他们也是真的很满足很感恩。就如同宋老师说的，这是给我们上的一次最生动的爱国主义教育课，以后无论我走到哪里都会像他们一样，感恩我的祖国，随时随地心中有首祖国的赞歌。

还有一幕也很令我们动容。这里的人们仿佛没有贪念一般，小小的一点变化就很知足，也很懂得感恩，每次问他们是否还需要帮助，他们都会很感激地说自己已经很好了，让我们去帮助那些更需要帮助的人。他们仿佛很早就懂得生活的真谛，快乐从不会在和别人的横向对比中得到，而是会藏在与自己纵向对比的过程中。在国家设立护边员之前，这里的老百姓都是当作自己的职责一般，自发地轮流去守边护边，仿佛这就是他们与生俱来的使命。现在设立了护边员，国家统一发工资，他们更加感激，反复强调说这是自己的职责，觉得自己很知足。司机师傅和我们讲，翻过这座山他们还可以有更富裕的生活，但是柯尔克孜族用坚定的意志，为我们守护着边疆，为祖国守好最后一道防线，护我们一世安稳。我不由想到一句话，"所谓的岁月静好，不过是有人替你负重前行"。对啊，我们现在的合家团圆幸福安康，不正是他们用岁月和守护换来的吗！

2014 年精准扶贫以来，帮扶小组帮助他们发展庭院经济，家家户户门口都有新鲜的蔬菜和鲜艳的向日葵。我们到农户家的时候，夸赞蔬菜长得好，她们便淳朴地要摘一颗送给我们。他们用最简单最直接的方式表达对我们的喜爱和欢迎。正如门外的向日葵一般，永远无条件地向着太阳生长。不仅如此，还结出了果实来回馈阳光和雨露。

吴登云老先生是一位从江南水乡来到新疆乌恰县的汉族医生，他被乌恰人民亲切地称为"白衣圣人"。吴医生说，他也曾动过回去的念头，也曾眷恋故乡的温柔与富庶，可每到最后关头，想到自己的初心，想到乌恰老乡对自己的殷殷期望，最后还是选择默默留下，唯将自己无数个漫漫长夜的思家之情"种"在医院门口的池塘中，封存在内心的最深处。漫漫人生路，诱惑是我们都会面对的，重要的是我们面对诱惑时的选择。而吴登云的选择恰恰是我们最不容易做到的。还有布茹玛汗·毛勒朵大妈，她一生只会写两个汉字，那就是"中国"。1963 年，24 岁的布茹玛汗成为新疆克州乌恰县吉根乡1190 公里边防线上的首批护边员。她和丈夫开始在冬古拉玛山口巡边，并在沟口的许多石头上刻下了柯尔克孜文"中国"。那些石头是她心中永远的界碑。她熟悉每一块石头，就像熟悉自己的孩子。她说希望孩子们找不到家的时候，看到刻有"中国"字样的石头就知道你还在中国，同时这也是在昭示，这里是我们中国的国土。

在乌恰的一个村落，村民们知道我们要来，换上节日盛装，自发地围到村口，载歌载舞，只为表达对我们对党对国家对习近平总书记的感谢之情，可能在他们心中，那种发自内心的，感染力极强的感激，是无法用语言来表达的。知道我们要走，他们自动分成两列，我们一一和他们握手，道谢，但是他们仍旧不肯回去，一直到我们的车开出去好远看不到了，他们才热泪盈眠的回家。他们以为他们见过最能替他们传递对党和国家感激之情的人就是我们，殊不知，我们见过的最感动我们的人也是他们。谢谢你们，给我上了好深刻的一堂课。

曲终不散场

在这几天的乌恰调研中，我们的内心始终是热烈而感动的。年长者的友善，同龄人的纯粹，小翻译的天真，都是我这一辈子最美好的回忆，都将永远闪耀在我内心最柔软的地方。大家再见，我的名字叫调研员。可能我和你们只不过一面之缘，但是我知道，你们对我将是一生的提醒，时刻提醒自己，我爱我的祖国。

繁华落尽，一切终将完美落幕，正如送走最后一缕阳光的那个小城，隐秘而伟大。

乌恰有感

多少年季节的轮回
多少轮明月的交替
你是伫立在戈壁滩的白杨
坚强而勇敢

多少辈心血的付出
多少盏灯光的明灭
你是扎根在祖国的胡杨
低调而永恒

多少个不眠的夜晚
多少碗热辣的奶酒
青丝之间添华发
祖国疆土站边岗

在这冬日的暖阳里
祖国映着洁白的雪
给你一面红旗
便是一生的守候

最遥远的距离——西脊之行

文/孙茹

（西安财经大学经济学院 2017 级金融专硕研究生）

有时候结束并不意味着就此停止，也意味着新的开始。结束了 8 天的调研与奔波，此刻我已与家人欢聚一堂，但谈笑中总是离不开一个地方，一个遥远的地方，祖国的西大门——新疆乌恰。

充分的行前准备

8 月 26 号，我们参加了北京师范大学牵头的贫困县退出抽查总体前期培训。根据中共中央、国务院《关于打赢脱贫攻坚三年行动的指导意见》的要求，从 2018 年起，贫困县退出专项评估检查由各省（自治区、直辖市）统一组织实施，并对退出贫困县的质量负责。从任务及组织、评估工作要求、抽查规程、评估调研准备和调研业务 5 个方面展开了此次行前会议。行前培训会议由宋敏老师主持，远道而来的贫困县退出抽查总控组——北京师范大学刘学敏教授、李强教授和窦睿因老师等指导，另有高老师带领的西北工业大学的小伙伴们一同参与。会议上带队的宋老师强调此次调研任务很重，时间很紧，我们抱着十分认真的态度，学习了相关内容，很快领悟了会议精神，并在团结紧张、严肃活泼的氛围下结束了此次会议。

在问卷讲解时我了解到，由于和之前的调研性质略有不同，问卷做了微调。本次问卷相较以前，更加细致和清晰，经过改善的问卷可以让调研员们更加明了要问的问题。另外培训中还发放了相关资料，科普了大病和慢性病类型，减轻了很多调研中遇到的不必要的麻烦。此次培训很详尽，经过几次调研的我，深感我们的评估调查工作越来越完善，越来越成熟。

不畏酷暑，一路西行

一知道我们要去的地点，喜悦之情溢于言表，看了看宿舍地图上那最西边的位置，即使酷暑也无法抵挡我出发时激动的心情。一到喀什，映入眼帘的景色用四个字形容就是一望无际。烈日当空，群山而过，我们抵达了喀什往西的乌恰县，其所处的帕米尔高原是祖国最西端的领土，而伊尔克什坦口岸是位于我国最西端边陲的口岸，与吉尔吉斯斯坦相邻。一想到可以与祖国最西边的边防如此接近，我感慨万千。

对接会上我们了解了当地的情况，为接下来的入户调查做好准备工作。我非常荣幸可以成为调研团队中的会议纪要人员，认真、如实、及时地记录会议中的要点，留作后期的重要材料，这样一次难得的机会使我倍感荣幸。

由于乌恰县是少数民族聚集地，柯尔克孜族的人口占乌恰县总人口的比例达到近73%。为解决语言沟通问题，负责人为我们每个小队都配备了一个小翻译。抵达乌恰县当天的我们都非常兴奋，想早点认识她们，但是安全、大局、责任、合作以及保密意识是一直以来我们的准则，所以一切服从安排的行为已经是下意识的反应。参加完各项会议后已经入夜，但是南疆这边依旧蓝天白云、阳光明媚，和风吹拂着浓淡相间的乳白色的云雾，在湖岸与雪山间变幻、涌动，如轻纱如绸带如细浪，无限美好，令人有一种倒时差的趣味感。

抵达第二天，我们一路向西开始了调研。行驶途中经过乌恰县的西北部——新疆维吾尔自治区克孜勒苏柯尔克孜自治州，纵贯中国西部的天山与昆仑山山脉在此交汇，这里同属帕米尔高原，地理特征明显。天山山脉在此处呈驼色，东西走向，分隔准噶尔、塔里木两大盆地，平均海拔4000米以上；昆仑山山脉在此处呈黛色，西起帕米尔高原，平均海拔5500米以上。在这里，可以眼望两山，脚踏两地的欣赏世界级山系独特的风貌，体验轰轰烈烈的造山运动留下的自然奇观，仿佛置身"万山博物园"。真有一种"黄沙千里望无边，戈壁茫茫耐酷寒。红黛分明势大壮，二山交汇两重天"的感受，实属领略祖国西大门大好山川的一处妙地。

只为途中与你相遇

想要尽善尽美地完成好调研活动，信心十足地入户调查，必须做好扎实的基础准备工作。

在清晨安排任务时，令人惊喜的是，有一位独具异域风情的小美女排好队在我们身边等待，不用多猜，她肯定是我们组的小翻译了。作为小姐姐、小哥哥的我们，谨记老师的嘱托，要照顾好这些弟弟妹妹。要想出色地完成此次调研任务，她们的作用不可小觑。一开始大家稍微有点拘谨，但在友好寒暄中小翻译们很快就融入到调研队伍中来了。

一天的工作从美好的初遇开始。我们组的小翻译叫伟伟，真是一个亲昵的小名。这个有趣的小美女初见我们有些害羞，但是我们可以感受到她真情实意地想要融入我们这个大家庭。据她说，头一天晚上她十分激动，甚至还在梦里梦到了今天的工作，也是很可爱了。此外我们这个团队还有一个普通话不太流利，表面高冷但内心和善的司机大哥；一个能干又实诚的樊蓉学妹；以及踏实肯干的我，我们这个团队就这样在欢声笑语中开始了实践。在接下来的行程中，我们配合默契，逐渐磨合成为更好的小团队。

入户访谈时，小翻译全程精准翻译，简直是现实版的同声翻译员。可以说我们能圆满地完成这几天的调研工作，她们功不可没，不得不为她们双手点赞！也许因为年纪，也许因为社会的洗礼和岁月的冲刷，使我有点害怕离别的场面。在那天的小翻译们的欢送会上，我没有面对面地送出对伟伟的寄语，不知道她是否会留有遗憾，希望我们最后的拥抱成为彼此思念的慰藉。我想借此机会对伟伟说，她在我的心中是最美的、最棒的、最优秀的小翻译！愿她岁月静好，未来可期；愿她低头有坚定的脚步，抬头有清晰的远方；愿她青春无问西东，奋斗自成芳华。

惊喜的反差，感恩与感动

起初，大家听到"南疆"，脑海中不免呈现出一些天高路远、荒凉无垠的画面，亲人们无不嘱托"安全"二字。对于大家的友善提醒，实不相瞒我们是带着些许紧张到达的乌恰县。但是，经过了几天的实地调研，让我们对"实践出真知"这一亘古不变的辩证唯物主义认识论有了切身体会，一改"少，边，穷"的印象，柯尔克孜族人民的精神赋予了此次调研新的意义。

这几天的调研活动，感受颇深的便是农牧民对我们的礼遇。着装上，为了欢迎我们的到来，许多农牧民专门穿上了平时节日庆祝才会穿的民族服饰；迎送上，她们的习俗是见面握手，离开要将客人送至门口；饮食上，家家户户都会在会客厅的桌子上摆满当地的特色美食；农户们还展示了纯手工制作的刺绣、毡房等工艺品，足以谓之民族文化的瑰宝。这一系列极具特色的、热情的好客风俗，让我们印象深刻。

最让我感触的是这里的人民勤劳、质朴，他们眼神清澈，乐观积极，感谢着国家给予的福利政策。在脱贫攻坚这一"战役"中，很多农户都是主动申请脱贫的，这在我多次的调研活动中也是不常见的。这里的人民就像这里的环境一样，如雪山般纯净，如红柳般坚韧。她们不会攀比，向来纵向比较自己的生活改善，从不横向与他人比较；她们不懂浮躁，永远都心存感恩；她们不抱怨、不埋怨、容易满足；与此同时，他们一如既往地努力生活，不为国家添加负担，这些美好的品质令人叹服！

乌恰县有培训护边员、护林员、保安的就业政策，在这里我特别想提及一个自己以前没有接触过的群体——护边员。由于地理位置的特殊性，护边员在乌恰很常见，他们以前没有工资，拿着棍子就去自愿守边了，现在他们每天要进行 3 次，每次大约 3～4 公里的巡查，看到他们像一颗颗小白杨一样戍守边疆，情不自禁地想为祖国边疆的守护者点赞。在调研中，老师们也都忙碌地入户走访调查，详细周到地了解区域情况。我们的领队老师还和全国国防教育先进模范吴登云老爷爷进行了交流，老爷爷说，柯尔克孜族是坚强的民族，非常感激党和国家的关心与照顾，他们一定贯彻中共中央的指导方针，守护祖国边境的安稳，实现祖国各民族的团结与繁荣。我们还了解到，很多柯尔克孜族人民家中都高悬国旗，听到的最多的话语便是，"非常感谢习近平总书记，感谢中国共产党，请转告给习主席，我们柯尔克孜族过得很好，一定会守护好祖国的边疆，请放心……"我们发现越是边远地区越能够体会到深入人心的爱国之情。在我们组的访谈中，有一户人家，弟弟通过自己的努力在江苏读书，学习十分刻苦，一年只能回家一次；而他的哥哥在西安当兵。说起两个儿子，家人们都充满自豪感，不过他们称赞更多的是保卫国家的哥哥，因为热爱祖国的观念已经深深地刻到他们的骨子里。几天下来，真的是一堂生动又现实的爱国主义教育课。在此感谢学校给我们提供的调研机会，作为一名当代大学生，我深感在做好自己的本职工作的同时尽力为祖国奉献自己微薄的力量。

哪有什么岁月静好，只是有人替你负重前行。正是这些感人肺腑的精神激励，让我们用脚步丈量祖国的大地，用心感受最美的灵魂。以前或许我会因为同情贫穷而落泪，现在我只为无怨无悔的奉献精神而热泪盈眶，因为生活的"穷"不是"穷"，精神上的"富"才是真正的财富。这次实践调研，大家每晚都互相分享，太多太多感人肺腑的事迹无法用这寥寥几笔书写完。此次调研毫不夸张地说是我感受最为不同的一次，与其定义为调研不如定义为学习。新疆之大，景色之美，人民之淳朴，切实使我爱上了这个风土人情独特，自然风貌雄伟，地理位置边远，民族风情浓郁的乌恰。

七日乌恰行，一生朋友情

文/李佩佩

（西安财经大学经济学院 2018 级金融学研究生）

　　很早之前就听说宋敏老师要组织去青海、宁夏、新疆之中的某个地方调研，而我最期待的是新疆，一个想去但一直没有成行的地方。没想到这次如此幸运，最后确定要去的是南疆的喀什，真的是超级兴奋，因为听朋友说她上次新疆之行没去喀什非常后悔，理由是"不到喀什不算到新疆"。而我对喀什的认识也是听去过新疆的弟弟描述的。在喀什当地，所有的公车被刷成土黄色，印着丝绸之路骆驼的图案，最显眼的也正是这句"不到喀什不算到新疆"。喀什异域风情十足，妇女会用各色头巾裹住头发，穿亮丽的长袍，首饰是必不可少的，戒指、手镯、项链、耳坠全是金闪闪的；男士则蓄着胡子，身着西装或夹克，再戴上小毡帽，派头要足。带着这些未经查证的明显异于内地的印象，7月8日我和队友们从西安咸阳机场出发，开始了这次难忘的旅程。

精准扶贫为农村带来的变迁

　　这次是对"摘帽"县评估的抽查，所以走访时关注的问题较以往不同，乌恰县70%以上是柯尔克孜族，语言不通，第一天入户调查中出现的问题很多，都在当晚集中反映和讨论，所以后边几天的工作进展还是比较顺利的。最让我意外的是这边脱贫工作做得真的很彻底，首先，由国家出资，为村里每家每户建了富民安居房，接通了自来水，并且经常进行维护和升级；其次，每个村都完成了路面硬化，沿路安装了路灯；最后，让我感触最深的是这边的医疗保险百分之百报销，看病根本不用花钱。虽然低保户家庭的生活水平不高，过去贫困生活在他们身上留下的痕迹还依稀可见，但高质量的医疗保险为他们构筑了坚实的生活保障，给了他们面对未来的底气。很难想象，在人均收入远远不及发达国家平均水平的中国，"看病难"已经基本成为历史，全民医保是对生存权这一人类基本权利的有力保障，由此可以看到党全心全意为人民服务的宗旨，和一切为了群众、一切依靠群众、从群众中来到群众中去的工作路线，以及实现全面小康的决心以及信心。

　　我国扶贫工作长期以来由于贫困居民底数不清、情况不明、针对性不强、扶贫资金指向不准等问题，使部分贫困户和贫困居民没有得到有效帮扶，是一种粗放式的扶贫。精准扶贫是新时期党和政府扶贫工作的精髓和亮点，这次调研让我相信，2020年全面脱贫并非一句空话。没有农村的小康，特别是没有贫困地区的小康，就没有全面建成小康社会，精准扶贫能让贫困地区人民自愿、主动、自信、坚定地走上脱贫致富的道路，早日建成全面小康社会，共同实现中华民族伟大复兴。

淳朴热情的人民

从入户第一天开始，我们每天都被这边人民的淳朴和热情感动着，每家都会准备丰盛的食物招待我们，每个人都会穿上他们平时过节才会穿的新衣服，每一个人都表达着对习近平总书记的感恩，对中国共产党的感谢，对生活的热爱和满足，对祖国难以割舍的感情。乌恰是中国最西边的县，我们去的吉根乡是中国的西极，那有中国与中亚的界碑，在边境线的人民对祖国的感情远比我们想象的更深。有一位61岁的老爷爷说他们一家人感谢党、感谢习近平总书记，他们会保卫好祖国的边疆，并且会一代一代传下去；他们会珍惜这些美好的土地，珍惜现在美好的生活，他们很欣慰出生在中国，很欣慰是中国公民。这种信念感染着我们，让我们的民族自豪感油然而生！我们必不忘初心，努力打赢脱贫攻坚战。柯尔克孜族人民无怨无悔、不计得失，一代代人谱写出一首首感人肺腑的时代史诗。

我们的小翻译都是即将步入大学校园的弟弟妹妹，他们精彩优秀的同声传译，让我们的工作进行得非常顺利，和他们相处的一周，使我发现他们的18岁远比我的18岁精彩，他们有一个共同的梦想，就是毕业后回来建设自己的家乡，保护好祖国的疆土，这是我们的18岁没有的一种品质，我们也相信他们将来一定会成为汉族与柯尔克孜族、汉族与维吾尔族之间友好交流的桥梁，我们也相信他们会把自己的家乡建设得更加美好！

精神的洗礼

七天的调研中，我们还陆续见了两位感动中国人物，先从吴登云老爷爷说起。他是江苏扬州人，他原本完全可以回到美丽的扬州，可他早已把乌恰当成了他的家乡，把自己的一生都奉献给这里，给最需要他的边疆人民，他曾经为了救一个严重烧伤的小孩，从自己身上割下 13 块皮！吴登云爷爷自己的儿女也都是他亲自培养的医护人员，女儿因为救病人出了车祸，早早离开了他们，他和他家人的这种奉献精神对我们无疑是一次精神上的洗礼；吉根乡的毛勒朵老奶奶，一生只认识"中国"两个字，也只会写"中国"两个字，她是护边员，在边境线上的石头上刻着"中国"二字，昭示着那是祖国的领地，她说她的孩子们会保护好祖国，保护好这片美好的土地。我们从她身上学到的爱国主义精神不亚于大学四年期间在校接受的思政教育；号称"重庆小辣椒，乌恰小霸王"的陈邹凤书记，年纪和我们差不多，但她身上的那种魄力真的散发着无限光芒，她无怨无悔、不计得失，为边疆人民的幸福生活、为祖国的安宁贡献着自己的力量。他们对自己的事业不求回报的热情和全身心的付出感动着我们，我们为他们打赢脱贫攻坚战做出的平凡又伟大的贡献而喝彩，我们要向他们和长期坚守在祖国边陲的各位基层干部致敬！

消除贫困依然是项巨大的挑战

比物质贫困更难消除的，是精神上的贫困，这种贫穷会使人失去改变现状的斗志。清晨 8 点时晨雾未散，上海滩头，公司职员手持早点步履匆匆，为业绩开始新一天的拼搏；燕园湖畔，学子们凝神集思，攻克一重又一重的难题；而在同一片晨雾中，村子里一整天的无所事事的人串门闲聊晒太阳也开始了。虽说这种现象在各个农村并非广泛存在，似乎无可苛责，但那些凌乱的院落上，难道盖不成整洁的小楼吗？旧思想就不能接受一点新观念新潮流吗？看到这些想到我小时候，我们村里有一位从海南来支教的老师，说你们这都挺好的，就是太穷了。当时听到不以为然，直到去大学读书，再后来去北上广这些地方时，才越来越意识到，贫困就像污浊的空气，在里面待久了就不会意识到它的存在。正是这种认知的缺失，在我国扶贫工作中，出现了一些让人无奈的现象，比如看到有了救济款，连地都不种了；扶贫发的小鸡小羊，改天就被炖在了锅里。没有劳动主动性和积极性，缺乏对未来的长远规划，永远是人们在脱贫前进路上最大的阻碍。

"脱贫"是底线，"致富"才是目标

"脱贫"和"致富"似乎是两个可以连在一起的简单词语，但在现实中却代表着巨大的差距和难以跨越的鸿沟。当中国一项又一项的成就惊艳着世界，国人憧憬着国家和民族的辉煌未来时，我们很容易忘记在祖国超广阔的国土里，仍有无数底层百姓悄无声息地为生存而挣扎，他们或苦于病痛的折磨，或囿于地域的贫瘠，或困于认知的缺失，每日为生存做着最卑微的斗争。

很多贫困家庭在政府的帮助下，搬进了新修的房屋，住有其所，食有所余，参加医保后，不用为负担不起看病吃药担忧，他们已经到达了脱贫的及格线，但是，也仅仅如此而已，房子还是没有装修过的毛坯房，仅有的家具比我们的年纪还大，平日只能省吃俭用，每一笔钱都要精打细算，他们的生活与这个物欲横流，倡导消费的时代格格不入。身处偏远的农村如何实现富裕，是一个更加巨大的难题。这里自然条件本就比较恶劣，产业链也单一，从脱贫到致富还有很长的路要走。

我国有数量巨大的农村人口和相对较少的可耕作土地，只有成立现代化的新型农村生产合作社，变劣势为优势，因地制宜发展特色产业，产生规模效应，才能获得最大产出和利润，实现农村繁荣。每个村民既是员工也是股东，不但可以减小贫富差距，实现共同富裕，也能创造就业岗位，吸引人才回流，农村发展中的许多难题都会迎刃而解。国家也在积极引导这种趋势的发展，"要想富，先修路""村村通"工程已经在我国农村基本完成；农村产业扶贫基金带来了致富的火种，"大学生村官"带来了前沿的现代理念；基层人员"帮扶到户"和"脱贫不脱帮"，为致富保驾护航。在这片依旧苍茫的土地上，我看到了希望正在生根发芽，愿茁壮成长，早日枝繁叶茂，硕果累累。

真抓实干，脱贫摘帽

文/梁贵雪

（西安财经大学经济学院 2017 级产业经济学研究生）

出　发

2019 年 7 月 8 日，同学们已经差不多都离校了，而我却兴致勃勃地留在学校，因为马上就要参与宋敏老师带队进行的贫困县摘帽调研工作了。这是我第一次参与扶贫调研工作，也是第一次坐飞机，有点儿小激动。虽然之前我也参与过其他老师组织的调研活动，还算有一些工作经验，但是心里还是有点儿担心，毕竟其他的同学之前都参与过几次贫困县摘帽调研，对工作都比较熟悉，而我作为一名新人，只有几个同学相熟一些，有一些担忧，幸好团队给我安排了一个关系不错的朋友做搭档，第一天就让我消除了那些顾虑。

调研过程

调研工作开展的关键，就是把自己融入样本村，实地考察他们的处境。通过电子问卷、录音、视频和照片的形式对农户家里的基本情况进行了解，此次调研的重点是错退漏评以及"两不愁三保障"（吃穿不愁，教育、医疗、住房保障）的落实情况。以往，调研小组一般由两名学生组成，此次是少数民族地区，方言居多，所以这次的调研工作小组加入了一个小翻译，是今年刚参加过高考的当地学生。在这次的调研工作中，我主要负责问卷的解读和沟通，搭档主要负责照片、音视频的收录和整理，晚上一起上传问卷和数据，小翻译风趣幽默，翻译的准确度很高，我们三个配合得很有默契，算得上是一个高效率的小团队。

调研工作的整个历程都让我记忆犹新。我们乘飞机到达新疆喀什，一路4个小时的旅程，到达机场时有同学发现手机时间出现变化，有的是12点6分，有的是14点6分，一看就是准备工作没有做细致，喀什地处我国的西极，是我们国家送走最后一缕阳光的地方，跟北京有两个小时的时差。从机场出来，乌恰县的相关负责人已经在等我们了，我们按照分组上车前往乌恰县，沿路看到在西安很少见到的蓝天白云，让我顿时沉醉。对接会上，县委书记和县长分别对乌恰县以及各项工作成就做了相关介绍，我们也对乌恰的基本情况有了一个简单的了解，之后，我们被邀请去参观乌恰的历史馆，又一次加深了我们对乌恰的认识。在回酒店的路上，我才知道这里的晚上11：30才天黑，每天大概有16个小时的白天，刚到这里觉得什么都是新奇的，已经晚上10：30了，天边还是一轮没有落下去的红日，被一圈晚霞围绕，甚是美丽。

我以为时差差两个小时，太阳落山晚，那升起的时间应该也会晚一点儿，但是，第二天一早我才知道，这里的太阳是升得早，落得晚。不拉窗帘是真的睡不踏实。大家7点钟开始陆陆续续起床，7：30吃饭，8点出发是每天的常态，本来以为出发的有点儿早，但第一天，单程两个半小时的路程就让我真真切切感受到了"不到新疆不知中国大"这句话的真实含义，因为是第一次来新疆，对路边的风景甚是好奇，一路上边欣赏着边听着小翻译给我讲解，竟然没觉得时间过去那么久，只是下车后才发现已经走了两个多小时。第一天我们去了膘尔托阔依乡的膘尔托阔依村，在这里，感受到了当地人民的热情，我们去的第一户是标准的新疆式装修，一进门就被惊艳到了。通过交谈，对整体情况有了一个基本的了解，这里大多是牧民，以前没有固定房屋，也没有足够土地种粮食，有限的土地大多用来种植苜蓿和养殖家畜。

通过走访，知道这里的扶贫政策落实的情况让农户们都很满意，通过小翻译的同声传译，大家都表达了对中国共产党和习近平总书记的感谢，都说自己的爸爸都没有能给自己这么好的生活，非常感谢中国共产党，请替我们向习近平总书记转达他们的感谢。在这几天的走访中，我看到他们家家户户门口都悬挂着五星红旗，屋内墙上都张贴着习近平总书记的画像。这几天听到农户说得最多的就是，他们爱中国，爱中国共产党，感谢习近平总书记，他们生活富足美满，会尽自己的力量保护好边境，保护好祖国。

接下来，我们又去了铁列克乡、吉根乡、巴音库鲁提乡、吾合沙鲁乡和黑孜苇乡下属的村庄，他们有的是贫困村，有的是非贫困村，有的是建档立卡户，有的是一般户，但都对我们表示了最热烈的欢迎，用最高的礼遇招待我们。一开始，觉得进门脱鞋，盘腿坐有点儿麻烦，但入乡随俗，我们很快就习惯了。

通过这次调研，我还认识了几个"新的"职业。护边员、护林员、四老以及联户长。乌恰县地处我国的最西端，与吉尔吉斯斯坦共和国接壤，所以，这里有425公里边境线需要守护，除了驻扎在边境的武警官兵，更多的需要生活在这里的居民共同守护，在这里，很多家庭的成员都是护边员，他们都带着自己的信仰和对祖国的热爱行走在边境线上，谈论起这个工作，可以看到他们脸上都挂着满满的骄傲。

此次调研重点是人均收入是否达标以及是否满足"两不愁三保障"，然后再摸清农户家里的基本情况，因为政策落实得比较到位，所以基本没有问题。当然也会询问是否还有未解决的困难，大家都一致表示中国共产党这么好，还需要什么，再要还像话吗？经过这几天的走访，我们了解到这边的扶贫力度比较大，除了各项资金的帮扶，富民安居房基本都是照顾到每家每户，还有产业扶持，送牛羊马，分配护边员工作，所以农户的经济来源是稳定有保障的。

在乌恰，牛羊马是经济收入的主要来源，也是食物来源，它们生活在草原上，吃青草，喝山泉，所以肉质鲜美。但是这里没有相关的大型加工厂，因为运输成本太高，熟食加工的最终价格在市场上没有竞争力，所以并没有大面积推行。但同时乌恰有着边塞最独特的美景，在柯尔克孜族语中，铁列克的意思是胡杨，名符其合，在沿途的路上就不断地从车窗里看到路边挺拔的胡杨，一棵一棵成片地簇拥在一起，让人第一次近距离感受到这些"三千年神话"带来的震撼。在乌恰，天蓝、云美、山高、水秀。还有屹立不倒的胡杨林，很是值得来前来参观。

教育讲座

此次调研我们还参加了两次专题讲座，分别是吴登云和陈邹凤两位老师。一位是84岁高龄，在乌恰县奉献了自己的青春，而且要继续奉献下去的医生，从艰苦的医疗条件到现在的不断改善，他用自己的鲜血和皮肤无私救人。一位是最美的"90后"女书记，小小的个子，迸发大大的能量，正在用自己的青春保卫祖国，服务群众，带领护边员走在国境线上，设置防护网，驻守边境，她所遇到的困难，是我们无法想象的。他们的故事在网络上都可以找到，我就不再一一赘述，但是，一贯理性的我在这两次讲座上哭得稀里哗啦的，真的很佩服他们，放弃了城市里的舒适生活，来到这个边陲小镇，用自己的青春和热血来守护人民和祖国，我一直在问自己能不能做到这样子，很汗颜，我做不到。在离开的时候，我请求跟陈书记拥抱一次，这个姐姐很用力地拥抱住了我，我很是感谢她。这两次讲座让我又对祖国和这些基层干部多了一份骄傲和尊敬，在我们享受和平带给我们的安乐的同时，更要对这些人的付出表示感谢。在调研的最后一天，我们有幸去拜访了布茹玛汗·毛勒朵老奶奶，这位奶奶不会讲汉语，不会写字，只自学了"中国"的汉字写法和柯尔克孜文写法，她作为护边员，50多年来在边防线上刻下了无数的"中国石"，直到现在只要走在边境线上，她就会留下中国石。她说柯尔克孜族是英雄玛纳斯的后裔，是世代守边的民族，站在边境线上的时候，我为自己是一个中国人而骄傲，为自己能为祖国守边，付出自己微博的力量而自豪。

这些平凡人的伟大事迹，让我从思想和心灵上又得到一次深刻的教育。

第二篇
辽阔的内蒙古

"贫困县退出评估"调研之我思我想

文/索康

（西安财经大学经济学院 2017 级金融学研究生）

"回家"

作为"贫困县退出评估"项目组的一名调研员，我很荣幸！这是一项光荣且责任重大的任务，面对这项任务我丝毫不敢懈怠。出发前的培训会上，我得知了此次评估调研的目的地——内蒙古阿荣旗。听到"内蒙古"

三个字，我无比兴奋，因为那是我的家乡，使得我这次调研执行又多了一重意义——回家。

可是，紧接着我就又有点失落了。用手机地图一查才发现阿荣旗那么远。等到了阿荣旗，虽然我人身在内蒙古，可离家却越来越远了。西安离我家900多公里，可是阿荣旗离我家足足有1900多公里，到了阿荣旗我离家的距离翻了一倍。这是怎么回事？突然想起来初中地理课堂上的知识：内蒙古自治区是我国跨经度最大的省级行政区，东西跨度2400多公里。那只能怪我们内蒙古疆域太辽阔了吧，想到这我居然开心了起来，心中莫名产生一种自豪感。"管他离家多远呢，离家再远那也是回到内蒙古了！"我自言自语道。就这样，怀着激动的心情，带着神圣的任务，我们出发啦。

"零下十八度"

经过总共13个多小时"大巴—飞机—大巴"的颠簸之后，我们抵达了距西安2100多公里的内蒙古自治区阿荣旗，最直观的感觉就是一个字：冷。但还是我熟悉的温度，零下十八度。不知道别的队友心里怎么想，反正我特别开心，毕竟是我家乡的温度。到住处安顿好之后，大家的心情也渐渐平复，我们调研队伍连夜开始了紧张的准备工作。调研队伍由4位老师带队，其中两名负责人将入户调研员分为17个小组，每组两个人。然后按小组领取调研物资，分发调研问卷，熟悉调研流程……经过了一整天的奔波和工作，大家在凌晨1点后迅速进入了梦乡。

"您好"

"您好，我们是来自西安财经大学的研究生，受内蒙古自治区扶贫办委托，过来做一个入户调查，了解一下您目前的生活状况"，伴随着这样的开场白，我和我的队友开始了一天的入户调研工作。我主要负责采访农户以及访谈的全程录音工作，我的队友负责的是核验精准扶贫材料，以及拍照取证工作。虽然我们是第一次合作，但很快就配合默契。

很快，一天的入户调研工作就结束了。晚饭后，我们全体调研队伍又立刻投入到调研交流会中去。会上各个小组汇报自己今天的工作量，以及在调研工作中遇到的问题，同时，带队老师对我们的问题进行逐一解答，组织大家积极进行讨论交流。研讨会上，大家都积极发言，表达自己的观点和看法，奉献自己好的调研经验和方法。我们在这个研讨会上都获益匪浅。

会后还有艰巨的任务在等着我们。每天研讨会过后就是所有小伙伴们聚在一起整理问卷数据的时间。我们要把白天收集的纸质问卷数据梳理一遍，然后录入成电子问卷。另外，还要把白天的录音、录像、照片等影音资料按行政村分类整理，最后统一汇总起来。问卷数据全部整理完往往要到夜里 12 点以后，一天的工作才算彻底结束。大家各自回到房间，来不及说上几句话就都睡着了，我相信所有的小伙伴都睡得很香，很香……

"忙里偷闲"

在七天的调研过程中，我始终认为最幸福的时光就是大巴车上的时间。由于阿荣旗各个乡镇和村落都相对分散，所以我们从一个乡镇到另一个乡镇，往往需要花费 1 个小时左右的时间。这个时间对我们来说是极其宝贵的，是我们整个调研过程中最放松的时刻了。据司机师傅说，车上的小伙伴们大多数在开车后 10 分钟左右就睡着了，我也一样。我们身体累但是心里美，因为我们深知我们的责任，深知我们肩负的伟大使命。

"蓝天白云"

经历过西安的雾霾天之后，来到内蒙古呼伦贝尔市阿荣旗最大的感受就是："啊，这个世界上还是有蓝天白云的"。清新的空气，湛蓝的天空，飘逸的白云，让我心旷神怡。家乡的蓝天，熟悉的蔚蓝，空气中都有一丝甜甜的味道。在调研途中，抬头仰望天空，心中回想着刚刚的入户情景，想想每家每户出来迎接我们的老人家，想想那些贫困家庭的状况，不由得有些出神。虽然家庭贫困，可是他们却没有一丝愁容，聊起扶贫这件事，他们都有非常多的话要说，国家的政策，让他们的孩子有学上，让他们看病不再"跑断腿"，让他们真正实现"两不愁三保障"。

"身体是革命的本钱"

在这几天的入户调研过程中，通过实地走访，让我不由得思考一个问题，大部分贫困家庭都是因病致贫，疾病的治疗不仅极大地增加了家庭负担，而且还使家中劳动力出现短缺，是致贫的重要原因。但是庆幸的是，现在国家和政府为贫困人群制定了专门的医疗照顾政策：贫困家庭生病住院治疗，报销比率已经超过90%，而且是先看病后付费。比如说老百姓看病费用是5000元，实际上自己只需要支付不到500元。关于这个政策我听到的都是拍手叫好的声音，"共产党的政策就是好""没有党的政策，我们是真的看不起病啊""没有共产党，就没有我们现在的生活，感谢共产党……"这样的声音在七天的调研过程中不绝于耳。

有些当年因灾致贫的家庭，由于家庭成员都身体健康，劳动力充足，在国家帮扶政策下度过了受灾后最困难的日子，现在也早已经通过自己的辛勤努力过上了小康生活。这让我不由得想起来小时候听到的一个故事：假如人的一生是否有成就可以用数字大小来衡量，那么身体健康是1，而知识、财富、地位等都是0，只有把身体保护好了，人所拥有的一切才能拼成一个越来越大的数字。否则，一旦没有了身体健康，其他的方面拥有的再多，加起来也只能是0。所以我想告诉身边的亲人、朋友和所有向往美好生活的人，一定要保护好自己的身体，因为"身体才是革命的本钱"。

"贫困负债之我见"

在七天的入户调研过程中，我发现了一个普遍现象，那就是在访谈过程中了解到好多贫困家庭都有负债。那么有负债就一定说明这个家庭没有脱贫吗？我觉得不然。理解负债农户是否贫困，不能只看债务额度，还要看负债性质及农户偿还能力。在农民生活逻辑中，与人生大事相关的大额支出，应该分摊到更长的家庭生命周期中，只要身体健康，生计稳定，就可以还上账。进而言之，不能将这种债务简单理解为贫困。这和城市居民按揭买房是一个道理，贷款几十万元甚至几百万元，怎么就能说是贫困家庭呢？如果真贫困，银行根本不会贷款。

所以我觉得有些家庭"两不愁三保障"都没问题，但是他们就是因为自己的债务问题不愿意脱贫，这是很不合理的。针对这种现象，我们不能让他继续"主观贫困"，而是要对他进行"客观脱贫"。只有这样，才能更大程度上发挥有限资源的扶贫效益，提升扶贫工作背后的资源分配公平性。

实地调研再出发，黑土地谱写新篇章

文/袁泽锋

（西安财经大学经济学院 2017 级金融学研究生）

满怀一腔热血，我来到内蒙古自治区呼伦贝尔市阿荣旗，参加"2018年内蒙古自治区贫困旗县退出专项评估"的实地调研工作。虽然这是我本年度参加的第二次调研，但是热情不减、兴趣未退，仍然以饱满的热情、充沛的精力、认真的态度、严谨的作风投入此次调研中，虽疲惫有余，但收获颇多。

调研之前组织的行前培训上，老师们在台上声情并茂地讲，小伙伴们在书桌前奋笔疾书地写。我们了解了很多关于贫困、医疗、住房、饮水、保险的相关知识，学会了如何有效地填写问卷，如何与被访农户交谈，获取想要的信息和数据，这次培训对我们来说必不可少也意义非凡。此外，我自己也从网上浏览了关于阿荣旗的一些信息，比如人口、乡镇数量、天气状况、地理位置等，为我后续高效开展工作奠定了重要的基础。

千里奔袭，赶赴战场

此次调研队伍由 4 位老师带队，早上从陕西省西安市出发，下午 4 点到达黑龙江省哈尔滨太平国际机场，在阿荣旗相关人员的安排下，从机场到阿荣旗坐车近 5 个小时，舟车劳顿，终于在深夜抵达。但疲惫与劳累并没有削弱队伍开展工作的信心与毅力，短暂的休息之后我们就参加了评估对接会议，听取阿荣旗相关领导干部的介绍，然后马不停蹄地去附近乡镇开始调研，投入工作。此时此刻，实地调研的"战役"正式打响。

昼夜工作，不知疲倦

从开完对接会，正式开展工作，到调研接近尾声，完美收官，共计 6 天的调研时间里，小伙伴们早出晚归，兢兢业业。由于阿荣旗地处北方，纬度相对较高，此次调研正是在冬季，昼短夜长，调研队伍可谓是披星戴月，疲惫是不可避免的，但我们没有被辛苦和严寒打垮，更没向困难低头，昂首挺胸，纪律严明地开展工作，不知疲倦为何物。阿荣旗地处内蒙古自治区和黑龙江省的交汇地带，地广人稀，地形多以山地丘陵为主，行政村所属的自然村相距较远，行政村之间更是相隔数十里，所以，大家充分利用在车上度过的宝贵时间，养精蓄锐，补充体力，下了车才能生龙活虎地投入工作，这正是我们调研活动的真实写照。

行前老师千叮咛万嘱咐要做好保暖措施，事实上，到了阿荣旗所在地，并未如想象中那么冷，当地工作人员介绍尚未到最冷的时候，直到夜幕降临时吹起的阵阵西风，果真冻得人瑟瑟发抖。寒冷并未阻挡大家勇往直前的脚步，小伙伴们克服困难，突破障碍，每天都能取得喜人的成绩。

一景一情，深有所感

"天苍苍，野茫茫。风吹草低见牛羊"，不再是吟诵在嘴上，或书写在纸上，而是此次调研中随处可见的场景，广袤土地上缓缓漫步的牛马羊，时而低头进食，时而抬头眺望。部分乡镇因地制宜地发展畜牧业和养殖业，既为农户增加了稳定收入，也合理配置和利用了本地的资源。"牧人驱犊返，猎马带禽归"，放牧人踩着晚霞驱赶着牛羊，轻轻地一声吆喝，既是幸福的呐喊，又是令人振奋的誓言，在致富脱贫的道路上，他们自己动手，从不"等、拿、卡、要"，稳定脱贫、稳定致富。农户院中堆积如山的玉米，展示了一年的耕耘所得，如黄金般耀眼，如玉石般迷人，农户提到收成时满脸洋溢着幸福，既是对政策方针的完美回答，也是通过双手劳动、努力付出得到的回报。看到这些令人感动的情景，我们意识到不能仅仅活在高高在上的"校园金字塔"里，下乡调研，接受乡村生活的再教育也是成长道路上必不可少的一步。能在脱贫攻坚的最后一环上光荣地写下自己的名字，我们倍感荣耀。

身有所感，心有所悟

当我们聚集在集体共同管理的牛圈门外，聆听负责人员的认真讲解，了解到集体经济在脱贫的道路上功不可没，在后续扶贫的定位上作用显著；当我们行走在山间的小路上，听着向导讲解山上的特产和物种，以及为农户们带来的明显收入增加和额外所得，这些物产在脱贫的道路上发挥着重要的补充作用；当我们走进农户家里，从交谈中了解到，他们的收入如芝麻开花节节升高，看到他们脸上洋溢着幸福的笑容；当我们行走在村落里，看着鳞次栉比的院落，井井有条的规划和四通八达的道路，看到新农村的建设落到实处，农民的条件改善确实在发生变化而且会变得更好；我们还看到农村规划、修建的幸福院落，老年人可居住其中，颐养天年，虽然贫困地区人们的观念较为守旧，幸福养老院的入住率并不是很高，但政府在行动，因为祖国的关爱从未缺席。

随着我国逐步进入老龄化社会，偏远地区的养老问题也变得更加突出。在我们的调研中发现绝大多数老年人都患有不同类型的慢性病，如高血压、糖尿病、脑梗死等，为了杜绝老年人因收入减少，看病和吃药的支出增加，因病返贫，因病致贫，应该在扶贫的同时，综合考虑老年人的相关问题，让每一个老年人都老有所养、老有所居、老有所医、老有所乐，保证老年人这个弱势群体不在脱贫的道路上掉队，防止其返贫。

对于我而言，这次调研意义深远，这并不是一次简单的问卷对答，更是一次洗礼，一次修行。

不畏艰辛，砥砺前行

文/许芳媛

（西安财经大学商学院2018级会计学研究生）

　　2018年11月24日，我与35位同学一起参加了内蒙古自治区呼伦贝尔市阿荣旗关于精准扶贫第三方评估项目的调研。由于这是我第一次参加关于精准扶贫第三方评估项目调研的社会实践，内心非常激动，从开始培训到本次调研结束返程，一路"忙并收获着，累并快乐着"。

基本流程

为了这次调研能更加顺利、高效地进行，我们提前一周进行了组织培训，带队老师和 36 位同学在此相聚。此次培训会对内蒙古自治区贫困旗县退出专项评估的核查工作进行了简要介绍，解释了进行第三方评估的原因和意义，会上提到本次评估聚焦贫困人口"两不愁三保障"，具体做到：吃、穿不愁，教育、医疗、住房安全有保障，与此同时，检查脱贫攻坚政策的落实情况。这次培训，提高了每位调研员对国家脱贫攻坚伟大工程的认识，也增强了我们评估的责任意识，同时为评估工作的高效进行提供了保障。

贫困县退出专项评估检查调查员还要参加试题考核，考试不合格者，将取消本次调研资格，要求 90 分以上为合格。很庆幸自己以 98 分的成绩通过本次试题测试。

经过长达一天的车程我们顺利抵达阿荣旗。第二天一大早入户调研工作便有序地开展，每个小组在结束当天的入户调查情况后，立马赶回联络员处汇报自己的工作，这样我们当天的入户调查工作才算全部完成。到了晚上大家相聚在会议室，再次总结当天的工作完成情况，并及时反馈调研中遇到的问题，领队老师逐条分析、并有针对性地进行答疑。然后，老师会总结当天的工作量及进度，并有效计划第二天的任务与行程。会议结束后，我们各自进入录制电子问卷、归类打包影音资料阶段，未来几天的工作都是这样忙碌而紧凑。

情况介绍

通过入户调查，走访群众，我们发现各个村庄的精准扶贫工作基本到位，贫困户群众也大力赞扬自己的责任帮扶人，对实现家庭增收效果非常满意；农户也反映自家的责任帮扶人经常前来慰问他们，节假日也会给他们送鱼送肉。患大病、长期慢性病的家庭都有家庭签约医生，并且驻村工作队对整个村庄的产业帮扶、道路设施建设等都有非常明显的效果……一系列帮扶措施普遍得到群众的认可，群众基本没有等、靠、要的依赖思想。调查中还发现，仍然存在极小部分村民的生活条件比较艰苦。当然，相应驻村工作队都在尽力帮扶他们，改善他们的生活。

对策建议

首先，政策落实要到位。希望驻村工作队能更多地去帮扶特困户，做到时刻关注村民脱贫动态，及时查漏补缺。

其次，强调"一方有难，八方支援"，让村民切实感受到干部和周围人送去的温暖，争取让每一位村民都能过上好日子。

最后，实施奖惩措施。对积极参与主导产业发展的农户，实行一定激励措施，比如对产业生产总量排名靠前的农户授予流动红旗等，激发群众团结起来积极劳动、加快脱贫进度的主动性。

深刻体会

首先，真诚的态度很重要。在入户过程中，我们拿出自己最诚恳的态度与农户交流，从调研开始到结束，农户们都非常热情，也很积极乐观，在与他们的交谈中我们能深切地感觉到中国共产党对他们的关心与照顾是多么的及时与重要。我们的真诚态度换来他们的信任和支持，群众的待客热情有时甚至让我感受到遇见亲人的亲切感。

其次，团队合作精神很重要。我们强大的阿荣旗评估队伍，每组由两个人组成，只有两个人携起手来、合理分工，才能高质高效地完成当天的任务。每到一个村庄，每一位调查员的形象都代表着整个团队，大家不管遇到什么困难，都会为整个团队的利益考虑。

最后，领队老师的激励很重要。起初几天，大家都鼓足干劲，力争上游。但随着工作的持续进行及工作强度的加大，到后期大家的工作效率明显下降。此时，老师会激励我们，利用工作间隙与我们面对面的交流，让我们有了"坚持到底就是胜利"的决心和勇气。

调研收获

这次的调研活动让我收获颇丰。

在生活上，自己在努力付出的同时，也认识到自己的一些不足之处。工作开展的前两天，由我来填写调查问卷，队友负责摄影和录像。然而，在我第一次填写调查问卷时，总会出现所问问题重复的现象，浪费了许多时间；起初和调研对象的交流方式也存在一些问题，幸好有队友的及时提醒与建议，让我立刻意识到并加以改进。这些问题在后续工作中，都得到有效改善。

在工作上，队友对待工作非常负责，从他身上我学到了一种面对工作不卑不亢、踏实肯干的吃苦耐劳精神。我们的调研工作进展到第三天，调查问卷由队友填写，摄影工作由我来负责，看到他的纸质问卷上面几乎没有修改的痕迹，整洁的纸质问卷看起来非常美观，让我钦佩不已。

在思想上，强大的阿荣旗评估队伍给了我不一样的认识。无论工作多么辛苦，只要当天的工作没有完成，大伙就一刻不休息，大家吃苦耐劳的精神深深地感染着我。在阿荣旗那几天，每天都能接触到新鲜的事物，每天都与不同的农户合作完成本次调查问卷，每天都能有新的发现与认识……当自己看到有那么多为生活努力打拼的农民伯伯，他们虽然身处社会底层，但他们淳朴善良、积极乐观的精神状态值得我们每一个人思考、学习。通过本次调研的所见所闻，让我更加斗志昂扬，也让我更加珍惜自己的读书机会，并规划好自己未来两年的任务——勤学习、多看书、去实践，现在努力做个好学生，争取将来能为社会贡献自己的微薄之力。

在此次脱贫调研中，我感觉最辛苦的要数我们的带队老师和两位联络员。虽然每天调查员进行分组调研，各自完成入户调查工作，但领队老师却一直都在默默地关注我们，我们群里的每一条互动消息老师都会仔细查看，倘若出现一户疑似漏评户，无论道路多么崎岖，寒风多么凛冽，领队老师都会亲自前往此户，详尽核实情况，耐心询问并实地考察村民的基本生活状况。就在结束返程的路上，我才得知，老师们出于对每一位入户调查员安全问题的考虑，基本上一周都没怎么休息，每天都提心吊胆，生怕我们遇到什么危险，例如：阿荣旗的农户大多都养有猎犬，这时老师总会担心我们入户时会被狗咬伤……两位联络员尽职尽责，时刻关注每位调查员的入户进展动态，逐条回复，有时忙到连去趟卫生间的时间都没有。每天晚上大家完成自己的工作后都陆续离开会议室，这时只留下联络员继续开展他们的工作，直到很晚才肯离开。而到了第二天早晨出发的时间，联络员已为我们做好详细规划，也为我们当天的工作任务做了合理分工，这为我们高质高效、顺利完成当天工作打下坚实的基础。在此，真心感谢老师的关怀及联络员的默默付出。

评估总结

"小康不小康，关键看老乡。"此次调研，让我更加深刻地理解了习近平总书记这句极富深刻内涵的话语。我虽然出生在农村，对村里的生活状况比较熟悉，但随着时代的进步与发展，自己家里已经不再以种地为生，逐渐转向城镇居民的生活方式，这次调研重新唤起了我童年的美好回忆，也让我对异乡的农民伯伯的生活现状有了更深入的了解与认知。此次调研不仅提高了我的个人交际能力，更让我学到了书本中学不到的东西，也增强了我的实际观察能力。我从开始的笨手笨脚到后来的熟练掌握，再到最后调研工作收尾时表现出的依依不舍，其中的每一步都代表着自己的不断成长与进步。

精诚合作，攻坚可克

文/王一帆

（西安财经大学商学院 2018 级会计学研究生）

　　2018 年 11 月 24 日，我们阿荣旗脱贫评估调研队顺利出发，奔向我们的目的地——阿荣旗。"阿荣旗有着深厚的文化底蕴，被内蒙古自治区确认为革命老区，是名副其实的红色旅游胜地和爱国主义教育基地。"我对那里充满无限的向往与期待，同时也充满紧张。

这是自己平生第一次接受这样的任务。刚接到参加贫困调研队的消息时，我对一切都充满了新鲜感，但在进行了培训后才意识到这次任务的严肃与艰巨。虽然并不知道自己应该做些什么，有点手足无措的感觉，但还是鼓起勇气参加了。这次的调研，让我经历了很多以前没有经历过的事情，学到了很多难以在学校当中学习到的知识与技能，了解了"两不愁三保障"等国家政策，收获了一群阳光、积极向上、团结友爱、互帮互助的小伙伴，让我在调研的路上不再感到迷茫与孤独，很快就进入工作状态，以饱满的热情投入调研任务中。

在这里我真心地感谢带队老师对我的信任与重托，让我感受到原来我与国家联系得如此紧密，并有幸能在 21 世纪初脱贫攻坚战的旗帜上写下我们的名字。哪怕每天"披星戴月，夜以继日"，团队的每个小伙伴都仍然保持朝气蓬勃，精诚合作。虽然我写的看上去有些夸张，但实际上一点也不夸张，只有亲身经历过才会深切感受到小伙伴们的热情，正是他们的热情点燃了我。

大家在历经 10 个小时的长途奔波后于晚上 11 点左右到达酒店，第二天 6 点多起床，每个人都精神饱满相互打着亲切的招呼，老师们在微信群里提醒着大家"天冷，穿厚点"。一声简单的问候，一个温暖的微笑，给了大家一整天的正能量，即使西安与内蒙古自治区的温差将近 30℃，大家心里依然很温暖。

我们的团队第二天就投入了紧张的工作中。上午先由"老手"带领"新手"，我和张晶晶学姐以及可爱的陈新月同学分在一组，学姐人很好，全程都在耐心细致地教我们怎么做，分工也很明确，做调查问卷的在耐心地询问淳朴善良的村民，拍照的不放过一点细微的东西，为"两不愁三保障"搜集着第一手资料。下午又进行了重新分组，两两一组，我和徐良华学长一组，有经验就是不一样，他工作非常认真，在接下来的工作中他都是我的搭档，我们合作非常愉快，非常感谢他对我的照顾。在庞大复杂的工作面前我们没有人抱怨，每个人都是极具责任心，每天的工作量虽然很大，但是我们很开心，很快乐，既流了汗，也收获了成功。大家不分你我，微信群里记录了我们团队每一个人付出的一点一滴，最终成就了此次评估调研的圆满成功。通过这次评估活动我们学会了面对，学会了坚持，学会了协作，在寒冷的冬季，我们历练了自己的内心。我为大家点赞！

通过此次调研我见到很多，感受也很多。

我们这次调研工作时间历经 5 天，白天我们行走在贫困村的乡间小巷上，进入每一个被抽查到的农户家中，了解精准扶贫政策的实施情况，仔细观察每一户是否达到"两不愁三保障"的标准。

通过与村民的交流，深入了解情况。本着"独立、客观、公正"的原则对村民负责，也对干部负责。主要对"错退""漏评"的情况进行重点观察，并及时反馈给带队老师。晚上都会进行一次交流例会，每个小组就当天工作情况进行汇报，对所遇到的问题进行咨询，由老师和我们的领队进行讲解，然后再交流工作的一些经验心得。最后每组会对今天所收集到的影音、照片等资料进行整理、对纸质调查问卷进行完善并完成对电子问卷的录入。

这 5 天里我见到过形形色色的人，有虽然日子艰苦但从未抱怨的人，有因国家政策好而过上好日子脸上洋溢着幸福微笑的人，但也不乏有些日子明明过得不错还不停唠叨自己生活怎么怎么困难的人。这就需要我们这些调查员一定要坚持自己的原则，擦亮自己的双眼，保持清醒的头脑，要有自己的判断，不被个别村民带偏，同样也不能被村干部带偏。

调研期间我对贫困村有了新的认识，对村干部也有了新的认识，我们组先后对朝鲜民族乡，霍尔奇镇的索尔奇村、亚东镇的六合村、六家子村、太平庄村，查巴奇鄂温克民族乡的嘎达那村、榆树村，兴安镇的金边堡村，向阳峪镇的解放村、大泉山村、孤山屯村进行了调研，每个村都有每个村不同的情况，但这些都与村干部的工作方向有着密切的关系，同时也与这个村是否发展了自己的特色产业有关。要想致富，就要找到一条适合本村的发展道路，由先富带后富，共同走向富裕。

这次的调研活动不管是对我们这个团队，还是对我们个人都是一次难得的历练。

首先，要善于与人沟通。经过这一段时间的调研工作让我认识了很多的人。我是个慢热型的人，但在这个团队中，我却很快就融入进去了，仿佛有一种神奇的力量，可能这就是团结的力量！如何与别人有效沟通，这门技术是需要长期的练习的。以前实践的机会不多，我与别人对话时不太会应变，谈话时有冷场，这是很尴尬的。社会是个大群体，人与人之间合力去做一件事时，会使做事的过程更加有效率，更加融洽，事半功倍。别人给你的意见，要耐心地听取，虚心地接受。在刚开始磨合的阶段免不了会有小的摩擦，但这些都为以后很好的合作奠定了基础，增进了大家的感情。

其次，在工作中要保持一颗清醒的头脑。要保持清醒的头脑，就要无时无刻提醒自己这份工作的重要性以及担在自己肩上的这份重任。此次的调研活动中我仍有许多不足的地方。如果还有机会，我希望自己可以做得更好。

再次，要克服自己胆怯的心态，自信起来。缺乏经验并不能成为自己做不好事情的借口，凡事都要在摸索中前进，不断地总结经验只会越来越好，所以应该尝试着克服自己内心的恐惧。自信起来，不是盲目的自夸，而是对自己的努力做出肯定。自信是一步一步建立起来的，有自信使人更有活力更有精神。挑战自我，只有挑战自己才能赢得未来。正如某个名人所说："勇气通往天堂，怯懦通往地狱。"

最后，不怕艰苦，勇往直前。面对阿荣旗零下20多度的气温，我们义无反顾地踏上了征程；面对每天艰巨繁杂的任务，我们从不抱怨；面对有些有听力障碍的村民，我们耐心提问，仔细核对，力求问卷的真实性；面对意外遇到的困难，我们互帮互助，共同面对。每天的生活虽然很累，但那只是身体上的累，精神上却得到了满足，每天过得很充实很愉悦。尤其是看到自己调研的成果后，内心有很强的欣慰感和成就感。

通过这次的调研评估活动，我逐步了解了真实社会，也更深入地了解了国家，开阔了视野，增长了才干，并在社会实践活动中认清了自己的位置，发现了自己的不足，能够对自身价值进行客观评价，懂得了许多做人的道理。这次活动让我更加清楚地认识到在今后的学习和生活中我要严格要求自己，提高自身素质，为祖国的繁荣昌盛贡献一份力量。

以爱扶贫，以心感悟

文/王希梦

（西安财经大学统计学院 2017 级数量经济学研究生）

　　能够参加此次第三方评估项目也算机缘巧合，很感谢室友的帮忙和老师给的机会。通过参与此次评估也是收获良多，特此记录下这次既有趣又深刻的体验。

准　备

　　阿荣旗是我之前从来没有听过的地方，但听到内蒙古，就想到那无边无际的大草原，通过查询我了解到阿荣旗位于内蒙古与黑龙江省的边界地区，全旗有 64 个贫困村、1.5 万贫困人口等状况。也了解到气温有零下十几度，比西安这边要冷得多。

调研培训会上，调研组长针对评估任务及组织、纪律要求、评估规程、评估准备及实地工作还有评估问卷方面都进行了详细介绍，并针对同学们提出的大大小小问题作出回答，使大家对此次专项评估有了更深入的了解。带队老师们重点强调了安全问题和健康问题，提醒我们多注意保暖不要感冒，在融洽的气氛里我们结束了此次培训。

在开始调研之前，每个人都要做一份关于调研地区精准扶贫的电子试题，满分 100 分，只有达到 90 分以上才有资格参与此次调研，可见此次评估相当严格，不得有丝毫的差错，保证每一个人对于调研地区的基本情况有一定的专业认知。我很开心顺利通过了此次考试，拿到了参加此次调研的通行证。

出　发

我们早上八点从学校出发，11 点半左右到达咸阳国际机场，这是我第一次坐飞机，飞机起飞离开地面的瞬间会有点失重的感觉，同时还会有一些耳鸣，原来从天上看地下是那样的神奇，仿佛看到微缩的世界。从飞机上往下拍的天空特别蓝特别好看，那种惊奇开心的感觉让我忽略了座位的狭小和气压变化带来的不适。4 点半的时候飞机降落在哈尔滨机场，那边的天真的黑得好早，下飞机的时候冷空气扑面而来，外面已经没有太阳。凌晨 5 点的时候坐上去阿荣旗的大巴，晚上 11 点到了住宿酒店，整整 18 个小时的旅程，身体很累但精神很兴奋。

调　研

此次问卷分为建档户和非建档户，分别针对脱贫户是否存在错退和非贫困户是否存在漏评现象，判断依据是"两不愁三保障"，即吃穿不愁，住房医疗教育有保障。在入户调研时全程需要进行录音以及影像的相关录制，作为判断和核对时的重要依据。这些影音资料也就构成了此次评估的重要参考材料。

调研中我们被分为不同小组，每组 2 名同学，采取的是"老带新"的方式，和我一组的是之前参加过专项评估的林倩倩同学，很开心能遇到这位队友，在整个的评估过程中我俩分工明确、合作默契，由陌生到熟悉直到成为好朋友。不同的小组，会被分到不同的村镇，有专门的带队人员，我们的工作就是按照带队人员给的名单挨家挨户进行入户调研。刚开始的时候是队友做问卷和录音，我进行拍照和录像，后来就互相调换了，这也是一个慢慢熟悉的过程。调研员们奔跑在各个贫困村中，每调查完一户就在群里报告各组完成情况，每项工作都是那么井井有条，因为每组的完成情况都不一样，先完成手中任务的组都会自觉地帮助其他组，团队意识非常强。

阿荣旗的天下午四点半天就黑了，每天晚上 6 点半左右回到住宿酒店，然后吃完晚饭，7 点半召开研判会，会上主要是汇报每组完成情况，有没有遇到哪些问题，是否存在错退和漏评，通过这些问题的解答也让我们对工作越来越熟练和了解；同时开会汇报这个环节也非常锻炼口才，需要我们条理清楚、吐字清晰。

我和队友分工，由我完成问卷，她导入录音录像和照片。因为上级领导对于纸质问卷、电子问卷、录音相片视频这些都有严格的格式要求，白天我做问卷，对每户情况更了解，所以我主要负责数据整理，我的队友负责整理视频照片录音等影音资料，然后我们再一起录电子问卷。这样明确的分工使我们的问卷质量高问题少，在保证质量的同时也加快了效率。

感　想

调研工作累吗？说实话挺累的，我们基本上每天都是早上 6 点多起床，晚上快 12 点才能睡觉，因为那边天黑得早，所以白天在入户的时候真的是马不停蹄，一分都不敢拖拉。整个调研过程中直观的感受就是每个人都很认真地完成各项任务，不存在偷懒敷衍等现象，也没有任何一个人抱怨。虽然身体很累，精神需要高度集中，但真的很充实也很有意义。我在调研过程中认识了很多朋友，也锻炼了自己的交流能力和工作能力，见到了不同的农村景色、了解了更多的农村情况，对脱贫工作有了更深入的了解。刚开始的时候因为不熟练所以调研一户可能花得时间太长，许多问话技巧还需要慢慢锻炼。刚开始整理问卷的时候也是存在一些问题，多亏如同一个大家庭一样的队友们互相帮忙，每个人都很友好都很尽责，很开心我能成为此次专项评估中的一名调研员。

不忘初心，砥砺前行

文/金博

（西安财经大学经济学院 2018 级金融学研究生）

　　这已是我第 7 次参加全国贫困县退出第三方评估工作了，这一次我仍然带着联络员的任务，第 3 次踏上了这片熟悉又陌生的黑土地。此前的一年时间里，我先后走过了内蒙古、山西、黑龙江及新疆的共计 6 个旗县，我们的团队于黄土高原出发，从祖国的最东极黑龙江佳木斯走到了祖国的最西极新疆乌恰县，我们迎接过祖国最早的一缕朝阳，也目送过祖国最后的一抹夕

阳。秋冬春夏，由东及西，在 4 省 6 县的第三方评估工作中，我早已从一名普通调查员成长为了一名合格的联络员。

"纸上得来终觉浅，绝知此事要躬行"。我再次去到了祖国最需要我们的地方，去感知百姓的冷暖疾苦，去感受祖国基层的温度。在这里，我又一次近距离地接触祖国的扶贫事业；在这里，我依旧小心翼翼地观察着祖国的扶贫成就。

在我眼中，通辽市的奈曼、库伦两旗县，不再是人们眼中的旅游胜地，有着蓝天白云、策马奔腾和草原典型的蒙古包。的确，这里的旅游业很发达，在奈曼旗，有奈曼沙漠、奈曼王府、孟家段水库；在库伦旗，有小五台山、三大寺、安代艺术表演。然而，这里也有这样一些地方，我叫它贫困嘎查或是贫困村。

此前马不停蹄、披星戴月地走村入户、评估调查，早已将我锻炼成了一名合格的评估队员。习近平总书记在重庆主持召开解决"两不愁三保障"突出问题座谈会时强调，脱贫攻坚战进入决胜的关键阶段，务必一鼓作气、顽强作战，不获全胜决不收兵。在外看来这次外业调研是一次精准扶贫第三方评估工作，在内而言这何尝不是我内心的一场扶贫。

以下，我便将此次评估工作中的所见、所闻、所感与大家一一分享。

路漫漫其修远兮

虽然我多次参加贫困县退出第三方评估工作，也曾多次深入农户家中，和最贫困的农户面对面交流。但每一次，我都严格要求自已，绝不能有一点闪失。此去正值内蒙古最冷的季节，我作为联络员带着同学们来到最基层开展脱贫攻坚评估验收工作。虽然时间不长，但感悟颇多。

我们中午从西安出发，到达通辽，再从通辽一路急行，最终抵达奈曼旗，此时已是傍晚时分，但是通辽的天黑得特别早，下飞机时已是下午 4

点多了，就已然看见太阳落山了。当天晚上，我照例陪同老师参加与当地政府召开的对接会以及经济、社会发展座谈会，了解当地扶贫工作总体状况和社会发展情况。

调研期间，作为联络员，我必须无微不至地关照好每一位队员，同时要和老师以及当地对接人员保持密切联系。除了白天的调研工作外，晚上我需要提前安排好各个分队的工作任务，通知大家第二天的集合时间，汇总最后的资料，及时向老师汇报，与扶贫办工作人员对接第二天相关事项。通常，完成所有工作就已经是凌晨两三点了，虽然很累，但我觉得这是我应该也是必须做的。当然，我也会利用好从宾馆通往村子里的这段时间，在车上小憩，以此来补充能量，所以在工作的时候我总能保持斗志昂扬的状态，保质保量地完成肩上的重任。

从一户到另一户，从一个村到另一个村，我们都坐在暖暖的车里。但是，下车之后，刺骨的寒意很快就侵袭了我们的身体，直至肌肤，直至骨髓。我们冷，但却不能表现出来，因为我们是带着任务来这里的，而且贫困户们总是对我们说着千恩万谢的话语，仿佛我们就是他们的救星，我们能给他们带来新生一样，加之，历次的评估经历也早已将我们锻造成了一名名坚毅的战士。

扶贫一线的战士们

走进贫困户的家里，我们先看房屋构造，再看贫困人口的精神面貌，从他们提供的建档立卡资料中寻找所需资料，同时进行进一步的询问。当然，调研员在一线工作中所反馈回来的问题也是我们把控的重点，每当村里的干部不能完整清晰地表述我们想要的答案请我们理解和谅解时，可以明显地感觉到，他们害怕回答错一个问题、算错一笔收入。而被我们按规定阻在门外的村干部比贫困户更着急，因为一旦这些接受评估的建档立卡户存在疑似漏评和错退，上级部门将会追责。第三方评估并不是故意为难乡村干部，我们的工作要求和标准是：独立、客观、公正，我们要确保的是不发生错退，不发生漏评，所有建档立卡脱贫户"两不愁三保障"均得到满足，所以我们慎之又慎。

记得一天中午吃饭的时候，当地的一名乡镇领导跟我们坐在一个餐桌上，他不断地向我们表示感谢，同时他也坦承自己的工作压力非常大，他特别希望脱贫工作能够经得起评估组的考核，但是又害怕工作不到位的地方被放大，最后追责。他若有所思，心情沉重，甚至没有怎么动筷子，看到这一幕，我的心情也是沉重的，基层干部们承担的压力确实有如泰山之重。

授人以渔

俗话说，"授之以鱼不如授之以渔"。对于贫困户来说，直接给予金钱上的救助可能会让他们产生依赖心理，久而久之可能会懒惰成性，因此全国各地在充分吸取经验教训的基础上，纷纷由输血式扶贫转向造血式扶贫，通辽市也不例外，且成效斐然。

我们发现无论是在奈曼旗还是在库伦旗，当地政府都立足实际情况，通过发展特色产业、提供公益岗位等措施激发贫困户脱贫的内生动力。在奈曼旗，当地政府通过开发环境整治、道路养护、河道巡查等公益岗位安置1912名贫困家庭劳动力就业。他们还建造了5处扶贫车间，吸纳了420名贫困家庭劳动力就近就业；在库伦旗，当地政府立足库伦旗南沟北沙的地域特点和农牧民养殖种植传统，大力发展"菜单式"到户扶贫模式，为贫困户发放基础母牛、母羊等，实现贫困家庭收入的稳定增长。他们还将蒙药等农业公司与农牧民建立利益联结机制，通过土地流转、产业合作等方式带动贫困人口持续增收。在产业帮扶政策的推动下，贫困人口通过艰苦奋斗白手起家，一起抱团取暖合作发展。通过奋斗，他们拥有了窗明几净的家，拥有了志在四方的优秀儿女。

纸上得来不觉浅

在入户调研的过程中，核实扶贫材料是不可或缺的一步。材料的价值就体现在能够为各项工作的开展启迪思路，也能够为各项工作的落实做好支撑，更能够为评估员进行调研提供信息。在走访农户过程中，我们团队身处一线的评估员，要经常性查看由村里发放给脱贫户的各种纸质版材料，包括明白卡、扶贫手册、收入情况、用工合同、分红协议等内容，有的贴在墙上，有的装订成册，基本实现贫困户"一人一档"，并在村里还有备案，确保在实践过程中能够做到公平、公正和公开。

从评估调研员角度看，扶贫的过程材料往往会对农户起到一定的提示作用，能够帮助贫困户回忆起脱贫举措实施的若干细节，可以更有效地辅助评估员开展好相关调研工作。以危房改造为例，大多数农户都知道自己曾享受过危房改造政策，但仍有部分农户并不能清晰记得政府部门何时组织专业人士对房子进行验收评估，享受过多少政府补贴，而这时评估调研员便可以翻阅扶贫材料中关于"危房改造"的内容，获取材料上的参考性数据，帮助农户们回忆危房改造过程中的若干细节，并在某种程度上让评估员把问题真正核实落定；扶贫过程材料会对评估者起到一定的参考作用，能够为调研员提供某些问题的线索和依据，帮助其能够尽快了解该户的基本情况，甚至可以对从司机或引导员那里获得的信息进行相关比对。如在扶贫手册中，包括贫困户的个人信息、致贫原因、扶贫举措以及脱贫验收等内容均可以从上面找到，我们能够在访谈过程中减少不必要的尴尬，更好地同受访农户进行心贴心式地交谈，还可对材料中有出入的地方进行深入细致的询问，确保把评估工作真正落在实处。

少年强则国强

在入户核查的时候，我遇到一位农户家的孩子，他已经在上六年级了。男孩个子不高，甚至有些瘦骨嶙峋，黝黑的皮肤反映出他的营养不良。我们进入他家时，他正伏在床边写作业，他甚至没有一张像样的桌子。在床头的墙上，贴满了大大小小的奖状。他的爷爷兴奋地告诉我们，自己的孙子可争气了，每次都拿第一名。从与爷爷的交谈中我们才知道，男孩的母亲因为嫌弃家里贫穷早就离家出走了，父亲在市里的工地上打工一年才回来一次，留下一老一小相依为命。男孩平常放假回来不仅会帮爷爷喂羊，甚至还会做饭。

家庭的变故从来没有打倒过他，小小的个头也并没有阻碍他努力的步伐。生活的逆境反而促进了他的成熟和韧性，鼓励他用开朗积极的态度去面对生活给予的各种挑战。后来，我们跟男孩简单地交流了一下，当我们劝他别难过时，他反而微笑着劝大家放心；当我们表现出担忧时，他却用大声告诉我们他能行！我们问他读书辛不辛苦，他说，"跟爷爷比起来，作业根本算不了什么。我要好好学习，以后赚钱孝敬爷爷。还有村子里的叔叔，他们经常来看望我们，我一定不能让他们失望！"我想，如果每一个贫困家庭的孩子都能有这样的觉悟和斗志，那么脱贫攻坚任务的完成将指日可待。

长风破浪会有时

从这段时间的调研来看，农村扶贫工作在整体上卓有成效。以党建扶贫的模式和构建社会扶贫网的措施，来努力实现帮扶工作的落实和覆盖，提供最基本的健康扶贫和教育扶贫的保障，让农户脱离因病致贫和因学致贫的困境，尝试用产业扶贫来带动农村经济的发展。农村建设不能说已有了翻天覆地的变化，但是至少让人有了焕然一新的感觉。

在我们团队走访的农户中百分之九十以上是认为村庄在扶贫工作队的努力下得到了改善，看见多数农户在扶贫政策的帮助下生活得到了保障和改善，心里对调查工作，对去落实那些政策农户是否有享受到，也觉得更有意义了。有一个老奶奶，让我印象非常深刻。自打进门开始，就能感受到她对生活已经得到改善的满足。她连连对我们称赞共产党好，甚至恳求我们向村部提出申请让她加入中国共产党。在她的描述下，我了解到她之前就已经提出过入党申请，但是由于年纪太大腿脚不便可能无法及时参加支部会议就给搁浅了。照她的话来说，帮扶政策让他们家平安渡过了最困难的时期，她志愿加入共产党这个伟大而先进的集体。

然而，在脱贫的道路上还有很长的路要走，比如教育和医疗是偏远农村地区的一道难题。由于道路交通的原因，给上学和看病都带来了极大的不便利。有些农户依旧住在道路崎岖的地区，遇上大雨大雪天气就会被阻挡外出的道路。另外，乡间道路一般比较狭窄，小型的货车出现也可能造成交通堵塞。我们希望当地政府能够尽快解决这一问题，实现道路畅通。

我们还注意到，村里的小学都是不完全小学，即只有一到三年级，超过三年级就得去镇上的小学，由于路途较远孩子们就得住校或者家长需要租房陪读。我们了解到，对于小小年纪就住校的孩子来说，他们没有后勤人员帮忙洗衣服等，每周还得把衣服拿回家，这样是比较麻烦的，如果学校里能配备生活老师或是洗衣机，这样就会方便很多。而对于需要陪读的大人来说，俩夫妇之间不得不出一个人专门租房陪读带孩子，如此一来虽然有教育扶贫的大幅度减免，但是不得不承认的是，教育成本还是会很大，如果家里孩子多，再加上家庭劳动力不足的话，很可能生活的基本保障会受到威胁。

不忘初心，砥砺前行

不论是在奈曼旗，还是在库伦旗，我们都得到了县乡村各级领导干部、工作人员、受访农户的热情欢迎和全力配合。这里民风淳朴，村民们十分热情，即便只是萍水相逢，我想我也会把这些人记在心里，庆幸自己能够遇见这么一群纯洁质朴的农户和一心为民的干部。

同时回首自己这一年走过的足迹，感触良多，渐有所悟：天道酬勤，功不唐捐！我们生逢其时，正见证着祖国新时代的历史时刻。

"风劲潮涌，自当扬帆破浪；任重道远，更需策马扬鞭。"我们青年一代生逢其时，作为中国特色社会主义事业接班人，应该具有更大的格局，脚踏实地、褪去浮躁、刻苦学习、勇于钻研，把自己的理想同祖国前途、把自己的人生同民族命运紧密联系在一起。"心有大我，至诚报国"，这，才是中国青年该有的样子！尤其在当前，在打赢脱贫攻坚，决胜全面小康的伟大征程中，我们青年学生更是正逢其时，当不忘初心，大有作为，更应牢记使命，砥砺前行！

扶贫是人生的一笔财富

文/陈新月

（西安财经大学经济学院 2018 级金融学研究生）

我是西安财经大学经济学院金融学硕专业的研二学生陈新月，2019 年 11 月 22 日，我满怀一腔热血来到内蒙古自治区通辽市奈曼旗和库伦旗参加"2019 年内蒙古自治区贫困旗县退出专项评估"实地调研工作。虽然我已经多次参加过此类调研，但是我仍以饱满的热情和认真的态度投入到此次活动，一定圆满完成任务、不辱使命。

调研之前学校组织了行前培训，让我们了解了很多关于贫困、医疗、住房、饮水、金融的相关知识，学会了如何有效地填写问卷，如何机智地与被访农户交谈，获取想要的信息和数据，这次培训对我们来说必不可少也意义非凡。此外，我自己也从网上浏览了关于奈曼旗和库伦旗的一些信息，比如人口、乡镇数量、天气状况、地理位置等，为我后续高效开展工作奠定了坚实的基础。

安代版画，艺术之乡

此次调研地为内蒙古通辽市的两个旗县——奈曼旗和库伦旗。奈曼旗位于内蒙古通辽市西南部，科尔沁沙地南缘，地形地貌特征一般概括为"南山中沙北河川，两山六沙二平原"。南部为辽西山地北缘，多为海拔 400～600 米的浅山丘陵；中部以风蚀堆积沙地为主；中北部平原属西辽河、教来河冲积平原的一部分，地势平坦开阔。拥有城中有沙漠、沙漠建新城的奇特景观。这里有与西部胡杨齐名的奈曼怪柳，也是养生长寿神石中华麦饭石的原产地，更是科尔沁版画的故乡。而库伦旗位于通辽市西南部，东邻科尔沁左翼后旗，南接辽宁省阜新蒙古族自治县和彰武县，西连奈曼旗，北临开鲁县。铝、锌、石灰石、大理石、高岭土、铁等储量丰富。盛产荞麦和杂粮杂豆，被誉为"中国荞麦之乡"。2019 年 1 月 9 日，库伦旗凭借安代舞入选 2018～2020 年度"中国民间文化艺术之乡"名单。

淳朴艰辛，深受感动

在奈曼旗和库伦旗调研，感受最深的一点就是村民的淳朴和友善好客。我们在村民家走访，总是受到村民的友好接待，每走一户，村民都乐意和我们交谈，主动和我们打招呼，让我们进屋坐坐，有的村民还和我们谈了很久，还用食物招待我们，丝毫没有把我们当外人，完全是发自内心的热情。

我们也深深地被村民们感动,和他们交谈虽然有点语言的障碍,但反复的沟通却拉近了心与心的距离。村民除了淳朴这一大特点,还有另一大特点——大部分生活艰辛。虽然这几年党和政府加大了扶贫力度,村民生活水平有很大提高,但是交通出行还不是很便利,公共交通也不够完善且费用较高。大部分村民的家庭收入都靠青壮年在外打工,而且结余有限,只够负担生活支出和子女教育,所以仍有相当一部分人是贫困户。

暖心帮扶,助力脱贫

走进白音花镇上张达嘎查贫困户李冬家,只见院子收拾得干净整洁,井井有条,位于南北两侧的牛棚和驴舍,让这个普通的农家小院显得生机勃勃。李冬患有严重的类风湿,发作时连路都走不了。2016年,区、镇、村3级帮扶干部了解情况后,积极帮助他联系医院进行医治。如今,李冬的病情大有好转。谈起帮扶干部的种种好,李冬激动地说:"扶贫干部帮我联系大夫看病,现在症状缓解多了。喂牛、扫院这些活儿都能干了。去年开春,扶贫干部帮我盖牛棚那天,我激动得一个晚上都没睡。心里想,这日子总算是有盼头了。"有了源头活水,百姓的干劲自然更足了。全镇100多户建档立卡贫困户跟李冬一样,在奔小康的路上看到了希望。前上张达嘎查村书记说:"自扶贫工作开展以来,镇里出台了不少好政策。就拿养殖来说吧,针对有一定劳动能力想发展养殖业又缺少资金的贫困户,镇里采取帮助购买基础母羊和育肥羊、发放基础母牛繁殖补贴等方式对其进行扶持,同时邀请区农牧业技术人员对养殖户进行培训,为其提供防疫和饲养技术指导,并发放饲料,做好产前、产中、产后一系列服务。现在贫困户发展养殖业不仅省力、省钱、省心,还见到了好效益。"如今,李冬正盘算着来年再多养几口基础母牛,他说:"去年,区里和镇里的扶贫干部帮我盖了牛棚、买了基础母牛、送来了饲料。两口基础母牛一年就生下2只小牛犊,收入了7000多元。我用这钱又买了驴，现在也都生小驴崽儿了，这路子是越走越宽。以前买柴米油盐都紧巴巴的日子彻底结束了。"经济宽裕了，李冬的精气神儿更足了，正计划着年底给老伴儿买台全自动洗衣机。一系列扶贫措施让李冬感受到从未有过的踏实和满足，他的笑容伴着丰收的喜悦在脱贫致富的路上绽放。

精准扶贫，从"心"出发

从扶贫攻坚战开始到渐入尾声，这场全民参与的扶贫战役，还有脱贫攻坚期间的人和事都让我久久不能忘怀。

在这场战役里，最辛苦的无疑是基层一线的干部职工们，他们诠释了什么是舍小家，为大家，什么是群众不富，寝食难安的含义。在这期间，我看到了一位有年幼孩子需要照顾的母亲为了尽早完成脱贫攻坚的任务，将孩子交给父母家里养育，自己到贫困村里驻村一年，只有过年时，才回家看望自己的孩子。这种奉献让人不得不为之赞叹；在下派驻村干部期间，让人印象最为深刻的是印刷在墙上的标语"扶贫先扶智，治贫先治愚"。在扶贫攻坚的过程中，有那么一小部分在村里游手好闲的人，看着国家的政策一点点落实下来，打起了歪脑筋，领取到国家发放的扶贫猪仔，转手卖掉换酒喝；有的人看着帮扶公司在高于市场价收购成猪，于是在得到猪仔后不好好喂养转手卖掉，然后等帮扶公司收购时，直接从市场购买成猪，赚取差价。这些行为完全损坏了大多数贫困户的利益，这样会使本来想要劳动致富的人在短期利益的驱使下，有样学样。而更多的非贫困户看到这样的行为后，怨言更大，甚至有人争当"贫困户"。因此"扶智"和"扶志"非常重要，不能一切"等靠要"，不能养"懒汉"。要改变自己命运的只有靠自己！

阻挡贫困户脱贫的不只有贫瘠的土地，还有思想和志向。安安稳稳在自己祖辈生活的土地上辛苦劳作一辈子，在现代化无法覆盖的地方出生、成长、老去，这看似安稳，却是与现代化生活割裂的，无法开拓自己的眼界，自己孩子也将永远和自己一样与贫瘠相伴。扶贫攻坚战期间，无数的党员干部们前往贫困地区，带领那里的人们脱贫致富，开始新的生活，他们都是幕后的英雄，都是中国修建"复兴之路"的基石！

参加本次贫困旗县退出专项评估活动，我感慨万千，脚上多几分泥土，才能拉近与普通百姓的距离，感受他们生活的冷暖酸甜苦辣。凡事都有两面性，很多事物没有我们想象的那么美好，但我们可以用实际行动让它们变得更美好！

艰辛知人生，实践长才干

文/郭慧捷

（西安财经大学公共管理学院 2019 级公共管理研究生）

　　2019 年 12 月 4 日晚上 7 点整，当我打开电脑的时候，调研期间整理的文件夹还静静地躺在我的桌面上。当我开始敲打键盘写下这篇心得感悟时，我才强烈地意识到调研结束了。在过去的 12 天的调研中，这个时间点我们可能还在农户家访谈吧，又或者在回酒店的路上。为期 12 天的扶贫评估的这一段经历，将如晶莹剔透的琥珀般镶刻在我的心间，为我的研究生生活增添了一抹亮光，伴随我度过接下来的整个人生。

因为是第一次参加调研，所以我非常珍惜这样一个实地调查和学习的机会。作为二组里的新成员之一，我要感谢金博大队长和各位小伙伴一路以来对我的关怀和照顾，在此特别对搭档佳馨学姐表示感谢，从懵懂无知到独立访问，你教会我很多。或许再不会一起在村部集合了，或许日常互怼不再有了，或许一起奔向会议室开会不再有了，但是永远会有的是我们那段愉快的回忆。

除了融洽的生活，剩下的还有既充实又紧张的调研工作。面对奈曼旗和库伦旗各个乡镇和村庄的走访调查，以及沿途的农村现状和接触的农民面貌，我想尽我所能地把这次评估工作中的一些所思所感呈现出来。

眼中的内蒙古不仅仅是"风吹草低见牛羊"

说实话，在去内蒙古之前，对于内蒙古的印象仅仅停留在歌谣中的"天苍苍，野茫茫，风吹草低见牛羊"，牧民们在蒙古包里喝着羊奶酒又或是骑着骏马在草原上奔腾。然而，"读万卷书不如行万里路"，在我们从奈曼宾馆经往村庄的路上，我看到的是一望无际的已经收割过苞米的秸秆地；在我们从村部通往村民家中的路上，我看到的是"大风起兮，黄沙漫天"的沙地；在我们从奈曼去往库伦的路上，我看到的甚至是一片白色的沙漠……这下彻底颠覆了我对于内蒙古的刻板印象，我忽视了内蒙古复杂多样的地形地貌特征。虽然内蒙古高原的草场面积约占高原面积的80%，但从西北向东南分别由戈壁、沙漠和沙地依次呈弧形分布。所以在这个地方的这个季节没有见到草原也就不足为奇啦。"纸上得来终觉浅，绝知此事要躬行"，有机会还是要多出去走走，在实践中学习，在路途中成长。

一个人可以走得很快，一群人可以走得更远

这次调研活动让我亲身体会到团队合作的巨大作用，个人的能力毕竟有限，以团队形式进行配合则事半功倍。我们这次活动主要以团队形式开展。整个团队分为三大组，去往不同的嘎查村；然后，每个组又分为两两搭档的小分队去往不同的农户家。每次问卷调查都分工明确，有采访的，记录的，拍照的。大家密切配合，使调查活动能成功地完成并趋于完善，使我们亲身感受到团队精神和魅力所在，使我们提高了自己适应团队的能力，认识到了团队和协作精神的巨大潜力和作用。虽然一个人也能独立完成一份问卷，但形单影只遇到问题难免措手不及，从中我也学到了要善于与他人沟通，准确地表达自己的思想，耐心地倾听他人的建议，合理地吸纳他人的建议，还有一点是绝不能忽略的：相信小组成员，建立双方的互信。

咬定青山不放松，聚焦调研目标中

在调研的过程中，会遇到各种五花八门的状况，比如有的小伙伴在去村民家的路途中车子会陷进洼地，有时会遇到大雪沉积，有时候会被沿途的美景所吸引……但值得一提的是，大家工作的专注度非常高，没有被任何外在因素所干扰。我也曾为天空中的一抹云彩所吸引，忍不住想拍一张照片，但是想到调研任务重时间紧，便按捺住了心中的欣喜，默默地放下手机，赶紧直奔农户家中，专心开展访问。然而，有时候难免会同情心泛滥，记得有一次，我们拜访了一个老人家，她是一位年近70岁的老太太，步履蹒跚，甚至连翻找身份证和户口本都有些吃力。她告诉我们她的老伴在不久前去世了，孩子们在外头成了家基本不回来看望她，看着她落寞的身影我不禁产生了怜悯之心。我们到达她家的时候，她正在想办法修补炕上木板裂开的一条缝，

灶台的浓烟透过缝隙弥漫进了主卧。我甚至想动手帮她修补好再离开，但学姐提醒我时间紧急，所以只得上车后跟向导说了声，看能不能叫村里的人帮忙修补下。在调研的过程中，我们要清楚自己的定位，聚焦"两不愁三保障"这个根本目标，专心把评估工作做好。

农户对扶贫政策满意度存在差异

农户对扶贫政策的满意程度，是我们在调查工作中最直观的感受了。当我们问到农户是否是本人在脱贫同意书上签的字，是否同意脱贫时，满意程度高的农户，立刻激动地感叹政府高效的行动力，强调国家政策好。而满意程度不高的会频繁地抱怨自己什么都没有，说是不同意脱贫又能怎么样。对于这种情况，我和我的搭档会耐心地跟农户解释"脱贫"的含义和标准，以及"脱贫不脱政策"的内涵，让他们免去后顾之忧。至于满意度差异存在的原因，我想可能有以下几个方面：

一是帮扶力度的不同，贫困户之间政策受益程度有深浅。例如，有的贫困户享受了力度大的产业扶贫，在产业奖补和技术指导下，成为了种养大户成功脱贫；有的贫困户在危房改造和易地搬迁的政策背景下改善了自己的住房条件，而有的贫困户扶贫受益卡上只注明享受了基本的教育和医疗减免保障。

二是关系户的存在，让非贫困户对扶贫政策颇有微词。我们在走访的过程中，确实听到很多"他家有车子有房子什么都有却是贫困户，而我家什么都没有却不是贫困户"的申诉，但究其原因并不是我们调查员的职责所在。

三是对扶贫政策的理解程度不同。很多农户认为自己条件差想要评低保，但他们可能没有意识到自己未满60周岁并不符合基本条件；有的脱贫户认为自家生活仍有拮据担心没有国家的帮助很快再次陷入贫困，只是因为他们不了解"脱贫不脱政策"的含义。

"扶贫先扶志"，脱贫的主体不是政府，是农户，这意味着想要真正实现脱贫，最根本路径还是要农户自己能够自食其力。有的农户的字里行间透露出来的感激和干劲着实令人动容。在我们调研的对象中，有这么一个人，虽然我不记得他的名字了，但是他说过的话至今印刻在我的脑海中。他是那个村的一名退休干部，当我们问到他是否同意脱贫时，他的反应是"同意，咋能不同意呢！我作为村里的老干部而且是一名老党员，我深深知道干部们做事的不易，国家已经帮助我很多了，政府能做的已经都给我做了，我们家现在不愁吃也不愁穿，剩下的应该靠我自己更加努力了，脱贫也要靠自身努力才行"。相比个别农户的埋怨和误解，老干部的话令我们十分欣慰和感动。如果每一户贫困人口都能像他一样充满斗志和满怀感恩之心，中国的脱贫攻坚路一定能畅通到底。

那么，想要提高扶贫满意程度应该怎么做呢？我想，任何事情都不可能尽善尽美，任何事情也没有绝对的公平。为了尽量全面提升脱贫满意度，一方面要想方设法让农户理解扶贫政策，另一方面是要努力确保扶贫政策公平公正公开。有点遗憾的是，我们作为第三方的评估团队，其职责是评估乡镇的扶贫工作成效以及排查是否存在达不到"两不愁三保障"基本生活标准的农户，因此满意度差异问题我们没有办法去进一步深入了解。

尽管在脱贫攻坚的过程中会存在一些小问题和不足，但是通过在奈曼旗和库伦旗的十几天的调研来看，他们的扶贫工作是硕果累累的。无论是在奈曼旗还是在库伦旗，当地政府都能够不忘初心，牢记使命，给予农牧民足够的帮助；一方面实现了多方帮扶，当地政府干部和驻村工作队成员齐心协力致力于民生网络，实现多管齐下；另一方面也实现了因地制宜，发展特色产业，无论是奈曼旗的扶贫光伏电站以及大数据监控平台，还是库伦旗的大棚蔬菜订单种植，都激发了贫困户的内生动力。

在我走访的农户中，绝大多数人认为村庄在扶贫工作队的努力下得到了改善，无论是贫困户还是他们所在的村庄都焕然一新。看见多数农户在扶贫政策的帮助下生活得到了保障和改善，我心里对调查工作、对去落实那些政策农户是否有享受到，也觉得更有意义了起来。"艰辛知人生，实践长才干"。通过这次的社会实践活动，我们逐步了解了社会，开阔了视野，增长了才干，丰富了我们的实践经验，提高了我们的团队合作能力，对我们的帮助将享用一生。蒙汉情深何忍别，天涯碧草话斜阳。如有机会，我将再次踏上内蒙古这片辽阔的土地！

经风雨，长见识，成良才

文/李萱

（西安财经大学经济学院 2019 级金融专硕研究生）

　　曾有人说，"农村是一所大学，一个大舞台、一个大熔炉，经历过基层工作的考验，才能够经风雨、长见识、成良才。"我作为一名研究生，在 2019 年扶贫工作最关键的时期，多了一个新身份——脱贫评估队员，因此，对于脱贫攻坚，我有了新的感悟。

　　初次接触扶贫，是 2019 年的初冬。11 月 23 日，经过一系列严格的考核与扎实的培训之后，我有幸成为内蒙古贫困旗县退出评估小组的一员。经过近一个月的准备，我满怀兴奋和憧憬地投入扶贫评估工作的第一线。将近7个小时的奔波，从大巴到飞机，再从飞机到大巴，我终于踏上了内蒙古这片凛冽而又广袤的土地。我们到达内蒙古的时候还不是太晚，但是天已经黑了，后来我才知道内蒙古下午4点天就开始黑了，而4点，正是此后我们在农户家里调研的时刻。

这次调研先后去了内蒙古的奈曼旗和库伦旗。扶贫调研的第一天，汽车在蜿蜒崎岖的山路上绕行了一个多小时，我来到第一个扶贫村，我和学姐两人一组，进入第一户贫困户家里，户主是一位年过七旬的老人和一个二十多岁的女孩，祖孙俩正在忙碌春耕事宜，院子是露天的牛舍、羊舍及杂物堆放处，整个家里弥漫着一股动物粪便的味道。后面的一家贫困户是一位老人独自守家，儿子虽然在外打工，但身患胸膜炎，打工收入尚不能满足医疗费用支出，孙子在县城上高三，提起孙子，老人面露喜悦，因为他的孙子是村上少得可怜的高中生之一。

中午时分，吃过午饭，在车上匆匆午休的我们来到第二个村子。相比上午的笨手笨脚，我已经慢慢地跟上节奏了。第一天投入工作的我并没有参与访谈，而是负责拍照录视频等记录工作，同时在旁边认真学习学姐是如何访问的，学姐热情又礼貌又不失严谨的访问，让我受益良多，在接下来几天的实操中我也更得心应手。科尔沁沙地常年缺水，用水远不如我的家乡那样方便充沛，村民生活用水及灌溉用水主要来源于水井，自然环境极为恶劣。我看了之后深深的感慨道自然环境对地区的发展有着多么深远的影响啊！

在奈曼旗的第一个星期里，我体会到了从未有过的工作强度，甚至在考研备考时期的我，精神上的弦都没有绷得这样紧过，我也从来没想过，身体瘦弱的我竟然能做好这样高强度的工作，我一度觉得自己都要坚持不下去了，但是本着要对农户负责，对地方政府负责，作为宋老师的学生，也要为其他学生做表率的信念，我一天天的坚持下来并且也越来越得心应手。每天晚上回来之后，我们要召开研判会，负责上传影音资料，检查问卷，整理资料，反馈意见，几乎每天晚上都是 1 点多睡觉，然后早上 6 点半起床，从最开始的坐在车上发呆到一上车就呼呼大睡，从最开始的手忙脚乱工作效率低下，到后面整理资料越来越快，这次调研，让我对自己有了更深刻的认识，也让我知道了自己哪里不足需要弥补，而哪些是自己擅长的方面。

工作辛苦之余，美丽的内蒙古确实给了我很深刻的印象，内蒙古的空旷辽阔，几乎是击中了我的灵魂。记得有一次在去一个农户的家里时，经过了一片草原，一望无垠没有一个人，给了我一种无法描述的感受，我甚至想要静静地待在那片草地上，我甚至想如果就住在这片大地上，一个人骑着马是多么的自由自在。内蒙古的暮色，是我以前从来没有见过的美，太阳缓缓地沉在地平线上，天和地的交界模糊成一条线，血红色与橙红色交织着晕染着天空，在我手机中留下许多美丽的视频和图片。

经过实地走访，我们一方面了解了往年的扶贫效益，另一方面切实体会了当地的生活状况，我发现以下因素导致了当地的贫困状况：一是自然条件恶劣，水资源短缺、农业基础建设不足；二是先进劳动力不足，因病致贫、因老返贫，留守居民多为老人或残疾人，生活自理尚显困难，更别提脱贫致富了；三是生产力落后，当地农耕及种植仍采用最原始的生产方式，农耕收获水平较低。

在与贫困户们交谈中发现，他们有些人对脱贫的方法认同度不高。比如：土地流转，这是一个相对实际又便捷的脱贫方法。把自家的土地流转出去，每年从承包商那里获得租金，而自己有时间去打工赚钱。可是很多的贫困户不愿意这样做，当然这可能源于他们对土地的感情，在他们的骨子里，认为失去了土地就仿佛失去了家园。土地是他们的命，只有自己耕种时，才觉得安心。但事实上，刨除种子、农药、肥料和最贵重的时间成本，分散种植往往都是亏本的买卖。然而，即使种地不能让他们致富，他们也宁愿每年顶着骄阳烈日或者风霜雨雪，在田间地头挥洒汗水。此外，部分农户对地方政府根据市场变化因地制宜地提出的种养殖推荐方案并不认同，这就与干群关系疏远有关。个别村干部，故意保持一种威严的状态，不与群众交谈，不与群众沟通。对于村里的事情，不开村民代表大会，不向村民公开，这就拉远了干部与群众的距离，失去了群众的信任。带领群众脱贫致富，是党员干部不可推卸的责任，我们应该发挥共产党员的先进性，认真调研，实事求是，想群众之所想，急群众之所急，发展集体经济，摘掉贫困的帽子。

除了调研工作以外，我们还肩负着宣传政策的使命。在入户调研中，我们了解到，部分贫困户由于对扶贫政策了解不深、理解不透，有些贫困户思想深处"等靠要"的观念根深蒂固，臆想一生享受党和政府扶贫政策，不想靠自己的劳动早日脱贫。针对贫困户中上述不正确的认识，学姐使用"拉家常"等容易接受、喜闻乐见、灵活多样的讲解，启发教育贫困户提高思想认识，变"要我脱贫"为"我要脱贫"，让"干部助推我脱贫"转变为"我愿自觉脱贫"。

这次的调研活动是我参加过的最有意义、收获最大、感触最多的一次调研活动。我深深地体会到我们国家的强盛和坚决打赢脱贫攻坚战的决心。在走访中我也深深体会到，相比那些弱势群体，我们是幸福的，我们有完整的家庭，健康的身体，整洁的楼房，良好的教育条件和风吹不到、雨淋不着的工作。我们没有理由也没有资格不努力工作学习，我们要用自己的青春和智慧为社会多创造价值，尽自己全力为需要的人尽一份爱心。

对于这十几天的工作，有辛苦、有快乐、有感动、有崇敬。我佩服那些不甘于贫困的人，会永远记得与他们热情的交谈的时光，记得那些背着旧书包依然满脸天真笑容孩子们，记得那些躺在病床上的也期待美好明天的面孔……

"贫困县退出"调研感想

文/杨楠

(西安财经大学经济学院2019级金融学研究生)

经过一系列的选拔，我有幸成为西安财经大学脱贫第三方评估工作小组的一员。这次难忘的经历极大地丰富了我的人生阅历，对国家的精准脱贫政策和我国脱贫现状有了更深的认识与看法。2019年11月22日晚，我们乘坐飞机到达内蒙古通辽机场，经过两个小时的航程，到达宾馆已经快夜里11点了，就这样，我怀着新鲜感，拖着疲惫的身体进入了梦乡。

冬季早早地到来将秋天草原上的最后的绿意席卷而去，只留满目的枯黄在内蒙古苍茫的大草原上。结束了放牧与农忙，如今正是丰收的季节。刚下车，目光穿透凛冽的寒风，零星的房屋散落在广袤的大地上。走进每家每户，可以看到院子里都放着一大堆刚收的玉米，远远看过去像是金黄色的小山。在不远的山坡上，几匹马正懒散地低头吃着草。这是我第一次来到草原，相比于温暖宜人的江南水乡，这里更加天高地阔。因为这是我第一次参加扶贫调研工作，所以团队特意安排了一位有经验的学长指导我。第一天我们拜访的是白音村，村子的大部分面积已经被沙漠化了，因此人们多是种植一些抗旱的作物，比如玉米、沙棘等。我对走访的第一户印象特别深刻。这位户主的名字叫白呼日勒巴塔，是一位地道的蒙古族，还不算年迈，基本的汉语交流没有问题，一进门可以感受到他家极为简朴的生活。由于是第一次，学长告诉我基本的调查流程后，决定由我来做主要的提问，我有不懂或不充分的地方由学长帮忙补充，通过这种安排，让我对整个流程有了充分的认识，也让我在随后的调研中熟练了起来。在我们道明来意后，白呼日勒巴塔热情地招呼我们进屋聊，从问卷中了解到，他现在是一个人住，居住的这间水泥房子是当年国家给盖的，可以看到，房子虽然只是简单地装修，但是整理得异常整洁。除了房子之外，家里的几头牛也是国家补助的，当谈起这些事的时候，这位老人不禁流露出感激的目光。门外停着的小摩托便是他出行最主要的交通工具了，一般除了要买一些生活必需品，比如肥皂、洗发水、烧饭用的各种调味品等，更多的时间就是种好离家不远的那几亩玉米了。这边的玉米可以说全身都是宝，玉米秆可以用来喂牛羊，剥下的玉米粒可以煮玉米面，剩下多的还可以卖钱，最后的玉米梗还可以用来烧炕。相比于之前吃不饱穿不暖的日子，现在的生活实在是强多了，此外，这位老人一直在感谢国家给予他的帮助，能让他过卜现在这样的好日子，并且他坚信在不久的将来，能够靠自己的双手创造越来越多的财富。

在之后的几天，我们拜访了越来越多的村子，虽然大部分村子都是贫困村，但是我们看到更多的是对党、对国家的感激，以及对当下生活的热爱，其实这就是对国家近年来脱贫攻坚工作最大的肯定。这期间，我们也会碰到明明家庭条件不错，但还是抱怨国家给得太少，自己得到的太少的农户，比如我印象最深的一户，他家一共有四口人，两夫妻还有两个孩子，大的在上初中，小的还在上小学，一开始问及义务教育阶段学杂费，书本费是否全免时，他和我们说大的每月要花900元，进一步询问了之后才知道读的是私立学校，因为私立学校一般都会比公立学校教学质量高一些，当地人只要家里经济条件还可以的，都会送孩子去私立学校。刚进他家时，虽然室内没怎么装修，但可以明显感受到家里的家具要比其他农户家多，当问及房屋的方面时，他领我们去了另一间，并和我们说这间房的天花板都快掉下来了。我们过去看了看，那边的天花板是报纸糊的，确实报纸有一部分掉了，但是我们的标准是房屋的主要架构没有问题就可以判定为房屋安全。其实我们发现这家的最大问题就是没有交农村医疗保险，当时我们也没细问，直接上报给老师了。结果是这家家庭条件不错，是他们自己不想交而已。其实我们应该通过送孩子上私立学校，家门口的小轿车等一系列现象做好预判，所以在之后的调研中不仅要多开口，更要求我们要多观察、多思考。

通过这次调研，我感触颇深，其中第一点就是对我国农民农村的现状有了更加深刻的认识。农民在我国属于基数最大的群体，身为一个在城市中长大的孩子，对农村的了解十分少，通过调研，我了解到农民生活的不易，土地是农民最重要的财产，上了岁数的人还是以常年在家发展种植业，畜牧业为主。而种植养殖也在一定程度上需要靠天吃饭。曾到过一个村子，这个村子是建在山坡上的，所以这里的村民多会养几头驴作为开地、施肥等生产力。和北方的大部分村子一样，这里主要的作物还是以玉米为主，听向导说，这里作物发芽全靠刚种下去那几天的气候，如果说老天作美，多下了几场雨，那么之后的玉米也会长得更加饱满，但是如果一滴雨也没下，那么之后的玉米个头就十分小了。

在这次调研中发现，除了玉米，还会有农户选择其他的经济作物。玉米在我们印象中就是收益较为稳定，风险较低的经济作物，相比于玉米，葵花的收益就比较高了，但是随之而来的是高风险。记得到过一个村子，这个村几乎家家都有种葵花，由于我们去的时候已经是冬季，大大的花盘早已经收下，放眼望去都是剩下的高高的秆子。听农户说，种植葵花需要良好的地理条件，这里就对风力的要求比较高了，一年之中如果刮风的日子较多且风比较大，那么葵花的茎就容易被折断，种植风险无形之中就增加了，但是随着农业保险的普及，相信将来种植葵花的收益会变得更加稳定。值得庆幸的是，从农户口中了解到，今年葵花的行情不错，收成也挺好。每次谈到这些，农户脸上都不禁洋溢出丰收的喜悦。

不同于常年在家务农的，也有一些农户选择去外边多挣几个钱，他们往往会将家里的地承包出去，或者是让老人帮忙看管。在我国这 7 亿农村人口之中，有大约 3 亿人被称为"常年外出务工人员"，也就是俗称的农民工，他们中的绝大多数已经不再进行农业种植活动，一年中大约有十个月以上在外地挣钱。而剩下的 4 亿农村人口中，大多数都是以"老幼妇孺"为主，真正能够干得了农活的青壮年劳动力已经非常的稀少，相对而言，常年外出务工人员的生活状态要比着以前好转很多，不管是生活品质还是社会福利保障方面，都是如此。

记得有这么一户，就是夫妻俩自己跑去吉林长白山跟着别人种人参，我们当时过去的时候是 11 月底，刚好是他们从吉林回来不久。谈到人参，夫妻俩滔滔不绝，反而淡化了外出打工的种种辛苦。

"痛并快乐着"比较适合形容这一类人群如今的生活状态。他们的生活确实比较艰辛，每天所从事的几乎都是城市里最累最苦的职业，虽然收入要比在家务农高出不少，甚至还有人能够做到月入过万，比一般的白领收入还要可观，但是他们从事的都是重体力劳动，高薪背后所付出的心血和汗水，远非一般人能够承受。

此外我感受最深的就是农户对共产党真挚的感谢与对当下生活的知足。有一位叫耿开元的老人，从一进门给我的感觉就不一样，家里收拾得井井有条，地上、桌上，甚至窗户都特别明亮，没有一点灰尘。老两口第一眼给我的感觉就是生活得很快乐，保持着一颗年轻的心。通过之后细细的谈话，我了解到，耿爷爷曾经是生产社的社长，几年前得了一场大病入了贫困户，多亏当年党的帮助，如今谈起这些，依然充满了感激之情。耿爷爷虽然不是一位共产党员，但是和共产党员一样有着一颗红色的赤子之心。"请你们替我转达，我，耿开元现在吃得好，住得好，生活得很好，请党放心！"耿爷爷不同于我们之前访问的农户，他的思想觉悟非常高，在党帮助度过自己的困难期后，就选择第一时间脱贫，他说还有千千万万比他还贫困的人需要帮助，他对当下的生活已经十分知足了。

我们不仅仅是脱贫工作调研员

文/郭春尧

（西安财经大学经济学院 2018 级金融学研究生）

　　这次的内蒙古自治区脱贫攻坚第三方专项评估的调研之行，是我个人调研工作的第3站，这次我带着更加全面的理论知识和更专业系统的训练又一次回到了熟悉的工作中去。这次的队伍里出现了很多新面孔，我不禁惊讶地感慨我已经是个经验丰富的老队员了，我已经是需要带着新人进行入户调研的老手了，这种不一样的感觉对我来说意味着新的责任和使命。但当我下飞机之后，我才发现，原来不一样的并不只是这一件事，内蒙古的气候、内蒙古当地百姓的为人处世和我之前去的省份截然不同。这次我们要进行评估的分别是内蒙古自治区的国家级贫困县——奈曼旗和库伦旗，在到达目的地前，带队老师告诉我们，这次的两个贫困旗是国家级贫困旗，现在已经是脱贫攻坚的决胜阶段，所以这两个旗的脱贫工作应该会做得相当扎实，这就要求我们在进行脱贫攻坚评估工作中紧抓"两不愁三保障"问题，认真核实客观情况，做到客观中立，既对农户负责，也要对地方政府的工作负责。以实事求是为基础，对待问题敏感且谨慎，在完成本职工作的同时，在学习内蒙古自治区在脱贫攻坚工作中的特色政策的基础上，将政策客观中立地讲给农户听。始终牢记，在我国进入脱贫攻坚的决胜阶段后，在内蒙古自治区贫困县（旗）政府扎实的脱贫工作后，我们就再也不仅仅是脱贫工作成效的评估调研员了，我们还要做政策的宣传员。

"朴实的蒙古族风情"

我们去的第一天，就啃上了硬骨头。我们一共分成了两个队伍，李莉老师带领我们去的第一个村就是个少数民族村，村民很少懂汉语的，尽管我们每个队都配备有专门的翻译，而且我们临行前也进行过简单的蒙语培训，但是每一户都是蒙古族牧民的状况还是让我们以2个人为小队的入户核查工作开展得相当困难。在前几次入户之后，带给我们的累是不同于以往的累，那种无法沟通的无力感，让我们能做的也仅仅是查找农户家的文字资料。可涉及一些关键性问题，我们还是要向农户进行核实，最后我们只好选择了一个不是办法的办法，那就是通过微信来求助我们队的翻译。我们队的翻译是一个漂亮的蒙古族姑娘苏丹，她是内蒙古大学的学生，她告诉我们，苏丹在蒙语里是好和优秀的意思，在后来的相处中也印证了这一点。她善良热情，我们在入户访谈的时候，她也和队友一起对农户进行访谈，对我们发来的消息，她不厌其烦地解答、耐心地翻译，在第一天的蒙古族村中，她替我们整个队解决的最大困难就是沟通问题。当然，在大家一起度过这段困难之后，收获的就是友谊。

等我们渐渐地适应了这种特殊方式的沟通后，我们慢慢发现蒙古族牧民在接受采访的时候都很热情，而且对自己的生活都比较满意，在说起他们嘎查的变化时，一个个都洋溢着自豪且满足的表情，纷纷向我们展示他们生活条件的巨大改善并表达出他们对党和政府的感谢。当地政府在扶贫工作上是下了真功夫的，既是真扶贫，也是扶真贫，农户按照家庭情况被分成了建档立卡贫困户和非建档立卡贫困户。对于建档立卡贫困户又按照农户家的贫困情况进一步精确地细分为一般贫困户、低保贫困户和五保贫困户，每一步筛选都是严格的，每个级别基本都能反映出农户的生活水平和贫困原因。与此同时当地政府根据贫困户所处级别给予不同程度的财政倾斜，这种层层把关、级级精确的扶贫举措体现出党中央要彻底解决贫困问题、消除绝对贫困的决心。这也时刻提醒我们，我们正在从事的是一项庄严且神圣的事业，正处于处于党和政府政策宣传的最前线，同时也是蒙汉融合的最前线，我们必须肩负光荣的使命。

通过几天的民族村调研，我们发现蒙古族人都有共同的特点，那就是热情和朴实。对于我们的问题，他们都耐心回答并且对于政府的政策也十分满意。他们很多只愿意说他们的生活在哪些地方改善了，对于帮扶可能不到位的地方却很少提及，除非我们主动问起，他们才会说出来，但紧接着后边会跟上一句"除了这个问题，其他再没啥问题了，党的政策好，我们现在的生活比以前好多了！"说出这句话的时候，他们的脸上都洋溢着满足和幸福。我意识到，当地政府的扶贫工作确实做到了人民的心坎上。令我印象深刻的是一个蒙古族男人，他40多岁了，自己一个人生活，是一般贫困户。刚进他家时，我被他家的一贫如洗给震惊了，他的屋子挺大的，屋子里很冷，除了一张床、一台电视、一口水缸和一口锅，就没有多余的家具了，让偌大的房间显得特别空。我问他你为什么连个家具都没有，他微笑着说："最近得了病，我自己又比较懒，没有管这些事情，哈哈。"我问他得了什么病，他不好意思地挠了挠头说："肾出了点小问题，哈哈。"我追问道，是不是扶贫政策没有落实到位，他连忙摇头说："不是不是，政府的政策挺好的，政府给了我几头牛，没有这几头牛我早就活不下去了！"我透过窗外，看见简易的牛棚里有几头壮实的大牛，再看着他满足的微笑，我瞬间明白，他知道自己的背后有国家和政府给他撑腰，那几头壮实的大牛，代表着政府对人民浓厚的关切和爱护，他的生活因此有了绝对的底气！

"我们不是对牛弹琴"

这次的奈曼之行有个特别难忘的经历，不仅给我的调研工作上了一课，也给我的人生上了一课。

当时天色渐晚，我们已经快要完成了一天的工作，我们访问到一户汉族农户家时，家中有二位老人，有一个儿子住在他们旁边，家中还有大型的机械和一大院子的玉米。儿子和二老不是一个户口，二老是建档立卡贫困户，儿子不是贫困户。我们这次主要是来评估两位老人的生活情况的，原本我们以为二老的生活过得应该很不错，但是当我们入户调查的时候，却发生了令我们两个都措手不及的事情。我们刚入户，就向二老表明了我们的来意，在核查他们"两不愁三保障"情况的过程中，我们一边查看当地政府提供的资料，一边向二老核实。在核实的过程中，老爷爷一直强调"明白卡"上的数据是假的，让我们不要参照那个数据，于是我就开始着手落实他们的"两不愁三保障"情况。我问二老在吃穿上有没有存在什么问题，他们说这个倒不会存在什么问题。紧接着我又问他们住的房子有没有什么问题，他们说住的房子是国家给盖的，自己没有掏一分钱。我意识到可能他们的问题出在医疗保障上，于是我接着问他们在看病上有没有什么困难，果真二老反映他俩慢性病的药很多不在报销范围内，每年自费花钱打针就需要将近 1 万元，这给他们的生活带来了沉重的压力，我赶紧向等在村部的组长反映了这个问题。在等待村部回复的过程中，老爷爷一直酝酿的情绪快要迸发了，他说村上的干部都欺压他们家，有相关政策拨款不给他们往下发。我问他是什么钱，并且表示现在的中央政策落实情况查得很严格，一般不会存在这种情况，这个时候我看老爷爷的情绪明显控制不住了，他"噌"地一下从床上坐了起来，激动地跟我说："我是 2016 年评上的建档立卡贫困户，然后当年也评上了低保户，结果 2018 年才开始给我们发低保的钱！"听了农户给我反映的这个问题，我向组长进行汇报，希望村部能够提供相关材料让我们进一步调查。在等结果的过程中，我一直试图安抚农户的情绪，但是眼看着老爷爷越说越生气，我也内心焦急，不过结果没出来之前我也不敢妄下结论，只能尽量地安抚。等了大概有半个多小时，终于结果出来了，村部提供的资料显示这户是在 2016 年提出了申请低保，不过当时相关部门考虑到他们家虽然是贫困户，但却没达到最低生活保障金的发放标准，因此不予批准。此后他们家一直在申请低保，直到 2017 年底他们符合了低保标准，申请才被最终批准，并且农户还按了手印确认，我向二老展示了村部提供的证明材料，他们表明确实有这回事，刚才忘了说了。我看了看外边的天，不知不觉天已经黑了下去，我们已经在这户待了快 1 个小时了，但是问题还是没有解决完，我很疑惑为啥他们明知道自己是 2017 年底被批准了低保，还要给我们反映他们的不满。这时候老爷爷说了一句话，"我们 2016 年就评上贫困户了，为什么还要我们自己去申请低保户，这不是欺负人吗，人家评上贫困户的都评上低保了，就我们家没评上！"我终于明白了他的症结所在，他认为评上贫困户就一定要给他发低保金，我给他解释说低保和建档立卡贫困户是两个评定标准，二者之间没有必然的联系，存在一家是贫困户但不是低保户的这种情况。老爷爷一听就急了，一边说着自己的理解，一边骂骂咧咧地表达对村干部的不满，坚持认为自己就是被欺负了，任凭我怎么解释都不行。眼看我已经在他们家访谈了两个小时，组长和老师就等着我们这一个队返程了，但老爷爷还是很固执，我内心充满无奈和不甘，但是为了不影响整个队伍的行程，我只好从老两口家里撤了出来。回到村部核对工作量的时候，我发现我们小组比别的小组少了整整4个工作量，不仅我们自己的任务没有完成，还让别的小组替我们把没有完成的任务给做完，这让平时追求速度和质量的我有点难以接受。

晚上的研判会上，每组都汇报了自己的工作情况，大家都出色地完成了自己的任务，并且发现了许多关键性的问题，只有我们小组既没有保证工作量也没有发现什么问题，我更加后悔和懊恼了。终于轮到了我们小组发言了，我将今天遇到的总体情况进行了汇总，就开始分享自己今天的经历了，"今天我们小组遇到了一户农户，家庭组成是两个老人，他们家的情况我们判断是没有问题的，但是老爷爷对于扶贫工作存在误解。我试图给他解释清楚政策，但是我解释了1个多小时，根本没有什么进展，我觉得自己就是在对牛弹琴，我觉得在短短的几十分钟甚至一两个小时内根本不能解决他们存在的心结，与其这样，我们不如把时间用在发现更多关键的问题上！"说完之后，整个会议大厅很安静，我感到氛围有点压抑，这个时候，宋老师严肃地说道："郭春尧同学，我认为你说的这些话是不对的，你还没有真正认识到我们工作的根本目的。我们解答农户的疑问，绝不是'对牛弹琴'，也绝不是'浪费时间'，这就是我们工作的要求，你们小组没有时间去解答，我们带队老师有时间去解答！郭春尧同学，你的思想觉悟和业务水平今后还需要提高啊。"我听完之后猛然意识到是自己的思想松懈了，我们出来做扶贫调研工作，绝不仅仅只是做采访和问卷，我们更是扶贫政策的宣传员，哪里需要我们，我们就要在哪里；农户有疑惑，我们就要为他们答疑解惑。

幸福是通过双手奋斗出来的

文/郝佳馨

（西安财经大学经济学院 2018 级应用经济学研究生）

　　随着内蒙古通辽市奈曼旗与库伦旗第三方评估工作的结束，自强不息、艰苦奋斗也成为此行最诚挚的定义。贫困地区农户乐观积极、不等不靠的精神，也让我深刻感触幸福的别样定义：幸福是通过双手奋斗出来的，奋斗的历史铸就不朽、奋斗的脚步永不停歇、奋斗的人生分外幸福，我们要接过历

史的接力棒，自豪但不自满。

奈曼旗与库伦旗都位于内蒙古通辽市西南部，地处科尔沁沙地南缘，浅山丘陵、沟谷纵横、常年干旱少雨、植被稀少，是较为缺水的地区，农作物灌溉受到限制，生产生活条件比较匮乏。但是在访问农户的过程中，我们听到最多的是"现在政策已经这样好了，已经够给国家添负担了""已经得到很多国家给的恩惠了，不能再靠国家了"这样的话语，他们深刻明白，在我们祖国脱贫攻坚的路上，幸福是通过双手奋斗出来的，脱贫致富不能"等靠要"，既要党的政策好，也要群众努力向前跑。从脱贫致富到改善民生，政策托底和个人奋斗，一个都不能少。

在访问农户的过程中，让我印象深刻的是一位老爷爷，他朴实无华，虽然年纪大听力有些不好，但是十分热情地和我们交流。当问起他和家人身体都好吗？平时想吃鸡蛋和肉就可以吃到吗？老爷爷激动地说自己今年生了一场大病，在医院住了一个月，回来之后住院费都报销了，现在政策好，住院都不需要提前交押金，报销也是一站式报销，特别方便，这要是在以前生一场大病就得花光所有积蓄。老爷爷满口感谢党、感谢国家，他还说道，现在国家真真切切地为老百姓干实事儿。之后我们问他家里有收到扶贫资金去买牛买羊了没有，老爷爷笑着说村子里来人说了，但是我年纪大了，也养不起牛和羊，我想把这笔钱给更需要的人，自己有养老金和补贴已经足够生活了。听到这里，其实挺为老爷爷感动的，很多农户都在争在抢，在嫌弃在抱怨，而老爷爷更多的是为他人着想，他是一位格局很大的人。村里的人也为老爷爷的善良所感动，也一起出力，帮老爷爷把扶贫金折现贷出，定期给老爷爷利息，老爷爷对此也是满口感谢。当问起老爷爷平时主要收入是什么时，老爷爷告诉我们，他自己有 40 亩地，35 亩地承包给别人了，剩下的 5 亩地就自己和老伴在种，租出去的地每年能拿到 7000 元的收入，自己种的地一年收入也有 5000 元左右，当时我和我的队友都震惊了，这么大年纪了还在种地啊！老爷爷笑着说，怎么能光靠国家呢，自己也得奋斗啊，尽管年纪大了，但是没有工作、没有劳作，感觉身体都不好了，种一点地，不仅有事儿干，也不用给国家和子女添负担。他说自己种地很幸福，感觉自己还有使不完的力气，感觉自己还很年轻。老爷爷笑得腼腆，我们却听得认真，在他脸上我们看到的是知足常乐，看到的是一位老年人的奋斗精神，看到的是奋斗的人生分外幸福的喜悦。老爷爷年纪这么大了，还在靠自己奋斗，靠自己的双手去劳作，而我们又有什么资格去抱怨去嫌弃？在走访的过程中，也有听到"为什么给他没有给我，为什么他是贫困户我不是"的声音，我觉得自己很惭愧，在正值青春的年纪更应少一些抱怨，多一些努力奋斗；那些抱怨自己补贴少的人更应该惭愧，在追求美好生活的征途上，政策托底不能代替个人奋斗，既要有政策托底，更要在此基础上用奋斗创造美好生活。美好生活不是免费午餐，不是天上掉馅饼，而是埋头苦干、真抓实干，只有这样才能梦想成真。

幸福有很多种定义，幸福就是人们在需要得到满足的基础上而产生的愉快的情感体验。人的需要有很多种，有物质需要，有精神需要。什么样的需要满足让人感觉最幸福呢？例如在冰天雪地的冬天，赤足行走的人得到两种满足，一种是别人送他一双鞋，他穿上得到的满足；另一种是他自己千辛万苦找到一双鞋，他穿上得到的满足。这两种满足哪一种更让他感觉到愉快呢？是后者的满足。因为前者是单纯的物欲满足引起的愉快，而后者伴随物质上满足的同时，有一种主体选择能力得到确证的愉快。

在走访过程中，我们还遇到一位可爱的年轻母亲，她和她父亲还有15岁的孩子一起生活，她很爱笑，很乐观，现在回想起来仍然印象深刻。我们开始询问她一些基本情况，了解到她是一位单亲母亲，是家里唯一的劳动力，我们这才意识到这个母亲的艰辛与不易，家里所有的重担全部都落在了这个母亲的肩上。她说，她不敢休息，因为她没有存款；她说她不敢偷懒，因为她还要生活；她说她不敢喊累，因为她还有孩子和父亲。她很坚强，也很勇敢，她自己可以独自面对生活的种种不易，通过自己的双手就种了足足10亩的玉米，平日里的艰辛无人问津，其中的伤痛也许只有她自己最清楚明白，但幸运的是她很乐观，不管生活给予她何种不易，她总能积极勇敢地去面对。当问及她和家人身体状况时，她说都挺好的，家里人都挺健康，她觉得她很幸运，家人的健康就是她最大的幸福。但当我们查看她的一些资料时，才发现她患有残疾，当我们询问她时，她有些不好意思，告诉我们说，她手臂患有先天性残疾，但在这之前我们根本没有意识到她是一位残疾人，更何况她还是一位单亲母亲呀，我们惊讶又心疼，她反倒还安慰我们说，我觉得我们没有什么不同，我和正常人是一样的。她说家里所有靠枕都是她亲手绣的，她还会染布，院子里挂的纺布都是自己染的，她还说之前没有现在条件好，现在有自来水，柏油马路通到家，他们以前都是骑马去打水的。以前的路都是山路，出行只能靠骑马，而且家离井口又比较远，只能一桶一桶地往家里运，家里用的水都是她自己去接的。她当时是笑着说的，但是我听得却是那么的心疼。也许在很多人眼里接一桶水、织一件布，是那样简单，可是对她而言，可能要比正常人付出千百倍甚至更多的努力，才能完成正常人轻易就能完成的事情。对于我们来说一桶水的重量仅仅是一桶水的重量，但是对于手臂行动不方便的人来说，这可能是千万斤的重量，她得经历无数次的尝试，反复的试验，直到找到那个能运水回家的方式，更何况她还要骑马把水运回家，其中的艰辛可能是我们无法想象与体会的。她的那份坚强，那份乐观，那份对于生命的执着，对于美好生活的向往，是那样的纯粹，那样的美好。

当我们问起她平时有衣穿吗，平时是否想吃鸡蛋就有鸡蛋吃，想吃肉就有肉吃时，她说："都有都有，现在政策条件这样好，孩子上学没有花费，而且我有双手，和正常人没有什么不同，我可以通过自己的努力使自己的生活变得更好。"她坚信"勤劳才能致富，幸福是自己创造"，她先后养了30只鸡、15只羊、5头牛、1头骆驼，同时还种了10亩优质玉米，年纯收入达到6000元，2017年，她达到了贫困线退出标准，成功脱贫。从她脸上我们可以看到她现在很满足很幸福，她有坚定的信念，不等不靠的精神，超乎常人的毅力，努力奋斗的决心，她勇于直面挫折、迎难而上，战胜一个又一个的困难与挑战，逐渐使自己和家人的生活越来越好，越来越幸福。

其实，人生从来没有真正的绝境，无论遭受多少艰辛，无论经历多少苦难，只要一个人的心中还怀揣着一粒信念的种子，拥有永远奋斗的决心，那么总有一天，他就能走出困境，让生命重新开花结果。在我们访问的过程中，她说的最多的就是"我觉得我们没有什么不同，我和正常人是一样的"，是的，我们没有什么不同，天黑时，我们仰望同一片星空；我们可以通过自己的双手去努力，去奋斗，去改变，去创造幸福；我们可以让我们的生活，我的家人过得更好，幸福是可以通过我们的双手创作出来的。立足新时代，在政策托底的基础上，我们应心无旁骛地用双手创造美好生活。在这个人人皆可出彩的大舞台上，以奋斗为基调，每个人都能唱响圆梦之歌。

他们用双手证明了幸福是可以通过双手创造出来的，从他们身上我们看到了幸福的别样定义；幸福也许就是满足，幸福也许就是快乐，幸福也许就是奋斗，幸福也许就是生活过得有意义，幸福的定义就是"满足+快乐+奋斗+意义"，但幸福中最重要的就是"奋斗"，他们通过奋斗可以获得满足，他们通过奋斗可以获得快乐，他们通过奋斗使自己生活变得更有意义，他们用自己的双手证明了幸福可以通过奋斗获得的，奋斗是通往幸福的直达快车。

作为当代青年，更应该努力奋斗，掸去心头的浮躁，释放活力，不驰于空想，不骛于虚声，要明白幸福从来都不是靠想象、靠敲锣打鼓实现的，必须靠奋斗来实现。诚然，奋斗的过程会充满压力、痛苦、挫折，奋斗往往不会立竿见影，成长也不可能一蹴而就，况且每个人都有自己的局限，每个时代都有每个时代的难题和困境，我们要正视道路的曲折和坎坷，不自怨自艾、不灰心丧气，多想想解决的办法，继承先辈们勇往直前的勇气和斗志，一步一个脚印前进，让青春因奋斗而弥坚珍贵。

一路走，一路学

文/梁垚

（西安财经大学经济学院 2018 级产业经济学研究生）

  2019 年 11 月份，我有幸跟随评估队伍到我国内蒙古自治区的东北区通辽市的奈曼旗和库伦旗，去了解这片土地上的扶贫成绩。虽然已经是第 3 次参加这样的调研活动，但是我内心的激动却丝毫未减半分，还未出发，我脑海中已经勾勒出了这片土地上蒙古族和汉族民族团结一致、齐心协力为我国扶贫事业添砖加瓦的画面。

  我们落地后，到达的第一站是位于科尔沁沙地腹地的奈曼旗。奈曼旗位于内蒙古自治区通辽市的西南部，全旗总土地面积达8137.6平方公里，"南山中沙北河川，两山六沙两平原"，便是对这片土地地貌的大致概括，全旗总人口44.7万人，有蒙古族、满族等18个少数民族，其中蒙古族人口16.8万人。奈曼旗南接辽宁，西邻赤峰，是通辽通往京津的门户，在600公里以内，机场、高速公路以及铁路全面覆盖，形成了华北连接东北、蒙东通往辽宁的交通枢纽，是蒙古高原通往大海最便利的地方。早在远古时期，这片土地就诞生了农耕文明，曾为匈奴、东胡、乌桓、鲜卑、契丹以及蒙古等北方游牧民族的休养生息之地。近年来，奈曼旗既是国家西部大开发地区，同时接受振兴东北老工业基地辐射带动，大力发展当地特色产业，推动绿色农畜产品加工、现代蒙中药材、沙产业和民族文化旅游等主导产业规模的不断壮大，质量有了很大的提升。在简单了解即将要开展评估工作的地区的情况后，我怀揣着激动的心情和严谨的态度，开始了走村入户的访问工作。

之前两次的调研经历让我认识到虽然工作的内容是相似的，但不同的地方有着不同的风土人情和地方特色。在这次外业调研活动中，我看到了在内蒙古东北部的老百姓们，在国家的帮扶下，用自己辛勤的双手撼动穷根，为幸福富裕的生活奋斗；还看到了扎根祖国基层的扶贫干部们，夜以继日地奔走在扶贫一线，为扶贫大业夯实基础，为贫困户脱贫工作一路护航。这次我的调研感想分为两个篇章：走村入户中的教学以及年轻的我们。

走村入户中的教学

作为一个有过两次相关评估经历的老队员，我曾自诩经验丰富，也能把握好客观中立的第三方立场，然而在现实的走村入户的过程中遇到的一些人一些事，让我对自己所谓的客观态度产生了怀疑。首先要讲到的是一位阿姨的故事，直到今天我仍十分清楚地记得那天早上，在去往这位阿姨家的途中，我随口向同行的向导询问这位阿姨家大概是什么样的情况，向导向我们说明，这户人家的条件还算不错，这两年买了一些母牛，家里的日子看着也是越过越红火。听到这样的回答，我从心底为他们越过越好的生活而高兴，也为他们用勤劳的双手找到稳定致富的道路而欢欣。然而，当我们走进这户人家后发生的事情，却让人大跌眼镜。来到农户家里，在一连串惯例的问答后，阿姨突然开始向我们诉说如今家里的"艰苦"条件：她丈夫由于摔伤，不能干重活，家里种地一类的活都落到了她一个人的肩膀上。为了改善家里的经济情况，年初外借 20 余万元的高利贷用来买牛，再加上孩子学习成绩不甚如意，现下就读的学校学费十分高昂，这些都使原本就"贫穷"的家庭更加雪上加霜，说到生活的艰难，阿姨眼角落下苦涩的泪滴。阿姨说："我们现在还算年轻，身体也还能行，自己勤快点生活也还能过得去。可怜的是我们家的老太太，老伴儿去世得早，儿女虽然多可大多都没在身边。在身边的子女家庭条件也是自顾不暇，艰难的很。希望能给老太太申请一些政策上的照顾，这样老人也不至于生活太过于艰难。"我和队友听到这样的诉说，简单地询问了老人的情况后，决定到老人住的地方去看看具体情况。老太太的住所离阿姨家很近，住的房子是政府给新建的砖房，我们进屋说明来意后，老人又激动地诉说了一番自己艰难困苦的处境。根据他们提供给我们的证据和信息，我们无法准确辨别这户人家是否存在漏评的情况，无奈之下只好请老师前来处理，我们继续完成后边的入户访谈任务。在后面的工作中，我一直记挂着这位阿姨家的问题被处理得如何了。回到村部后，当我们问到这户人家问题处理的结果时，老师一边将查找的证明递给我们，一边笑着说道："这老太太的生活不仅不艰难，照这上边说明的，生活还很不错呐。"我们看着纸质材料上一条条列出来的这些财政补贴，脑海中再浮现出阿姨为艰苦生活所迫而落下的眼泪以及老太太在诉说自己体弱多病、一个人艰难生活的激动神情，瞬间明白了事情的原委。我突然想起在车上的时候，向导对这户人家情况的描述，我内心反思：是什么时候我们的情感立场发生了偏移，视角不再保持客观中立。在很多时候、很多事情的处理中，内心的同情心会使我们不自觉地站在弱势群体的角度来考虑问题，这时候我们看待问题便夹杂了一些个人情感在其中。然而，在生活中，尤其是在这样的第三方评估工作中，客观中立是对这份工作最基本的要求，当我们把情感的秤砣偏向处于弱势的农户们时，这是对战斗在扶贫一线的扶贫干部们废寝忘食、夜以继日的辛苦工作的不负责，更是对他们工作成绩的不公平对待。还记得在非建档户排查漏评的时候，我们抽到了村支书父亲家，在访谈中，老人激动地告诉我们："感谢党中央的好政策呀，看着村里这两年修的水泥路，家家户户都通了自来水，村里整体面貌焕然一新，我这心里有着说不完的感谢呀。"聊天过程中我们还从老人口中得知，老人和作为村支书的儿子虽然相邻而居，然而这两年来儿子的工作特别繁忙，平时见面的次数寥寥无几，有时凌晨三四点才听到儿子回家的动静。说到这里，老人面色复杂，那目光中既有对儿子事业的赞许和支持，也藏着一位老父亲对孩子身体健康的担忧。试想一下，如果我们不能站在第三方客观理性的立场，那我们如何对得起这些在扶贫一线兢兢业业工作的扶贫战士们呢？在这次的调研活动中，我首次意识到保持理性客观的重要性，这次的经历和思考将是我人生长路中的重要一课。

年轻的我们

在这次调研最后一次研判会上，宋敏老师总结道："在这10多天的工作中，印象最深刻的是同学们每天完成工作后，在村部谈天说地，嬉笑着充满活力的样子。"在写下这篇调研感想的时候，我脑海中想到的也是这样充满活力的年轻的我们。说实话，这次调研的任务量和工作强度是我参加的三次活动中最大的一次，每天天蒙蒙亮的时候我们就起床洗漱、为当天的工作做准备；每天晚上开完研判会，核查完当天的问卷和资料，我们拖着疲倦的身体回到宿舍，简单洗漱过后就迅速进入睡眠的状态。"充分利用每一分钟可以休息的时间"是出发前老师给我们的温馨提示，在去往村子的车上，你会看到一张张熟睡的面庞，那是我们独特的休整方式。工作虽然有些辛苦，却并不影响年轻的我们怀着一颗颗好奇心去打量到过的每一个村落。村里农户家养殖的牛群、羊群都是我们眼中可爱的生物，我们用自己的眼睛去记录遇到的一切美好的事物，用自己的大脑来记录调研途中所有的故事。在进村工作的时候，我们满血复活，路上疲惫的状态仿佛一扫而光。我们认真核实每一户被分到的农户家的情况，生怕由于自己一时大意会漏掉这些人们幸福生活的希望，怕自己一不小心辜负了国家、扶贫工作者还有老师们对我们的信任。我们也会因为某些不信任、甚至是欺瞒而生气，但更多的是为那些暖心故事而不禁湿润了眼眶。记得在库伦的时候我们遇到的一位老大爷，他的故事让我内心油然生出一种敬意。那天我们按着分配的名单寻到老人的家里，听我们说明来意后，老人一个劲儿地催促我们进屋："快进屋，屋里暖和。"在核对建档立卡信息过程中，我们了解到自从之前的土坯危房被拆掉后，老人家就搬到儿子家居住。我们问："政府给您进行过住房改造吗？"老人听到问话后，连忙摆手："不是的，村里要给我们修新房子，我觉得我们享受国家的帮扶政策已经太多了，既然儿子家能住，就不能再要求政府给我们修新房子了。做人要知足，要知道感恩。我觉得这些钱可以用来帮助那些更需要帮助的人。"在走过这么多村庄，见过那么多农户后，我也看到听到许多农户们对祖国这堪比雪中送炭的帮扶政策的感恩，但是像老大爷这样，知足感恩，主动放弃所享受的补助政策的人还是第一次遇到。大爷的话虽淳朴简单，但这样的思想着实让我感动和敬佩。人们往往比较善于一个劲儿地索取帮助，然而能在被帮助的时候还会考虑到别人，考虑到更需要帮助的人是值得我们这些年轻人学习的，在调研中的这些际遇，会加速我们这些年轻人形成理性积极的思维，这将是我们年轻岁月中的宝贵财富。

我们，20多岁的年轻人，正是处于从单纯的校园生活走向社会这个大课堂的过程中，所有我们遇到的人和事，都会在我们未来的人生长河中留下印记，就像蝴蝶效应一样。我觉得非常幸运能有机会在我们充满活力，热血昂扬的年纪，有这样难得的经历，能亲身去感受祖国的扶贫大事。这些宝贵的经历不仅更完整地塑造了我们对这个世界的理解，也使我们在书本中所学内容变得更加立体鲜活起来。

修身，齐家，治国，平天下

文/刘晨

（西安财经大学公共管理学院 2019 级公共管理学研究生）

　　经过严格的报名与筛选，我有幸成为西安财经大学脱贫评估小组的一名成员，有幸能参与我国的精准扶贫项目，见证其成果，这将成为我一生之中难以忘怀的一次社会调研经历。怀着无限的敬畏与憧憬，在 2019 年 11 月 22 日，由西安财经大学宋敏、刘辉、李莉老师和 37 名学生组成的第三方贫困县退出评估组先后进驻内蒙古通辽市奈曼旗、库伦旗，开展贫困县退出评估验

收工作。此次评估对两个旗县进行入户调查，共计走访调查农户 2000 余户。评估期间，第三方评估组严格遵守工作纪律，科学分类抽样，细致入户走访，严格执行非调查人员回避制度，依据"两不愁三保障"标准进行研判，确保评估工作科学严谨、客观真实。经过 11 个昼夜连续工作，评估组于 12 月 3 日圆满完成样本抽选、入户调查、信息采集、情况反馈等全部工作。

在村里，我看到了年迈无依的老人住进新建的幸福院，异地搬迁的群众搬进了新房，义务教育阶段的学生无忧无虑地去上学，还享受到了各种教育扶贫政策，从乡亲们的言语之间，笑容之中，我仿佛已经看到千千万万已脱贫的、未脱贫的人民群众的幸福生活。调研中听到最多的便是，"如果没有国家，那我哪里能活到今天，还住上这么好的房子呢，现在幸福啊，政策多好啊。"村民农户的满意、生活质量的提升，我看在眼里真是开心。

习近平总书记在走遍中国大多数贫困地区后，提出"扶贫先扶志""扶贫必扶智""精准扶贫"等扶贫方略。他指出，2020 年让全国人民全面脱贫。为贯彻落实这一目标要求，全国各地各贫困县、贫困村积极制订脱贫方案，选派驻村干部、驻村书记，实行五级书记全面抓扶贫，打赢脱贫攻坚战是全面建成小康社会的底线目标。这个目标的主要内容是，到 2020 年，实现"两不愁三保障"，核心是"两个确保"。"两不愁"就是稳定实现农村贫困人口不愁吃、不愁穿，"三保障"就是保障义务教育、基本医疗、住房安全，"两个确保"就是确保农村贫困人口全部脱贫，确保贫困县全部脱贫摘帽。

走访过程中发现很多农户没有文化知识，导致思维有限，点子不多，方法单一，不懂经营。长年累月只会守着那点包产地，种点玉米、小麦、荞麦、豆子以及一些瓜瓜菜菜之类的东西，养几只鸡鸭鹅，喂几头猪。一家人的年收入不过万，一年的亲人往来和看病都成困难。由于缺乏文化知识，接受新事物困难，不懂技术，所以缺乏社会发展所需要的本领。例如普遍不会水泥工，钢筋工，更不会驾驶技术或开挖掘机，出外打工只有干重活、脏活，又苦又累拿钱不多，在社会还多遭人冷眼。再加上安全不保，报酬不高，有时还被坑或被骗，让打工成了畏途。

脱贫还需要智慧，治穷先要治愚。要帮助贫困群众着力提升脱贫致富的综合素质和能力。授人以鱼不如授人以渔。送钱给物，只能解一时之困，满足一时之需；让贫困群众掌握一技之长，才是脱贫最直接最有效的途径。一技在手，吃穿不愁，帮扶干部和第一书记要根据实际需求为贫困群众量体裁衣，群众缺什么就给他们补什么，把最新的科技知识、最实用的生产技术、最切合实际的致富思路和最新的市场信息送到贫困户手中，帮他们用自己的智慧和劳动换来长久的富足。"扶智"更要从长远着手，紧抓"教育扶贫"这个根本方向，既扶"今天"，更扶"明天"，让贫困地区的孩子们接受良好教育、普遍接受高中阶段教育和职业技术教育，远离贫困，让小康社会货真价实，经得起历史的检验。

值得一提的是，在走访考核评估近300家贫困户家庭之后，一个有意思的细节是不论在贫困户家还是在非贫困户家，家里的干净整洁程度与家里整体生活水平成正相关。每到一处，总能看到再穷的地方也有富裕的人家。在走访调查的具体工作中，要登记人口和联系电话，总会遇到两种情况：一种是拿出一个很旧的户口本或身份证和一张用烟盒纸记录下的电话号码，字总是写得歪歪扭扭的。这种家庭大多家里摆放凌乱，卫生状况不好，家境贫寒。另一种情况是：拿出来的户口本或身份证保管得比较干净，至于电话号码随口就说得出来。遇到这种情况，村干部有时会说一句，这家问题不大。这种人家的家里东西摆放有序，干净整洁，家庭条件也好得多。我现在终于明白为什么父母一直要求我把被子叠得整整齐齐，家里地面也要打扫干干净净。一个家庭只要勤劳，日子就不会太差。"一屋不扫，何以扫天下"，从自己身边的小事做起，养成良好的习惯，不能好高骛远，眼高手低，这对现在心浮气躁的年轻人来说尤为重要。《大学》中的"修身，齐家，治国，平天下"论述如何成就崇高德性和人格，怎样成为经国济世的人才，其中修身居其首，讲求公共意识和公共道德，这不论是对于自身修养还是对整个社会的发展都至关重要。

其间我们走访了一户农户，一个30多岁年轻力壮的男人成了那个村民小组的最贫困户。房屋低矮且破破烂烂，锅碗瓢盆一地，满地狼藉。政府给他解决的一小间地震安居房，无法盖顶，只好用石棉瓦随便盖上，也没有搬进去住。为啥如此？就是懒惰不想动，随时还喝点小酒，仅靠低保维持生活。这样的人家，能脱贫吗？答案不置可否。精准扶贫如果不注重教育和人的思想扶贫，要想整体脱贫就比较困难。

而在走访另一家农户时，我找到了致富的秘诀。"来来来，你们先请进，坐着唠嗑。"热情的女主人忙请我们进屋。打眼一看窗明几净，屋内似乎也新装修过，贴着壁纸，温馨而简单。在访谈过程中女主人脸上一直洋溢着笑容，热情地招呼着我们。"我们这没啥，就是今年又包了一百来亩地，养了好些牲口，平时没事还在家里做点生意。我老公出去跑跑车，给人拉点货挣钱。今年也买了车，孩子上街上学也就更方便了。前些年政府给把房子盖了，这都好着呢，日子呗，越过越红火，越奋斗越有。"我有些错愕，眼前的妇女让我心生敬佩。脱贫致富哪里有什么秘诀，唯有勤劳不懒惰，积极过活，才是正道。

习近平总书记在《摆脱贫困》一书中曾经说过："如果没有一个坚强的、过硬的农村党支部，党的正确路线、方针政策就不能在农村得到具体的落实，就不能把农村党员团结在自己周围，从而就谈不上带领群众壮大农村经济，发展农业生产力，向贫困和落后作战。"农村基层党组织是党在农村工作的基础，是党联系广大农民群众的桥梁和纽带，是实现党对农村工作领导不可缺失的重要环节，是领导农民群众建设社会主义新农村的核心力量。

走访期间有一户非贫困建档户是一名村支书，访谈期间他对村里的大小事务、贫困户家庭状况了如指掌。不仅如此，他带领村里农户成立家庭农场、教授农户养殖种植、发展庭院经济。这村里以前主要种植粮食作物，收成虽大但一斤玉米只卖7毛钱，辛辛苦苦一年一亩地挣得钱不超过两三千。

这位村支书带领大家改种葵花，一斤可以卖 3.5~4.5 元。比起以前种植玉米，净收入可翻五至七倍。除此之外，他还找来了外商，直接收购农户的葵花籽，让农户不担心销路。这位支书便是一心为村民的好支书啊。

扶贫工作就是一项解决民生实际问题，联系群众的最直接最根本的工作。开展扶贫工作，实现贫困地区脱贫奔小康，离不开党的关心与支持，更离不开地方自身的凝心聚力，不懈奋斗。做好扶贫工作，最需要走群众路线，最应持之以恒地践行一切为了群众、一切依靠群众，从群众中来、到群众中去的群众路线。

调研评估告一段落，收获甚多。"三农"问题是关系国计民生的根本性问题。全面建成小康社会，最艰巨的任务在农村、特别是在贫困地区，我们需要花大力气，做到有计划、有资金、有目标、有措施、有检查，非常重要的是在创新经营农业体系方面下功夫，激活农村和农民自身活力。

"贫困县退出"调研的体会

文/王嘉昕

（西安财经大学经济学院 2019 级金融硕士研究生）

　　2019 年 11 月 22 日的早上，作为一名积极的参与者，我怀着崇高的敬畏心，秉承着求真务实的态度，带着扎实的专业知识，前往奈曼旗和库伦旗两个贫困旗（县），调查评估贫困县扶贫工作，检查核实贫困人群是否出现错退与漏评等情况，确保整个贫困县"脱真贫，真脱贫"。

　　经过 10 多天的紧张细致工作，跨越两县、12 个乡镇，深入 24 个村，我们看到因大病、残疾、缺劳动力、缺技术、住危房以及饮水难等各种原因致贫的现象，我感到肩头的责任仿佛又重了几分，我们的工作是去核实村民们的真实生活情况，不知道他们的生活是否如汇报中讲的那样，脱离了绝对贫困的阴霾。

　　童年时的我也曾长期生活在农村，但是走进各个村子后还是给了我很不一样的感受。因为这次评估的地方是蒙古族的聚集地，首先，一进村就让我感到新奇的是住房结构的不同。虽说不是草原地区，没有蒙古包和大草原牧区，但是村民们家家户户都有一片用来放牧的地，房子基本都是坐北朝南，东西屋结构，日照充足，后屋是厨房和储物室，房子后边会有牛棚和羊圈，厕所都是修在整体结构的东北角。因此，这里给人一种地广人稀的感觉，我们在调研走访的过程中也因此遇到了很多小麻烦，有的小组车陷进沙子里了，有的小组坐几十分钟的车才找到目标户，调查完坐几十分钟车再折返回来。不过，万事开头难，这样的问题没过多久，通过我们的磨合与调整很快就被克服了，这也算是大自然对我们的一种考验吧。其次，这里的地理条件有所不同，在陕北，都是黄土地，而这里毗邻科尔沁大沙漠，村民告诉我，以前一下雨就出不了门，孩子没法上学，现在村子家家户户都通了水泥路，方便多了。俗话常说，要想富，先修路，交通的便利很大程度上决定着一个村子乃至一个地区的发展程度。这也让我感受到了祖国的强大，以及党对人民的关怀。再次，是农作物的不同，这里常年日照充足，雨水较少，土地以沙地为主，"苞米"成了这里主要的经济作物，可以看到每家每户的前院里都堆放着"小山"一样的苞米米粒。这些苞米不仅用来出售换取收入，而且也作为牲畜的粮食，有点"自产自销"的味道。但是换个角度来看，这样的农耕条件和农耕产量也致使村子里的年轻人不得不外出打工，或者发展畜牧业，这样才能改善生活条件，才能有可观的经济收入。国家也对农户发放转移性收入，通过产业扶贫为农户购买牛羊等牲畜，大力支持畜牧业的发展。在走访的过程中，大多数村民都反映党和国家的政策对他们的帮助很大，他们的生活也比以前有了很大的进步。其中，有一个老爷爷让我特别感动，他特意嘱托我，如果能给领导反映的话请把他的话转达给领导，他说："要是没有党和国家，现在我们这些 60 多岁的农民早就活不了了，我觉得这些年党就在身边，国家就在身边，特别感谢政府能这么帮助他们这些啥都干不了的老年人，谢谢。"最后，这里的人们都特别的热情质朴，多数年龄较大的农民，文化程度低，甚至没上过学，他们不识汉字，不会说汉语，但他们都认得中国两个字，这也让我感受到了虽然民族不同，文化不同，语音不同，但是爱国的心是相同的。

走访询问了这么多的农户后发现，绝大多数的贫困都是因病致贫、因病返贫。确实，一场大病虽然不一定会带走家里的亲人，或使家里丧失唯一的劳动力，但是一定会让农民掏空家底。不过，现在这样的困难家庭已经得到了很大的保障，每家每户人人都有医疗保险，而且政府给予补贴，还有大病保险和一次性报销，可以先住院后交钱，而且村村都有卫生室，家庭医生上门送药等政策让老百姓觉得就算得了病也不会因为疾病本身之外的东西而发愁害怕了。记得有个大娘，常年患有高血压，以前买个药要花好大的代价，长途跋涉到乡里买，而且那时候路上走不了汽车，只能徒步几十里，去了以后因为家里比较拮据，舍不得一次买几个月的药，一年下来来来回回不知道要走多少趟。现在好了，交通方便多了，而且村里有卫生室，有医生送药，家里的生活条件也比以前好多了，一次就能买好几个月的药，村里没有的药坐小汽车就算到县里也就 1 个多小时，给她节省了不少时间，病情也得到了有效的控制。

在这一户接着一户的评估工作中，虽然见到了很多家庭的不幸，但也有不少家庭的故事让人心生感动。记得有一个单身爸爸带着女儿的家庭，我们被向导带着走进他家院子时，看到房子是那种典型的泥草房，走进屋里，简陋的陈设让我动容。一进门的厨房，只有一个大锅和简陋的灶台，里面就是同样极简的起居室，那时已是下午，家里虽然开着灯，但仍给人一种黑黢黢的感觉。在访问过程中得知，孩子的母亲已经去世，只有男主人带着十五六岁的女儿。男主人体形消瘦，身体也不太好，平时只能短期的打打零工，种种家里的几亩田。从与父亲的谈话中得知，女儿还在读书，他打工是为了给女儿多赚生活费，希望女儿能健康成长。可以看得出来，虽然生活如此艰辛，但他对女儿的爱是那样深沉厚重，他也是倾尽全力来给女儿他能给的所有。看到这些不禁让我想到我的父亲，想到父亲那深沉的、不擅言谈的爱，这些伟大的父亲们在外打拼工作，大概都是在尽他们所能来给家人孩子撑起一把防护伞吧。

这次的调研活动是我参加过的最有意义、收获最大、感触最多的一次调研活动。我深深体会到我们国家的强盛和坚决打赢脱贫攻坚战的决心。在走访中我也深深体会到，相比那些弱势群体，我们是幸福的。我们没有理由也没有资格不努力工作学习，用自己的青春和智慧为社会多创造价值，尽自己全力为需要的人尽一份爱心。我也希望今后能有更多的机会参与这样的活动，能为国家的扶贫脱贫工作献出自己的绵薄之力。

"贫困县退出"调研的体会

文/徐梁

（西安财经大学公共管理学院 2019 级公共管理学研究生）

  经过一系列的报名筛选，我终于通过了层层考核，并有幸成为西安财经大学脱贫评估工作小组中的一名调查员。参加这次活动对我来说是一次非常难得的实践机会，也是一次难能可贵的锻炼机会，更是一次难忘的精神上的丰富提升。这次调研活动让我有机会对我国贫困人口的生活状况有了切身难忘的体会，让我在思想和见识方面有了新的启发。2019 年 11 月 22 日晚，怀着激动心情的我，随着调研组的老师和同学们踏上了内蒙古通辽评估工作之旅。第一站是奈曼旗，第二站就是库伦旗。了解到旗的基本情况后，我感到肩头的责任仿佛又重了几分，我们的工作是去核实村民们的真实生活情况，不知道他们的生活是否如汇报中讲的那样，脱离了绝对贫困。怀着略微担忧的心情，我们立即开始了下乡入户的调研工作。

尽管在童年时期曾有过在农村生活的经历，但是走进各个村子后还是给我很不一样的感受。或许是地理条件和气候的不同，进入村子后，是一大片望不到边的大沙地，还有很多戈壁滩和坑坑洼洼的平地，在冬收后留下的是满眼的荒芜。进入村委会后，我们被一个个热情的蒙古族大哥大姐领着去走访被随机挑选的脱贫户和一般户。从学校出发时，我还担忧该如何和向导以及接下来的农户进行顺利的交流，随着向导大哥的一声"你们那边没那么冷吧，注意保暖啊"，顷刻间打消了我的许多担忧，虽然向导是蒙古族但是汉语不仅听得懂，而且还说得很顺畅，交流几乎没有障碍，类似于东北的口音。几天下来同学们还会俏皮地学一两句东北话和当地的工作人员攀谈聊天。走访了几户村民，万千思绪涌上心头，不入基层，不知人间疾苦，至今种种经历仍让我难以忘记。让我印象比较深刻的是农户居住的房子，房子很平整，基本是近几年新盖的。因为从小生长在山东，见得最多的便是这种平房，所以在最开始看到这样的平房时，我甚至觉得内蒙古的农村和山东的区别并不大。在入户调查问卷中，当提到村里一条条平整的水泥马路和这两年的变化的时候，村民都是一片叫好，有的村民谈到新铺的水泥路带来的便利时，甚至激动得语无伦次。听村民们说，之前村里的路都是泥土路，在干燥的时节还好，每逢下雨下雪，泥土路就变成了泥泞不堪的烂路，车通不过去，步行也要十分小心，尤其是晚上出行，更加困难。好多时候就因道路泥泞，许多收粮食的商家都放弃来村里收粮，很多屠宰场的商户也不太想来村里收牛羊。如今看着这穿梭在村里的一条条银灰色丝带似的水泥马路，我也切身体会到了村民们难以表达的激动心情。

　　走访的农户越多，就越发真切感受到解决看病难这个问题在精准脱贫规划中的重要地位。有个大叔，无儿无女，家中户口簿上也只有他一人，早些年间他因为做装修，身体多次受过伤，老了便浑身是病。他两眼噙泪，激动地告诉我们："要不是国家和政府的帮助，这家里只剩我一个人，我恐怕就得在床上等死啊。"我听完眼眶也湿润了，做完问卷从他家里出来后心中感慨良多，如果没有国家的看病报销政策，光一年的看病费用对一个务农的普通家庭来说是多么巨大的一笔开销呀，这足以压垮一个家庭了。正是这些落在实处的"看病不愁"政策给了这些病患家庭希望，给他们不幸的生活投射进希望之光。

　　在库伦旗的时候，我见到了一家农户，老大爷他们家中有一个残疾的儿子。早年间，这个儿子干活时不慎跌入装满滚烫开水的大锅里，导致身体烫伤严重，加上他面部有严重的皮肤病，造成他无法拥有相应的劳动能力，只得在家养病，平常做些小活。可就是这样，他也从没有放弃过希望，在与我们的交谈中，我们知道了他和父亲在家中的不容易，也知道了昂贵的医药费曾经差点毁掉了他们的生活。但是就是这样一个身有残疾的男人，却始终怀着对老父亲及党和政府的感恩之心。他说他这辈子最对不起的就是自己的老父亲，最感恩的就是党和政府对他们家的扶持和帮助。这让他即便是现在这种状态也每天努力地生活着，努力地为父亲分担事情，过好日子。他的这些话很令人动容，一个身残志坚的蒙古族汉子，并没有在困难和苦难面前低头，而是充满希望地怀着对家人和党政府的感恩之情努力地活着，这是怎样一种顽强的意志和美好的品质啊！同时也让我明白，作为一个当代大学生，我们应该像这位蒙古族汉子学习。生活是不易的，现实是残酷的，可只要有一颗勇往直前的感恩之心，何愁做不到战胜困难，继而勇敢而又充满希望地生活下去。

　　在扶贫工作中，有许多贫困的群众真切感受到了党和国家扶贫政策带来的实惠，懂得了勤劳脱贫的道理，走上了脱贫奔小康的大路，纷纷撸起袖子加油干，而且越干越有劲头。贫困群众"等靠要"思想减少了许多，"扶贫先扶志"这件事当地的村干部真的落实得非常到位。很多村民都清楚，唯有立志勤劳才能过上好日子，他们清楚地认识到扶贫工作只是一个引导他们脱离贫困的助力，他们不能依赖扶贫政策从而滋长惰性。我相信在党的领导下，在贫困群众的勤劳努力下，我国2020年的全面脱贫目标一定会画上一个完美的句号，勤劳勇敢的中国人民一定能用自己的双手战胜贫困。

时间过得飞快，一转眼，10多天的扶贫调研评估工作结束了，晚上我们趁着夜色坐着大巴前往机场，看着车窗外黑色的林子和月色，再看看远处的村落和点点灯光，我不禁百感交集。再见了通辽；再见了奈曼、库伦；再见了，为生活和希望努力奋斗的可爱农户们；再见了为党和政府扶贫事业奉献一切的基层干部们。这里的种种景象，仿佛过电影般萦绕在我的脑海里，久久不能散去。通过这次深入农户村庄，我对党和政府更加充满着希望和信心，同时坚定了我将来加入党组织的理想信念和决心。我坚信脱贫攻坚事业一定会取得最终的胜利，全国各族人民将一起跨入新的时代！

第三篇
晋善晋美

吾辈当努力，脱贫须自强

文/姜文昕

（西安财经大学经济学院 2018 级金融学研究生）

　　当在学校里听到国家精准扶贫工作成效第三方评估队伍集结的消息时，我毫不犹豫地报了名。这次山西之行是我参与的第二次调研，之前的调研经历，使我深刻明白自己所肩负的使命与责任，作为一名"老战士"，我为能置身于"决胜 2020 年"伟大事业中而感到无比的自豪！

　　12 月 16 日天还没亮，我们一行人已在学校校训碑前整装待发，待队伍集合完毕，大家怀揣着"博学，明理，立诚，济世"的校训开始向山西出发。陕西和山西临近，一个小时的高铁，我们便踏入了三晋大地。出了高铁站，坐上颠簸的大巴车，驶向这次调研活动的目的地——山西省垣曲县和万荣县。

到达垣曲县，大家安排好各自的住宿后便去参加了工作对接会，会上了解到垣曲县是山西省的贫困大县，资源匮乏，脱贫任务艰巨。当地县政府积极转变扶贫理念，围绕生态、教育和医疗实施"精准扶贫"，全县贫困发生率从2014年的25.81%降至目前的0.83%。能够取得这样的成绩，我们由衷地向那些在扶贫一线工作的同志们致以崇高的敬意。

下午，我们开始了实地入户调研，垣曲县多山，大多数的村庄都分布在山脚下，道路崎岖，山路难行。可是看到老乡们亲切的笑容，踏在这片黄土地上就感觉格外的温暖，走起路来脚下更有力了。

前后9天的调研时间里，垣曲县的一项政策和万荣县的一个人使我感触很深。

一项政策

两次调研中走访了很多的贫困村，发现村里大多数都是老人、病人和残疾人，其中老人居多。而老人的子女大多数都常年在外打工，只有农忙时才回来。这种情况在农村是一种普遍现象，第一次的调研中我就发现，很多上了年纪的老人无法继续农耕，缺少了农作物的收入就仅靠养老金度日，而一个月103元的养老金可能连最基本的生活需求都得不到满足，所以之前采访的老人生活条件普遍不好。但是，在垣曲县，我看到了另一番景象，这里的老人生活条件普遍很好，很多人家都有冰箱，冰箱里都存有日常所需的蔬菜与肉类。我们入户调研恰逢冬至，看到上年纪的老人家里都在包肉馅的饺子。"两不愁三保障"均得到了落实，生活条件有了保障，老人脸上的笑容更多了。这一切，都源于当地政府"孝善扶贫"措施，该措施在全县 11 个乡镇实行，子女签订了《子女赡养协议》，按期向父母缴纳赡养费，我们采访的 60 岁以上老人，每个子女每年能向老人提供 3000 元的赡养费，大大保障了老年人的生活。在调研中，我们遇到一位 82 岁的独居老人，他有 4 个女儿 1 个儿子，虽然孩子都外出打工，但是每月的赡养费必按时打到老人的卡上。平时，四个女儿还会抽空回来轮流帮老人打扫卫生和整理衣物，所以 80 多岁老人的家里收拾得非常整洁。

在这里，我们真正感受到了"孝老敬亲"的传统美德，这项措施值得在全国农村推广。

一个人

结束了垣曲县的调研，我们来到了万荣县。在万荣县采访中有一户贫困户让我感受很深，他叫闫某，来自万荣县汉薛镇怀介村赵家组，今年 49 岁，家里 6 口人，包括自己和妻子、70 岁患肺气肿的老父亲、23 岁二级脑瘫的大儿子、21 岁上技校的大女儿和 17 岁上高中的二儿子。在入户前，我们就从向导那里了解到，闫某家的条件不太好，所以我和我的搭档小声交流着要多留意这一户。

闫某家属于异地搬迁的集体安置户，新房子在县里的安置小区内，村里的房子只留下了窑洞。现在，只有闫某一个人为了方便在县城打工住在县里的安置房，妻子在村里的合作社工作，顺便照顾还住在村里的大儿子和老父亲。家里的劳动力也就只有夫妻二人。

当天很巧，上楼后我们正好遇到了打工回来的闫某，看到闫某的第一眼，很瘦，个子不高，天很冷，却只穿了工作装，胡子感觉好久没刮过了，显得有点邋遢。进门前向导向他简单介绍了我们的来意，我和搭档便顺着他的脚步走进了他的"新房子"。刚进门，我们便惊呆了，房间是三室一厅的格局，但房间里没有所必需的家具，只有在其中的一间卧室里放了一张单人床，甚至也只有这一间卧室才有灯，我情不自禁地问了句"您一直住在这里？"还好，房间的门窗都安装好了，要不然这么冷的季节里怎么在小区6楼生活！

这一刻，我和搭档俩人心里已经认定了将闫某定为脱贫错退户。接下来我们在问卷过程中就需要重点询问闫某家"两不愁三保障"是否得到满足。我们首先问的是"吃穿"的问题。"闫叔，您什么时候住进来的啊？"我问道，"两个月前吧！"他回道。"我看你房间里也没有厨具，那这两个月你是怎么吃饭的啊？"我问道，"我平时就在县里打零工，而且都是在那些能提供饭的地方打零工。"他回道。"那也不能天天打零工吧？如果哪天没事干，您怎么吃饭？"我有些疑惑地问道，"我一个人嘛，简单点吃俩馍，一块钱就解决了。"他笑着说。什么？一块钱俩馍就解决了？我激动地询问他"您身上是没钱买吃的吗？"闫某这时做了一个我意想不到的动作，他打开衣服内侧的口袋拿出差不多500元，说"你看，我有钱，我平时打零工地方提供的伙食都挺好的，回来随便吃点就行了，吃得挺好的。"他用实际行动告诉我他在吃饭上没有困难。虽然闫某自己吃饭没有问题，但是他村里还有老父亲和脑瘫的儿子啊，我便问"那您父亲和儿子在家里吃的怎么样？""我媳妇在家照顾他们，而且我爸他自己也会做饭，饿不着。"他回道。"您父亲和儿子身体不好，平时吃的营养够吗？"我问道，"虽然我儿子脑子不好，但是挺能吃的，还挺胖的咧，我爸吃的也不缺。"他笑着说道。至于两个上学的孩子，因为都加入了"雨露计划"，在学校里能够满足基本的温饱，所以我们不用担心。这时，我和搭档又仔细看了看闫某家的用水情况，他家用的是自来水，我们拧开水龙头，发现水挺清澈，满足了生活用水的标准。至此，我们判断闫某家吃的需求得到了保障。

之前说了，闫某看起来有点邋遢、不修边幅。我们看了他房间里的衣服，虽然不多，但冬天御寒的衣服还是有的。和他的谈话中，了解到因为工作的需要，他觉得有一两件衣服就够了，干活不需要那么多衣服穿。但是，还是会给家里其他人添置新衣服。事实上，在农村农民们对于衣服的需求真的很低，他们衣柜里或许一季只有两三身的衣服，但是对于他们来说已经足够了。最后，我们判断闫某家穿的需求也得到了保障。

"两不愁"的需求得到了满足，接下来就是"三保障"的问题了。

首先，就是我们觉得问题比较大的住房问题了。"闫叔，房子住进来两个月了，怎么没买些家具装饰一下？是手头没钱装修吗？"我问道，"这不马上过年了嘛，年后就装修，今年种葱大丰收，挣了1万元，加上之前攒下的，等年后就好好装修，到时把儿子和我爸接过来一起住。"提到今年大葱的丰收，闫某脸上洋溢着幸福的笑容。我被他爽朗的笑容感染了，自己也情不自禁地笑了起来，心中对他产生出一种敬意，感谢他有能力给这么大的家庭一个温暖的家。想到闫某家里还有人住在村里的窑洞里，我便问："闫叔，您村里的窑洞怎么样啊？安全吗？冬天冷吗？""窑洞挺好的，安全着呢，住在里面不冷，暖和着咧。"他回道。这时，我们终于松了口气，判定闫某家住房也得到了保障。

其次，闫某家有一个肺气肿的老父亲和脑瘫的大儿子，医疗是否得到了保障呢？接下来我便问道，"闫叔，您全家都入城乡居民基本医疗保险和大病医疗保险了吗？""是的，都入了，国家政策好啊，都替我们贫困户交了，自己都不用拿钱，而且看病能报销好多，太好了！"他回道。闫某家里两个病人，平时医疗开销应该不小吧？我便问道"闫叔，您家里老父亲平时吃药开销大吗？需要去医院做手术吗？""我爸身体是不太好，但是年纪大了也不能去医院做手术了，平时都是吃些药，这不还享受慢性病救助政策嘛，平时吃的药也花不了多少钱，还是能负担得起。"他回道。"那您儿子呢？他不是患有脑瘫嘛，平时也需要吃药吗？"我问道。"我儿子他就是智力有问题，平时也不用吃药的，平时吃饭吃的多嘛，身体还可以。"他又回道。我又问道"那家里其他人身体都挺好的吧？平时不吃药吧？""其他人都挺好的，平时也不吃药。"他回道。综上，因为闫某家医疗开销构不成家庭负担，而且全家都加入了城乡居民基本医疗保险和大病医疗保险，所以我们判断闫某家的医疗也得到保障。

最后，就是教育问题了。闫某家总共三个孩子，除了大儿子身体原因外，其他两个孩子中途都没有过退学，而且都加入了"雨露计划"，闫某表示平时还会给上学的孩子一些生活补贴。所以，我们判定闫某家教育也得到了保障。

综合判断，闫叔家"两不愁三保障"均可得到满足。

至此，问卷也快要结束了，仔细询问了闫某家 2018 年的收入情况，然后，我和我的搭档核算了闫某家庭人均纯收入达到 5961 元。终于，我和我的搭档在问卷"两位调查员综合判断该户是否属于疑似错退户"选项中一致选择了"否"。按照"两不愁三保障"与家庭人均纯收入的要求，闫某家顺利脱贫！

闫某家能够脱贫是用自己勤劳的双手努力得来的，这也是所有贫困户顺利脱贫的主要原因。忘不了当时质疑闫某身上没钱吃饭时，他摊开他那厚厚的手掌，急切地说道"你看，我手上的老茧，这都是我干活磨出来的，我自己能干活，能挣钱！"。那一刻，我深深理解了"扶贫先扶志"这句话的意义，脱贫须自强！只要心中有目标，对生活有渴望，努力奔跑，就能决定自己生活的样子！

扶贫，我们都在路上

文/谈周宏

（西安财经大学经济学院 2017 级金融学研究生）

　　2018 年 12 月 16 日至 25 日，我有幸作为西安财经学院第三方专项评估调查组的一员，参与了"2018 年山西省贫困县退出专项评估检查"实地调研工作。这是我第一次参与扶贫专项工作，也是我第一次踏上山西这片土地。

少不了的培训

在这次调研过程中，我们先后去了山西省垣曲县和万荣县。当然，在正式开始扶贫实地调研之前，带队老师组织了一系列的相关培训，为我们后续的调研工作打下了良好的基础。依然记得在培训过程中，老师们声情并茂地为我们普及了很多关于贫困、医疗、住房、饮水、保险的相关知识，教会了我们如何有效地填写问卷，如何高效地在与被访农户的交谈中，获取我们实地调研想要的信息和数据。同时，培训老师也特意强调了本次调研活动的纪律问题和安全问题，以及调研过程中的团队合作意识。除此之外，我自己也从网上浏览了一些关于垣曲县和万荣县的基本信息，比如：人口、乡镇数量、天气状况、地理位置等，为后续高效开展调研工作奠定了重要的基础。

初来乍到，每天收获却不少

这是我第一次参加评估检查实地调研工作，所以遇到的每一件事情、每一种情况都感觉特别新鲜有趣，当然了，也需要时刻保持客观谨慎的态度。所以，从临行前的培训开始，到参加当地政府的对接会，以及后期进行的实地调研等每一个环节，我都虚心向大家学习，请教自己不懂的问题，交流自己遇到的困惑，提升自己的业务能力，熟悉调研过程和调研技巧，努力做到对自己负责、对队友负责、对我们整个西安财经大学第三方评估检查团队负责、对当地政府和工作人员负责，也对国家和人民负责。

除了白天的调研，另外一个能够很好地提升自我的活动就是每天晚上的研讨会。在讨论会上，每个小组都会汇报工作量、提出白天遇到的问题、分享高效的调研经验，通过讨论我们不仅解决了已经遇到的问题，还解决了即将面临的问题，让各个小组在接下来的调研工作中更加得心应手。

仍然记得实地调研第一天自己那种紧张而又兴奋的感觉，以及实地调研过程中的手忙脚乱和局促感。后来在搭档的耐心指导下，我终于可以从容不迫地完成问卷的调查、资料的整理、数据的检查核对了，那一刻我体会到了一种不一样的开心和成就感。

我生于农村、长于农村，对于农村的生活可以说是再熟悉不过了。可是，来到山西的农村，见到这里的村民，还是给了我不一样的感受。俗话说一方水土养一方人，一方山水自有一方山水的特色。在这里，我第一次见到了黄土高原特有的窑洞，我第一次见到了与西部农村不一样的场景，我也更加深刻地了解了我们国家的幅员辽阔和地大物博。我们都知道每个人都会经历不一样的人生，而每个人的人生恰恰就是由这些不一样的经历构成的。我们所遇到的每一个人，经历的每一件事情，看过的每一处风景，都会成为我们生命的一部分。

一帮 90 后的扶贫人员

在垣曲县和万荣县的调研过程中，我们碰到了一名 90 后的扶贫工作人员，他一直在基层参与扶贫开发工作，几乎见证了习近平总书记精准扶贫政策从提出到落实的整个过程。还有一个前年毕业的研究生，在工作过程中被借调到了基层参与扶贫工作。他们每天的工作就是走村访户，了解人民群众的需要，想群众之所想，急群众之所急，把人民群众的事情当成自己的事情来完成。看到他们，我也想起了很多我以前的同学，他们也是 90 后，选择毕业后回到农村，扎根农村做一名普普通通的扶贫干事，他们心甘情愿把自己最好的年华无私奉献给这场伟大的战役。从他们身上我看到了 90 后大学生应有的担当，积极向上的工作热情，以及吃苦耐劳的精神，体现着 21 世纪大学生良好的精神面貌和社会责任感。就像习近平总书记说的，打赢扶贫攻坚战，既是我们当下的政治任务，也是我们国家的历史使命，这是一场 21 世纪的长征路，我们能打赢这场战役，也必须打赢这场战役，而无数优秀的人才便是这场战役胜利的保证。我相信，在这一场浩浩荡荡的精准扶贫攻坚战中，还有很多同样扎根于基层，默默无闻为实现中国梦而努力的年轻人。他们在用自己所有的力量做着自己应有的贡献，在用自己的实际行动践行着年轻时许下的诺言，他们是祖国的脊梁。每个人可能都只是黑夜中的一点点星光，可就是一点点星光给许多贫困家庭和贫困人员带来了亮光，燃起了他们对生活的希望。

他乡遇老乡，听他诉衷肠

我是一个地地道道的甘肃人，后来为了求学、工作和读研，背井离乡辗转到过很多城市。也是机缘巧合，最后落脚在了西安，成为一名西安财经大学的研究生，并有幸参与到了这次山西省贫困县退出第三方检查评估工作中。在万荣县的评估调研期间，我跟平常一样，进入农户家庭，一边与农户拉家常一边记录调研数据。大家聊得比较轻松，农户还跟我讲起了他搬迁到这里的过程，而让我惊讶的是他以前竟然也是甘肃人，更让我惊讶的是他甚至还去过我家所在的县城，这一聊就更加拉近了我们之间的距离。据老乡回忆，他们一家人刚到万荣时，随身携带的只有两床铺盖和身上的衣服，是这里淳朴善良的村民收留了他们，并给了他几亩农田。如今，他们一家人生活虽不算富裕，可是他很满足，他有几亩良田和十几亩果园，还有几个孝顺的孩子，一家人其乐融融地生活在这里。他很开心，也很感恩。他要感谢政府这几年对农民的关照，感谢所有帮助过他们的人，他知道国家和人民已经为他们做了很多，付出了很多，现在可以自力更生了，可以不给政府添麻烦了，他很知足。

从老乡家出来，我感慨颇多。我们的农民永远都是那么淳朴、那么善良，对所有熟悉的和不熟悉的人都保持一份初心和善意。他们懂得感恩，也懂得报答，更懂得知足。

扶贫调研让我累并快乐着

扶贫调研是一个体力活，也是一个脑力活。从 12 月 16 日早上出发，到 12 月 25 日中午回到西安，我们顺利地完成了山西省贫困县退出专项检查评估调研。在 9 天多的时间里，我们早起晚归，以饱满的热情、认真的态度、艰苦朴素的作风，成功地打赢了这场持续时间久、工作任务重的硬仗。

在整个调研过程中，我们每天早出晚归，披星戴月，疲倦和寒冷不可避免，但调研队伍从未被疲惫和严寒打垮，更没向困难低头。一方面我们每个人不但要克服持续作战的困难，这是对体力的要求。另一方面，我们还要学会巧妙地与当地老百姓沟通，以获得最真实的调研数据，这是对智力的考验。

扶贫调研，让我成为一个更好的自己

这是一次非常有意义的扶贫调研活动，在这个过程中，我学到了很多，自身能力也提高了很多。首先，是责任意识。从培训会开始，到与当地政府部门的对接会，以及后期整个的实地调研过程，老师们都在一直反复地跟我们强调责任的重要性和必要性，我们每个调研员也都把责任的担子牢牢地挑在自己的肩上，毕竟调研评估是一项严肃、认真的工作，国家把如此伟大而光荣的任务交到我们的手上，是对我们的绝对信任，所以我们得对得起这份信任，保证每份问卷都是真实有效的。其次，就是团队意识。世界上大部分的工作，都不是仅凭一个人就能完成的，对于实地调研这样的工作，更需要团队成员之间的密切配合，毕竟在调研过程中我们不但要准确地完成问卷、获得数据，还得尽可能地高效完成这样的工作，默契的配合恰恰是必不可少的。再次，安全问题怎么强调都不过分。团队工作，结果和工作质量确实是非常重要的，但是团队成员的安全永远得放在第一位，这是我们的纪律要求，也是我们评估工作成果考核不得不考虑的重要指标。最后，就是纪律意识。俗话说，没有规矩，不成方圆，纪律就是我们工作中必须遵守的规矩，关乎我们工作的成败，也展现着我们每个人自己的精神面貌。

此次的山西省贫困县退出专项评估检查工作，让我对国家的扶贫事业和扶贫战略有了更深刻的认识，真真切切感受到了目前如火如荼开展的精准扶贫攻坚战的伟大，当看到一个个受访脱贫户讲述自己如何在国家和政府的帮助下，一步一步地脱离贫困、逐步过上好日子的过程中，脸上露出的笑容，我们每一个调研员都由衷地为他们感到高兴，也为有这样一个伟大的祖国而感到自豪。

战胜贫困，不只是中国正在面临的问题，也是世界各国面临的难题。此次的山西省贫困县退出专项评估检查工作，也让我进一步认识到，解决贫困，不可能一蹴而就，这是一项长期而又艰巨的任务。我们此次工作的结束，并不是真正的结束，只是暂时告一段落。

扶贫，我们在路上，而很多人还将继续投身于这条路上⋯⋯

脱贫致富，且行且珍惜

文/陈珊

（西安财经大学经济学院 2018 级金融学研究生）

　　很荣幸能够作为山西省贫困县退出专项评估调查组的一员，加入万荣县调研活动这个温馨的团队中。到达目的地的第一个晚上，通过各位老师的耐心讲解以及同学们的细心传授，我很快就明白了作为一名调查员应该遵守的纪律以及后面几天的工作任务。通过接下来 4 天的调研工作，对万荣县各个村的脱贫情况有了大致的了解，由此对国家的扶贫政策也有了更进一步的理解。我很自豪作为一名当代的中国大学生，能够见证我们中华人民共和国在 2020 年全面建成小康社会，并且能够在这条成功路上献出自己的绵薄之力。

万荣，一个我从来没有听说过的县城，这次本着公平公正的态度来到山西的这片土地上，走进每一位农户家里，深入了解当地扶贫办对每一位需要帮助的贫困户的救助情况。整体下来，感觉农户们现在都过得比之前好很多，不管是自家的吃穿住，还是村里的交通、娱乐设施场所、自来水设施等都有了明显的改善。给我印象最深的一个农户，在我跟我的搭档还没有走进他家里时，大老远就听见他喊："共产党好，共产党好"。对于我们评估小组的到来，他表现得满是欣喜，在后面的交谈中，他也是极度地配合我们的工作。这位农户在接受了国家的救助之后，家里的日子已经有了明显的改善，现如今孩子也顺利地考上了大学。夫妻两个人也特别勤快，问他们是否认可自己已经脱贫了的事实，夫妻两个连连点头，说："国家在我们困难的时候给予了帮助，现在轮到我们给国家减轻压力的时候了，对于脱贫我们很认可。"听到这些话的时候，我很是欣慰，要是所有接受救济的人都能够有这种觉悟就好了，人人都怀有一颗体谅别人、感恩国家、感恩他人的心，那么我们生存的这个大家庭就会变得越来越温馨，越来越和谐，我相信这位农户以后的日子会越来越好！

另外一件让我感到欣慰的事情发生在第二天调研快结束时，我们的评估对象是整村搬迁到县城的农户们，看着这一户户曾经的扶贫对象现在走出了大山、住进了县城、过着城市人民的生活，不由得替他们感到开心。我们走进任何一家农户家里，都能感受到他们的喜悦之情，他们都说国家政策好，吃穿住有保障，看病也花不了多少钱。对于一个村的整体搬迁，这需要耗费多少时间和精力啊，看着他们脸上洋溢着开心的笑容，不由得感叹我们国家在脱贫攻坚战上所做的努力有了显著的效果。为了打赢这场脱贫攻坚战，国家在各方面都做出了努力：金融方面，推出扶贫小额贷款；农业方面，为农户发放农具，发放种子，组织农民进行技术培训；饮水方面，将自来水引入各家各户；医疗方面，政府帮农户购买医疗保险；养老方面，为每一位过了 60 岁的老人发放养老金；教育方面，给接受义务教育的孩子免学费、住宿费、书本费，而且每个村都设有驻村工作队，每个家庭里面都有帮扶责任人，真的是面面俱到，不放过任何一个可以帮助到贫困户脱贫的机会。

换言之，国家为了帮助这些经济上需要帮助的农户已经做出了很大的努力，换位思考，作为一名接受了国家救助的对象也应该第一时间对国家做出贡献，不求有多大的回报，只希望他们以后能够通过自己的努力让自己过上幸福美满的生活。虽然按照标准这些贫困户已经全部脱贫，但国家政策依旧不会停止对这些贫困户提供帮助，脱贫不脱帮，让人民过上幸福生活是中国共产党的奋斗目标。贫穷不可怕，怕的正是思想和思路上的贫穷。

走进贫困户的家里，我们先看房屋构造，再看他们的精神面貌，仔细审阅他们提供的纸质资料，然后再进一步询问。他们害怕回答错一个问题、算错一笔收入，有时按规定在门外等候的村干部比贫困户更着急，因为一旦这些接受评估的人无法脱贫，组织上就会追究乡村干部的责任。我们并不是故意为难乡村干部，因为我们也有自己的工作要求和标准，我们也是带着任务来的，我们要确保的是不发生错退，不发生漏评，所以我们慎之又慎。

从一户到另一户，从一个村到另一个村，我们都坐在暖暖的车里，乡村干部充当驾驶员为我们提供最好的服务。但是，下车之后，刺骨的寒风很快就吹透了我们的身体。我们冷，但不能表现出来，因为陪我们的乡村干部也很辛苦，贫困户对我们的到来充满期待，仿佛我们能给他们带来新生，所有的贫困户都对现行的脱贫帮扶政策表示了满意和认同。

国家政策这么好，肯定也会有人心里不平衡，宁肯去占国家的便宜，也不通过自己的双手去劳动。有这么一户人家，真的是令人百思不得其解，家里三口人分别在三个户口簿上，这三个人分别是老爷爷、老奶奶，以及他们的二儿子。刚开始跟搭档去走访的时候，受访农户是他们的儿子，我们便把重点都放在他儿子的身上，听老两口讲说这个儿子在小时候发过高烧导致脑子有点问题，手脚均受过伤，不能干重活，所以没有劳动力，且有残疾证，听了这些便觉得此农户确实是生活上还有点坎坷，并且常年跟其老父亲老母亲住在一块，且父母双亲都患有慢性疾病（老奶奶是高血压，老爷爷是半身不遂，有残疾证），每个月在医疗方面上都有很大一笔花销，一家三口住的地方从外观上看确实还比较旧。根据老两口的讲述，他们觉得自家没有达到脱贫的标准，政府应该继续给予救济；再结合我们自己看到的以及了解到的，我跟搭档就将该户视为疑似错退户，随后便把情况反映给了组长，等候带队老师过来核查。之后我们又抽到了这家的老爷爷作为受访农户，我们重新在老人这里了解到他一共有三个儿子，大儿子在家务农，二儿子在家由老两口管，三儿子在外是消防官兵，而且家里的暖气管也是三儿子今年出钱给装的。由于前面没有了解到是弟兄三个，我和搭档就觉得万一哪天老两口要是不在了，这个二儿子的吃喝谁来管，光靠低保的救助根本不足以维持自己日常的生活需要，而且每个月还需要一定的费用买药来进行药物治疗。在我们离开该农户家时，刚好我们的带队老师也来到了这家进行核查，二儿子立马回屋拿出了一盒烟给我们的带队老师。前一秒还在跟我们讲说每个月都要花大笔的钱买药，下一秒就拿出了一盒烟，瞬间就觉得哪里不对劲。晚上开总结大会的时候，听我们带队老师说该户的老爷爷之前在村里的一个合作社担任干部，退休之后每个月都有退休金以及养老金，老伴也有养老金，加上另外两个儿子现在都有劳动能力，根据目前的情况，他们是符合脱贫标准的。我们就纳闷了，为什么在我们去的时候感觉他们一直在哭穷，说这里看病需要钱那里看病需要钱，就是不告知我们家里还有其他劳动力存在的事实。刚开始确实被误导觉得这家是疑似错退户，可后来觉得政府让他们退出真的都是有道理的。

　　经过在万荣这几个村的调研，我觉得建档立卡的家庭生活质量都挺不错，在这里我希望不管是建档的还是非建档的，在当前这个经济发展较快的时代下，所有农户都应该用自己的双手去打拼属于自己的未来。现在农村的生活水平已经比之前好多了，交通发达，通信设备先进，我认为眼下应该提高农民的思想，帮助他们摆脱以前的旧思想旧作风，慢慢接受并学会运用21世纪的新科技，比如学会用智能手机上网，用电脑去看世界，逐步紧跟时代的脚步。政府也可以配备一些专业的人士不定期去偏远落后的乡村，面对面将外面世界里发生的新变化新事物讲给贫困户，带领他们践行社会主义核心价值观，教他们如何使用网络，带他们走出贫困区，去了解大千世界的美好。

　　作为一名21世纪的大学生，能够参与到本世纪最伟大的脱贫攻坚战中是我的荣幸，调研中学习到了如何为人处事，如何在一个团队中高效工作，这一切都将让我终身受益，也希望我们国家能够早日打赢这场攻坚脱贫战，给人民交上一张完美的答卷。

一户一卷一评定

文/褚钗

（西安财经大学经济学院 2017 级金融学研究生）

"一省两县"之差距

跟前两次的调研不一样，这次调研去的分别是山西省的垣曲县和万荣县。这两个县虽属于一个省但给我的感觉却不一样，就好比两个性格迥异的小孩，一个内敛一个豪放。垣曲县的地势相对较高，贫困人口主要集中在山区，而万荣县的贫困人口在平原上的偏多，也因为此缘故让我感觉万荣的经济情况较垣曲好些。

果不其然，在长达 10 天的调研评估中，我们走了将近十几个村，垣曲县的一些贫困户家里还没有配备取暖的设施，但是万荣县几乎家家户户都有取暖设施，有的甚至使用的是暖气片。从整个家庭的配置方面就能显示出两县的差距，除此之外，万荣县的农田普遍上位于平原地带，有小部分水田地，而垣曲县的农地几乎都是旱地。旱地较水田地来说收成相对较少，可想而知农户的收入也相对偏低，所以生活条件自然也拉开了差距。

沿途风景——小浪底

在调研的过程中最令我震惊的是小浪底水库，小浪底水库中段刚好位于垣曲县古城镇，水域面积占到库区总面积的 60%。那一天我们恰巧路过古城镇，只是看到眼前有那么一片不起眼的水域，我并没有第一时间内认出来，还是不经意间与向导聊天才偶然得知眼前这不起眼的小水域竟然是小时候地理书上学过的著名水利工程——小浪底。当时我就惊呆了，地理书上的画面竟然出现在我眼前！毫不犹豫的我在队友的帮助之下站在水库旁的堤坝上美美地拍了几张风景照。

移民小区

在国家精准扶贫的政策扶持下，我国贫困县退出的工作也逐见成效。尤其是在危房改造和易地搬迁这两方面落实得很到位。在调研过程中让我印象最深刻的是万荣县贫困村的一个移民小区，当我跟队友走进移民小区的时候不由感慨国家对于精准扶贫的态度以及落实的有效性，在该小区进行入户调研的时候，家家户户的装修都很简单大方，还有的家里是四世同堂，一大家子其乐融融。

"您好，我们是西安财经大学的学生，我们是受山西省扶贫办的委托来进行评估调研"，这段话是我们的开场白，问卷由此开始。因为知道移民小区的由来，在询问完"两不愁三保障"的问题之后，话题直接侧重于易地搬迁的方面来，根据了解只有原居住地家里的房子已倒塌，不适宜居住的贫困户才有资格享有此项待遇。100 多平方米的房子竟然不用农户拿一分钱，我当时挺震惊的，农户也连忙称赞国家的政策好，能够保证他们吃的好，穿的暖，住房有保障。

有疑似必反馈

在调研过程中最有成就感的就是寻找疑似户，所谓的疑似户主要以"错退"和"漏评"两种形式呈现出来，我们调研的主体是建档和非建档两块。"错退"是针对建档立卡户而言的，在建档立卡的贫困户中寻找疑似不能满足"两不愁三保障"却存在退出的情况；"漏评"则是针对非建档立卡户而言的，指那些本来家庭贫困但没有被评为贫困户的，以上两种情况统称为疑似户。所以调研过程中的重中之重就是要用我们的眼睛去观察，客观评价出该户是否可以脱贫。

例如我们在进行非建档立卡户的调查时，了解到一户人家，基本情况不太好，家里只有两个女儿，都已外嫁，户主做过心脏病手术，到冬天就哮喘频发，妻子还患有癫痫病；家里房子只有三面承重，生活条件差，我们初步进行评判住房和医疗没有保障。接下来进行深入的判定当然还需要老师们的支持，因此我们就在群里汇报等待老师过来考证。最后在晚上的汇报大会上，我们结合村里提供的住房与医疗方面的具体信息进行了讨论和评估。对于这种疑似户，我们更应该本着客观公正的态度为农户负责，以彰显我们的专业。

铁一样的团队

在调研过程中感触最深的就是我们的团队意识，我们被分为两个大组，每个大组中又包含 10 个小组，每个小组 2 名同学，还有专门的带队人员，每个大组去的村镇都不一样。此次调研的地区处于北方，又恰逢寒冬腊月，天气相当的恶劣，气温低达零下十几度，但这也不会成为我们入户调研的障碍，调研员们奔波在各个贫困村中，每调查完一户就在群里报告各组完成情况，每项工作都是那么井井有条。由于每组的进度不一样，先完成手中任务的小组都会自觉地帮助其他组，团队协作意识很强。

调研过程非常艰苦，如果抱着玩玩的心态去参加此次调研，我劝你放弃吧，这是一件神圣而严肃的工作，绝不可有一丝的怠慢。在调研的过程中，每天 6 点钟多起床，晚上 12 点睡觉已经成为我们每个调研员的常态，白天难免会有所困意，所以车是我们临时的床铺，在入村的途中可以小憩一下，真想拍下我们每个人的可爱的睡容。

总　结

在为期 10 天的调研工作中，我们先后来到垣曲县和万荣县进行实地调研，每到一处，我们都和乡、村主要负责同志进行交谈，聊聊去年的项目的扶贫效益如何，贫困群众的生产生活状况如何，今年村上打算再做些什么，乡、村领导都进行了耐心细致的回答。我们还深入农户家和农户促膝交谈，详细询问农户的家庭生产生活情况，通过算账对比，了解农户的收入等情况。

对于我这样生活在城市里的学生而言，这是一次难得的接触乡土民情的机会，也让我深感国家"脱贫攻坚"工作的伟大和艰辛，我为能够参与到这样有意义的工作中而感到荣幸和自豪。

精准脱贫一直在路上

文/楚茂源

（西安财经大学经济学院 2018 级金融学研究生）

　　2018 年 12 月 17 日我怀着无比激动的心情迎来了我人生中第二次参加精准扶贫第三方评估项目调研的社会实践，这次进行调研的地区是山西省垣曲县和万荣县。

　　由于已经参加过内蒙古自治区阿荣旗的调研，这次去山西我也算是有经验的"老人"了。但是不一样的是我对山西很有感情，这里算是我的第二故乡，这次就当是回家乡了。山西省和内蒙古自治区的情况是很不一样的，内蒙古是人少地多，山西是人多地少，两地发展状况、人文情况都不一样，我要打起十二分的精神来好好对待，努力做好这次的调研工作。

此次评估的主要内容有两方面，即考察当地政府对贫困户与脱贫户识别的准确性，以及考察农户对政府扶贫工作的满意程度。工作的形式和阿荣旗一样还是入户访谈和问卷调查，主要负责对农户访谈，了解农户的生活状况，挖掘问卷以外存在的问题。

这次调研的垣曲县和万荣县，其最大收入来源是发展当地特色产业。印象最深的是万荣县汉薛镇怀介村，以前主要种植小麦、玉米、杂粮等传统农作物，而且十年九旱、靠天吃饭，没有水源，全部为旱地，缺乏发展水果等经济作物的条件。但是，村里拥有丰富的劳动力资源、拥有海拔区位优势和渴望脱贫致富的群众，在帮扶单位运城市委党校的帮助支持下，挖掘潜力、发挥优势，探索出"村社组合"发展新模式。所以立足农村的扶贫政策其实应当将村级作为最基本的单位，一切决策和措施从村级单位出发。比如说，如果本村种玉米，就在这个村进行玉米种植的培训、化肥的供给等；本村的水源不好就申请资金打深井，道路交通不好就申请资金去整治道路等。如果一个县域几乎所有的村都有统一的诉求，则可以统一供给，而那些没有从村级实际情况出发的政策则需要严格把关。

究其根本，可以发现致贫原因有很多，许多贫困户因贫困而失学，因失学而没有能力掌握先进的技术和管理方法来发展家庭经济，即便外出打工也因其能够适应的工作有限，收入也与非贫困户有很大差距。此外，有些贫困户的小农意识根深蒂固，思维方式和行为方式落后，小富即安，"等靠要"的依赖思想严重，凡事都要等国家和社会的救助。尽管有些贫困户有摆脱贫困的愿望，不断努力尝试，但由于思路不清，观念不明，缺少引导，从而导致失败，最终失去了脱贫致富的信心和勇气。近年来，大部分农村青壮年都外出打工或创业，有的举家外出，致使农村的大部分幼儿园和小学办学质量良莠不齐。于是，集中办寄宿制学校应运而生，结果农村的孩子在幼儿和小学阶段就得外出上学。为此，还需要一些家长随同照顾，不仅减少了家庭劳动力，还增加了家庭负担。对于部分举家外出打工的农民而言，带孩子去城镇上学，同样在无形中加重了家庭经济负担，尤其是尚未根本脱贫的农民，更是不堪重负。还有一部分是因灾或者因病致贫。一方面，自给自足、靠天吃饭的农业生产方式，根本无法抵御旱、涝、风、雪、虫害、疫情等频发的自然灾害。另一方面，贫困户家中有长期生病或患重大疾病的成员，他们不仅不能劳动，反而因高昂的医疗费用使得家里债台高筑。因此，我国在新时代的扶贫战略应当更加注重转变经济发展方式，增强扶贫对象的自我发展能力，保障基本公共服务的均等化，解决制约农村发展的突出问题，以推动贫困地区的经济社会更好、更快地发展。

访谈中记忆至深的是一户独居老人。他家徒四壁，却收拾得极其整洁，是我们走访中遇到的唯一上过初中的老人家。他说，政府帮扶不等于就要把所有问题都推给政府，靠自己才是最关键的。确实如此，教育是解决很多问题的根本。人的意识很重要，主动脱贫的意识尤为如此。如何让村民从内在发生改变，从而能最大化其主观能动性是很关键的环节，其后才是帮助农村青壮年劳力增强知识技能，以利其生存。也就是说，当农户的文化素质提升之后，很多问题更容易推进落实。

党和国家的扶贫政策确实让农民的生活得到了一定程度的提升，几天里走访的这些家庭，对帮扶措施的满意度都是很高的。但农村面临的问题也是长期的，劳动力的缺失，尤其是青壮年劳动力的流失，以及完全靠天吃饭的传统生产方式导致的高风险，都是农村发展需要直面的问题。恶劣的环境、贫瘠的土地固然是贫困的根源，而青壮年劳动力的流失则是广大农村晦暗不明的未来所面临的最大难题。

老师们常常强调评估工作一定要细致查实、审慎判断，不能主观臆断凭感觉、想当然。在近8天的工作中，每走访一户，每填写一份问卷，便更能体会到评估的每一个环节、每一个细节都需要我们认真对待。因为走访的每一户、填写的每一份问卷都是数据库中的一个采样点，只有确保每个点尽可能的真实可靠，才能尽可能地勾勒出所到之处的真实扶贫情况。我们必须对得起国家的信任、村民的信任、工作人员的信任，这个过程让我体会到一种强烈的使命感。我们需要寻找出尽可能真实反映扶贫成效的结果，尽己所能帮助精准扶贫做到更精准、更有效，哪怕自己的力量是如此微薄。

在短短8天的调研时间里，无论在田间还是在炕头，无论路途多么遥远艰难，我都和分队内其他同学、老师一样，张开自己身体里的每一个毛孔去感受能感受到的一切，调动大脑每一根神经去思索一切值得思索的问题。深刻体会了多看、细察、深思、全面又系统的评估工作思想。唯一遗憾的是，时间有限来不及更深入地体会，不过这次调研活动给我留下的深刻影响，令我终生难忘。

这次调研活动让我再次体会到了团队合作的重要性，我们这次活动还是以团队形式开展，负责人的合理分组，让我和李琦分到了一组，在第一天的磨合之后，我们整理了第一天现场调研所出现的问题，在进行认真的沟通之后，我们的合作越来越默契。现场调研时每份入户问卷调查我们都做了明确分工，一人负责对采访的人员进行录音，另一个人负责对农户家庭环境进行录像，对农户提供的相关证件进行照片采集以及对农户家庭收入情况进行核准。完成一天的实地调研之后，晚上我们会对所有数据进行汇总，李琦负责整理录音，我负责整理照片和录像，随后我们一起将白天的纸质问卷电子录入。合作不仅仅体现在我们这个小团队上，调研队整个大团体的合作也让我深有感触。从这个调研活动开始到结束，我忍不住要赞扬负责人的领导能力，从出行前的培训到到达后与政府部门的对接以及之后一系列现场调研的流程安排，整个过程井井有条，负责老师和同学的细致安排以及各个调研小组的认真服从，大家的密切配合使调查活动能圆满地完成并趋于完善，使我们亲身感受到团队精神和魅力所在，也使我们提高了自己适应团队的能力，认识到了团队和协作精神的巨大潜力和作用。

这次去山西调研让我更加深入地了解农村，了解农民，了解农业的发展，在与农户的交流中我们了解到在当下农业发展的真实状况，尤其是不同地域农村的差异，对农村发展和农村建设有了更加深刻的认识。此次评估调研也让我明白，国家的扶贫事业绝不仅仅是少数人的事，我们每个人都有责任和义务去关心和支持扶贫事业的发展。"十三五"时期，是全面建成小康社会、实现第一个百年奋斗目标的决胜阶段，也是打赢脱贫攻坚战的决胜阶段，我们有理由相信，在党和国家的关怀下，在各方的共同努力下，贫困地区的人民会和"贫困"道别，生活水平会越来越高。

8 天时间一晃而过，寒冷疲累充斥着整个过程，可是伴随其中让我们坚持到底的，是感恩，温暖，崇敬。我敬佩那些不甘贫困，坚持奋斗的人，会一直记得他们热情的笑容、坚定的信念以及他们的朴实和善良。也会一直记得那些卧病在床却依旧对生活充满希望的、对明天满怀期待的面孔。我从小出生在农村，成长在农村，是农村养育了我。我清晰地知道农民的生活有多不容易，农村的发展有多不容易，但是我坚信在党和国家带领下，国家会发展得越来越好，农村建设会越来越好，农民会越来越富，国家也会越来越强，大国地位也会越来越高，身为中国人我愈发感到骄傲和自豪。

路在脚下，梦在远方

文/曹磊

（西安财经大学经济学院 2018 级金融学研究生）

  第一次参加精准扶贫调研活动，心中既有着对于未知旅途的好奇与憧憬，也有着对于将要到来的工作的紧张感。在出发之前进行培训时，带队的高老师强调，参加精准扶贫调研活动，是我们 2020 年国家实现全面脱贫的关键一步。百尺竿头更进一步，正是因为在这么关键的时刻，我们更加需要以一种认真、负责、谨慎、不怕吃苦的态度去面对这次调研活动。这也将是我们研究生生活中，乃至整个人生中一次十分有意义的活动。

我们这次调研的两个贫困县都位于山西省，一个是垣曲县，还有一个是万荣县，在我们进入这两个县进行调研前，有幸参加了这两个县的脱贫工作对接会，让我们对这两个县的基本情况和扶贫政策有了一个基本的了解。

接着我们就正式开始了对这两个县的调研活动。首先我们去的是垣曲县。在到达垣曲的第一天，我们就投入到紧张的工作中，虽然有些仓促，但是却激发了我们的工作状态，为我们接下来的调研工作开了个好头。在进入第一个贫困户家庭之前，我对贫困户都没有一个具体的概念，直到这一次才这么直接地接触到贫困户的真实生活。我们第一个调研对象是一位老爷爷，他大概六十多岁了，有一个八十几岁的老母亲，还有一个在外打工的儿子，打工收入并不高，只能勉强供他自己的孩子上学，所以家里的经济压力特别大，生活很困难，被列入了贫困户。我在屋里转了一圈，发现老爷爷家里的居住条件确实不好，他的屋子还是很久以前建造的那种半砖半土的老房子，为了保暖，窗户很小，加上屋内的灯光昏暗，所以一进去有一种黑黢黢的感觉。此时的垣曲已经很冷了，屋里的取暖措施只有一个山西特有的炉子，而且因为用的时间挺长了，炉子还会漏烟，屋内的空气有点呛人。我又仔细看了一下室内的情况，发现家里的家具陈设很少，能算得上完整的只有一个碗柜，床铺都是很破烂的那种，我摸了一下他们的被褥，发现有些单薄。再看了一下碗柜里吃的东西，发现都是一些很普通的饭菜，还好有一点鸡蛋和猪肉。

接下来就是和贫困户的交谈时间，我们将问卷上的问题向户主进行一一提问，始终还是关注"两不愁三保障"，通过我们的判断，户主的平常吃饭并没有问题，都能解决，穿的衣服也能保证。接下来我们判断房屋居住并没有什么问题，平时饮水也都是村里的水塔集中提供的深井里抽出来的水，平时看病，也能享受到医疗保障，自己在看病这一块没有太大的负担。我们还核算了家庭的人均纯收入，最后我们判断，这位老爷爷家里的情况，已经达到了脱贫的标准，能够脱贫。

进入第一个家庭以后，我们对贫困户的基本概念和调研的整个流程有了一个大概的了解，接下来我们的工作就可以更加顺利地进行了。

在垣曲调研了几天以后，我们碰到了调研工作以来可能性最大的一个疑似户。在我们刚进入他的住宅时，并没有觉得他有问题，因为我们看到的房子是一个两层的楼房，家里虽说不整洁，但是该有的家具也都基本齐全。在我们了解后，我们才知道他是一个五保户，年龄65岁，没有娶妻，单身一个人，而且是三级残疾。他现在所居住的房子是他哥哥的房子，他自己的房子在后面，已经不能居住了，我们又看了一下他平时吃的东西，很差，他的衣服全部都杂乱无章地堆在一张空床上面，数量也不是很多；他还向我们反映，说他患有很严重的头疼，医生告诉他说看不了，只能吃一些止疼片解决问题，他说他没有钱去县城的医院看病。我们根据这些情况，觉得他应该是一个疑似错退的贫困户，所以我们就联系了带队老师。老师了解了基本情况后，我们拍了许多照片留作证据，并且让户主带着我们去他原来的房子里看一看。我们发现他以前的房子确实很破旧，院子里全是杂草，明显是不能居住的状态。在留下了一些证据以后，我们就去下一户人家进行调查了。但是我和队友始终觉得放心不下，觉得还是要多问问邻居，多了解一下他家的情况。在接下来调查的几家，我们都询问了他家的情况，结果邻居都说他家的条件还行，每个月都能领到不少的五保金，一个人生活完全没有问题。这样我们就对刚才调查的结果产生一定的怀疑，所以决定回去以后向带队老师报告这个情况。结果老师的调查情况和我们差不多，这位五保户的生活完全没有问题，甚至他还会将每个月的五保金汇一部分给他的哥哥家，所以我们决定将这个疑似去掉，他的生活保障没有问题。

我们的调查持续了10天，这期间，虽然遇到了不少的问题，但都在老师的帮助下一一解决了，最后调研活动取得了圆满的成功。

2019年，距离全面脱贫的交卷时间还有整整一年的时间。脱贫的路还要继续走，我们有幸加入这一段旅程，成为这个目标达成的见证者，我们走过的路，我们所经历的一切，都为这段旅程留下了属于自己的一笔。我们这次调研活动虽然告一段落，但是人民奔向美好生活的步伐不会停止。就像习近平总书记所说："我们都在努力奔跑，我们都是追梦人。"路在脚下，梦在远方。

同心协力，精准扶贫

文/袁文宜

（西安财经大学统计学院 2017 级数量经济学研究生）

披星戴月

"叮铃铃……"手机的闹铃响起，此刻正是凌晨五点十分，若是往常我肯定还在美梦中，但是此时此刻我非常的清醒，我们就要出发去山西调研了。拉着行李箱走在校园里，路上行人稀少，天空中还挂着星星，虽然气温很低，但是我们的热情很高，一路上有说有笑，一点也不觉得寒冷，准时于6：10在学校的校训处集合。我们坐的是第一班公交车，车上已经有很多人了，他们都是为了工作每天起早贪黑，相比之下自己平时在学校睡到9点，真是有些惭愧啊。

这是我第二次参加精准扶贫第三方评估调研活动，心情十分激动。这次机会来之不易，我会更加珍惜。我们这次是去山西省的两个县，相比于第一次参加调研的担心与激动，这次更多了一份自信与平静，因为在上次调研中我学会了很多东西，这些是我在学校中学不到的，我坚信这次调研肯定可以学到更多。上次调研我还是新手，这次就要带新成员了，我一定会和队友积极合作配合默契。

肩负使命

在整个调研过程中，我们严格遵循保密原则，不向外人提及关于调研的一切相关信息，在我们出发的那一刻，我们手里的调研资料时刻要在自己的视线范围之内，绝不能在任何场所遗失关于调研的任何文件。我们在调研之前会以考试的方式对调研活动的内容进行学习，每个人都要做一份关于所调研地区精准扶贫的电子试题，并且要以95分以上的成绩获取调研的资格，彰显出此次调研的专业性。

扶贫工作开展的第一步，就是把自己融入扶贫村，切身实地考察他们的处境。我们这次仍然是以纸质问卷的形式对农户家里的基本情况进行深入的了解，同时，在我们进入农户家里的时候全程需要录音及录像，而影音资料的拍摄也有严格的规定，照片要充分地反映农户的吃穿不愁：要看看家里的衣柜里是否有过冬的衣物；民以食为天，农户家里的冰箱里的食物是重要的参考标准，里面应该有足够的食物；要考察农户家里的义务教育、基本医疗、住房安全是否有保障，就要拍相关的证明材料以留证，这些影音资料构成了此次评估的重要参考材料。我们的问卷基本上涵盖是否已经脱贫的所有的问题，特别是每户的家庭收入方面，如家里有多少亩地，种了多少亩地，种了什么农作物，养了多少牲畜，今年卖了多少头，每一处细节都不放过。此外，除了村干部与邻居反映的情况外，我们对农户提出的问题和意见，都能够及时解答和反映。在调查过程中，我们克服各种困难，力争把情况摸准，切实了解该村该户的生活水平是否已经脱贫。受调查的县多年的努力要在我们这几天的问卷中，经得起考验，我们问着看似简单的问卷，但却关乎着他们实际的脱贫成果，我们更要把态度端正，时刻保持着客观、公正的原则来开展调研活动。

垣曲风光

我们第一个要去的县是垣曲县。在去垣曲县的大巴车上有工作人员向我们介绍，垣曲县又称舜乡，是帝舜故里，位于山西省南端，隶属于山西省运城市。垣曲县商周时为亘方，西汉称垣县，宋代始称垣曲并沿用至今，如此有渊源的名字一下子就吸引了我，而且垣曲县是"国家绿色能源示范县""国家两基工作先进地区"、革命老区。

中午吃过饭，紧接着就是开对接会。之后我们就立刻投入到调研工作中去。去的第一个地方是皋落乡老屋沟村，真的是山路十八弯，眼前只能望出去不到十米的距离，因为视线被路边的陡壁遮挡住了，等转过弯去，刚觉豁然开朗，没走几步视线就又被挡住了。再向山下望去，走过的盘山小路，像是那种"螺丝转"烧饼似的，大圈套小圈地套了几十圈。垣曲县是"国家绿色能源示范县"，可惜现在是冬天，放眼望去光秃秃的，若是春天山上肯定五彩缤纷，若是夏天肯定郁郁葱葱，而现在唯有农田里的小麦正绿油油的，增添了些许活泼的色彩。

我们到达村部，驻村干部和向导们都热情地欢迎我们，他们真诚而有序，充分发挥了基层党组织的作用，由于村组距离的问题，有时需要坐车，有时走路就可以到达农户家里。垣曲县大多数农户家庭的经营性收入靠种花椒和核桃，这也是属于退耕还林特色项目，政府会给予补贴。垣曲县属于山区，有的村庄就在山上，风特别大，但是农户们都很热情，进到家里就把家里的好吃的拿出来招待我们，但是我们秉持不拿农户东西的原则，婉言谢绝。

有一个叫火星村的村子让我们印象深刻，我们开玩笑说来到了火星，火星村的大部分青壮年都外出打工了，当地村长说，我们所抽查的农户基本上都是留守的老人和孩子。在火星村一户采访时，我和一个大概只有3岁的小孩子玩耍了10分钟左右，走的时候他不让我走，哭着喊着要找他妈妈，小小年纪的他父母就不在身边，肯定很想他的爸爸妈妈，但是爸爸妈妈要出去挣钱养他。我很心疼那个小孩，但又很无奈，我多希望这些留守儿童可以少一些，他们的父母可以多陪陪孩子呀。

我在垣曲县的队友尹惠，虽然是第一次参加调研，但是她学习能力很强，经过了一上午的实践之后，调研的过程已经熟练掌握。我俩合作很默契，全心全意投入到调研中，在问卷时始终保持着积极主动的态度，她能够对我问卷中出现的错误或是遗漏及时做出修正，非常感谢她。

万荣景象

12月20日上午我们结束了垣曲县贫困县退出的评估活动，下午就坐上了去万荣县的大巴车，刚离开垣曲时，高速路的两边都是山，峰峦起伏、蜿蜒连绵，争雄似的一座比一座高。但是快到万荣县的时候，就变成了平原，视野更加开阔。

万荣县以前是一个特别缺水的地方，饮水要靠存放在水窖里的雨水，虽然现在基本上家家户户都通上了自来水，不过自来水的水质碱性偏大，依旧是政府有待解决的一个问题。不过在政府的扶持下，万荣县荣获"中国建筑防水之乡"称号，这是值得百姓和政府欣慰的事，万荣县也是"中国优质果品基地县"，在我们采访的农户里基本上每家都会种上几亩苹果树，他们热情地塞给我们苹果，就是当地的特产。万荣县大部分农户家的院墙都很高，差不多有五六米，真的是深宅大院，修这么高可能是为了防风吧。在采访一家农户时，他家中明天要办喜事，家里布置得红彤彤的，很是喜庆，我们看了心情也顿时开朗了起来。

万荣县盛产柿子，随处可见黄黄的柿子挂在干枯的树枝上，像小灯笼一样，很是好看，由于把它们全部摘下来做成柿饼太过麻烦，就任它们挂在树上。万荣县种植药材比较多，每家都会种上几亩柴胡，这些柴胡是两年卖一次的，是他们主要的农田里的收入，我可爱的队友总是把"柴胡"念成了"胡柴"，为我们的访问过程增添了许多欢乐。我们还注意到农户们都会把家里打扫得干干净净的，东西摆得整整齐齐的，看得出来他们都很勤劳朴实。

在西村乡五龙村进行入户调查时，有其他队友向我们反映我们组做过的有一户条件较差，当时回想他家里养了60多头羊，还有三轮车以及盖了两间房子，应该可以满足两不愁三保障的要求，问卷也没有出现什么问题，但是别的组既然反映出这个情况，肯定是有什么隐情我们没有了解到的，而且我们自己组的其他农户也反映他家的确差一些。我和我的小伙伴就又再一次返回他家，对他的详细情况又了解一遍，再次仔细检查了他的饭菜以及衣柜，直到确定他的生活条件可以满足"两不愁三保障"我们才再次离开。十分感谢其他队友的提醒，我们要本着对每一户认真负责的态度开展调研活动，绝不能因为我们自己的大意造成错误判断。

看扶贫开发成效如何，关键要看是不是做到了识真贫、扶真贫、真扶贫。例如我们调研的一个农户，户主她一个人带着两个孩子，她女儿是肢体残疾，她哭着对我们说感谢政府，因为政府他们才能好好活下去。他们对政府的感谢是出自真心的，而政府也的确出台了很多惠民政策。让我感触最深的就是易地扶贫搬迁户,易地扶贫是指将生活在缺乏生存条件地区的贫困人口搬迁安置到其他地区,并通过改善安置区的生产生活条件、调整经济结构和拓展增收渠道,帮助搬迁人口逐步脱贫致富,他们从生活条件较差的农村搬到城市,生活发生了翻天覆地的变化,从他们的神态中可以看出来,他们现在过得很好。

在万荣县的时候,我的队友韩沛雨,是个特别有礼貌的小学妹,她虽然没有参加过调研行前的培训,但是她第一天上午就很快进入了工作状态,她行动力特别强,能够准确及时发现问题,我俩配合默契,她活泼开朗的性格深深感染着我,让我接下来调研的日子更加丰富多彩。

收获满满

为期10天的调研工作结束了,我不仅感受到了不同的风土人情,对国家的扶贫政策以及效果也有了深刻的了解,真心为受到帮助的农户高兴,也为国家的精准扶贫政策效果感到骄傲,这个过程对我来说也是收获满满。经过此次调研发现,农户普遍认为自己现在的生活相比之前好了很多,很感谢政府,毕竟政府全民动员,人人肩上扛责任,个个名下有任务,包扶干部带着对贫困户的深厚感情,牢记责任、扎实工作,确保每一个贫困户、每一个贫困群众如期脱贫,共同迈向全面小康之路。当地政府切实为人民服务,据垣曲县和万荣县的村民反映,他们大多都认可退出贫困户,他们也都符合退出贫困户的标准,实现了脱真贫、真脱贫。

既有志也有智，共创美好未来

文/王政杰

（西安财经大学经济学院 2018 级金融学硕士研究生）

　　2018 年 12 月初的时候听说有一个去山西做调研的项目，但是具体做什么的并不是很清楚。后来听说是和扶贫相关的调研，而我自己也算是半个农村人，就决定参加这次活动，毕竟在城市里生活了很久并不是很了解农村的状况，想要去看看现在的贫困农村都发生了哪些变化，到底有没有希望在2020 年全面脱贫，老百姓的生活到底有没有真实的改善。

两次调研我们去了三个县城，分别是运城市的垣曲县和万荣县，吕梁市的方山县。两周的调研活动，很短暂，但是却给我带来了很多触动。在这个过程中，我们见证了各种原因不同的贫穷，感受到面对贫穷不一样的生活态度。其中有一些完全具备劳动能力的人一味依赖于国家补助，过度贫困的生活条件让他们早早对改变现状失去了信心与动力。与此相反，也有很多人因残，因病或因学致贫，可是他们表现出的并非怨天尤人，甘于现状，而是积极地响应国家号召，提出很多具有建设性的意见，为早日脱贫奋斗不止。消除贫困、改善民生、逐步实现共同富裕，是社会主义的本质要求，也是全体中国人民的共同愿望。现如今，国家政策着力于帮助贫困户走出贫困，在这样大好政策下每一个健康的人都可以通过自己的双手摆脱贫困。

在这些贫困村和非贫困村里有好多给我留下深刻印象的人家。还记得在垣曲县去的第一个贫困户家，是一个很和善的老爷爷，年纪和我的外公相仿，说话非常温和，家里的条件不是很好，住的是窑洞，看上去有很多年头了，却打扫得很整洁；穿的衣服很旧，却洗得很干净；做饭的地方没有很多好食材，却摆放得井井有条。老人没有儿女，只有一条乖巧的小狗陪在他左右。他给我的感觉就是像一棵坚韧的松树，贫寒并不能影响他乐观的心态，当问起觉得自己是否已经脱贫了，他笑着告诉我："国家的政策这么好，我也是一个身体健全的人，我有劳动能力，如果我说我还没脱贫，那只能说明是我自己没有努力生活。"政策上一直在讲扶贫先扶志，这位老爷爷就是一个最鲜活的例子，若是每个人都有这样热爱生活的心态，努力改变的勇气，坚持不懈的毅力，2020年全面脱贫绝对不是一句空话。

还有一个大娘，非常和蔼可亲，当时去调研需要看户口簿的时候恰好看到她有一个小儿子和我同岁，我随口给大娘说："您儿子和我年纪一般大。"她就乐呵呵地开始给我讲他儿子在哪里上班，是从哪里毕业的，字字句句里都是对儿子的想念和自豪。我们走的时候大娘还想给我们一点钱，她觉得我们都是学生，怕我们出门在外生活不好，我知道她是把我们当成自己的儿女一样看待了，最后花了好大功夫才拒绝了大娘的好意。但是就在出门的一刹那，好久没哭过的我真的是没忍住红了眼眶。是这些善良又淳朴的老人把我们这一波赶上好时代的年轻人送出了大山，但他们心心念念记挂着的还是出门在外的游子，就算自己的生活过得并不富足，却还是想要再送我们一程，回想我们平日里不够节俭，不够勤奋，不够努力，此刻真是于心有愧。

还有一个贫困户，只有一间土坯房，坐落在距离马路 2.5 公里、少有人烟的大山深处。进门的时候他家的小女儿就坐在大堂写作业，因为家庭贫穷只能选择中职的她，并没有因为学校环境不好就放弃自己的学业，而是想通过自己的努力改变命运。当时的温度很低，阿姨看着我们还心疼地一直说："孩子们辛苦了，这么冷的天还麻烦你们跑一趟。"问及致贫原因，阿姨叹了一口气，"孩子他爸在前几年因为触电受伤，成了半个残疾人，现在只能在工地给人打打下手，一天挣 70 块钱。我自己身体不好，有心脏病和高血压，各种病花了家里不少钱。大女儿虽然出嫁了但是身体很不好，至今没有收入来源，现在想在镇上开一个小店，多少能赚一点。小女儿还小，还在读书，还好她争气，不让我们担心。"寥寥数语，看起来似乎很多家庭都是如此。可是因残因学因病，当 3 个主要致贫原因集中到一起的时候，才会发现生活变得多么艰难。"如果不是政府，孩子也许根本就没有机会读书。我跟他爸也没有那么多钱来治病，更不用说开店了。"没有更多感谢的话，一句"如果没有政府"就表达了他们想要表达的一切，长期以来沉默寡言，习惯了面朝黄土背朝天的他们，说不出多么丰富的话语。农民是朴实的，他们在用最简单的语言讲述他们最不简单的生活。在提出光伏发电，种养殖产业等脱贫措施时，阿姨表示只要符合条件，都愿意尝试，只要能够脱贫，再苦再累都愿意。而这份决心，弥足珍贵。

然而，也不乏一些丧失斗志的人。他们极力地展示着自己有多么贫穷，期待着来自政府乃至四面八方爱心人士的捐赠。他们甘于贫困，甚至享受贫困，拿着贫困户的身份洋洋自得，这些人令人气愤却又替他们悲哀。想坐享其成，不劳而获，是"可气"；身处贫困，却甘于贫困，丧失尊严，一味索求，这是"可悲"。精准扶贫，就是要求我们做到准确识别，类似这类"贫困户"，应该予以剔除，甘愿贫志，不可救，亦不必救。

这里有两个例子可以给大家分享，第一个是一个眼睛不太好的大爷，当时向导带我们去大爷的羊舍，我们看到一个破旧的平房，里面没有做饭吃饭的地方，也没有他能换洗的衣服。通过与隔壁邻居交谈，我们了解到老人已经快是盲人了，只能靠养羊度日，吃饭都是邻居给帮忙解决，衣服也是靠周围的人捐赠。他有一个过继的儿子，不过是在儿子二十多岁的时候才过继过来的，并没有什么感情。当时我和我的队友都觉得大爷应该是错退了，于是给老师上报，请老师过来深入调查。但是结果让人哭笑不得，喜的是大爷每年养羊收入过了十万元，邻居是他雇来做饭的，衣服只不过是放在他家里，羊舍里没存放衣服而已，而且他今年刚建了一个二层小洋楼；忧的是他的条件已经很好了还试图骗我们，想要政府给他更多的优惠政策，给他更多的补助。

另一个例子是在方山县，有一个退伍大叔，他告诉我们他妻子今年得了直肠癌，所以他整个一年都在家里照顾妻子，自己没有收入，而他的妻子只有每个月四百多块钱的工资，就连现在住的房子都是政府借给他们住的，就因为他和他妻子分户了，他妻子是城镇户口，乡政府就不给他家因病返贫的机会，与此同时他还告诉我们他知道乡里有人在没有全村公示的情况下成功拿到了因病返贫的名额，我们决定把这个情况上报老师，毕竟是退伍军人，我想他应该不会骗我们。但结局就是那么让人心寒：他的妻子确实得了直肠癌，但是他家里有十几亩的大鱼塘，家里资产过百万，前几天刚添置了一辆新车，而他谎报的原因就是因为他和他在村委会任职的哥哥闹了别扭，想要给他哥哥难堪。

其实在入户过程中，我们遇到了很多人在提及五保和低保时，认为所谓扶贫就是经济捐助，每个月给他们几百元度日即可。古人云"授人以鱼不如授人以渔"，要想真正帮助他们摆脱贫困，只有一个办法，那就是给予他们创造财富的方法与指导。但是到了现在已经不仅仅是"授之以渔"这么简单了，因为政府的政策支持力度相当大，如果你想要致富，那么肯定能找到路子，关键是你有没有一颗想要致富的心。所以说，就算现在导致贫困的原因千差万别，但首要任务就是"对症下药"，否则治标不治本，没有内驱力，最后都是徒劳无功。要想解决贫困这个难题，还是要从源头出发，究其根本。习近平总书记在十九大报告中指出，坚决打赢脱贫攻坚战，让贫困人口和贫困地区同全国人民一道进入全面小康社会是我们党的庄严承诺。要动员全党全国全社会力量，坚持精准扶贫、精准脱贫，坚持中央统筹省负总责市县抓落实的工作机制，强化党政一把手负总责的责任制，坚持大扶贫格局，注重扶贫同扶志、扶智相结合，深入实施东西部扶贫协作，重点攻克深度贫困地区脱贫任务，确保到2020年我国现行标准下农村贫困人口实现脱贫，贫困县全部摘帽，解决区域性整体贫困，做到脱真贫、真脱贫。这里提到的扶志和扶智尤为重要，有志脱贫，有智脱贫，则贫困不再是困难，而是一只纸老虎，一吹就破。

两次调研的时间一晃而过，寒冷和疲累充斥着整个过程，可是伴随其中让我们坚持到底的，是感恩、温暖、崇敬。我敬佩那些不甘贫困，坚持奋斗的人，会一直记得他们热情的笑容、坚定的信念以及对知识充满渴望的眼睛，更会记得那些卧病在床却依旧对生活充满希望的面孔，他们的善良和坚强让我对未来充满了希望和斗志，帮他们实现这些憧憬与愿望是我们新一代人坚持奋斗的动力，也将会是我一直前进的梦想。我也记得一些懒汉，记得他们对勤劳的不屑一顾，记得他们对生命的毫无敬畏，记得他们对救助的贪婪不止，他们丑陋的内心会让我在今后的生活里不断自省，有则改之无则加勉，保证自己不让懒惰侵蚀，不被梦想遗弃，不被社会唾骂。虽说这是对他人生活状况的调研，但是却对我自己的人生观价值观世界观起到了重大的影响，我想我会带着这次调研的所思所感一步一个脚印地认真生活。

行方山县，访扶贫人

文/郭琪

（西安财经大学经济学院2017级应用经济学硕士研究生）

　　一直都希望能有机会加入调研团队奔赴脱贫攻坚第一线，前几次由于种种原因没能参与其中，所以格外珍惜此次的山西之行。之前就听同学提起调研生活的种种配合与协作、辛劳与充实、感动与收获，直到真正经历了这一周的艰苦奋战，才能感同身受调研工作的意义，一点一滴都是值得被珍藏的回忆。

团队组织——细致入微

出发前两天，团队的成员们就已经开始熟悉问卷调查软件的使用，积极准备选拔考试，考试通过之后才有资格参加此次的贫困县退出专项评估工作。这次小测试也让我第一次了解到退出贫困的评判标准——"两不愁三保障"，以及产业扶贫、就业扶贫和金融扶贫各方面具体的措施。2019 年 1 月 2 日早上 7：30，队员们准时在实验楼参加行前培训会议，带队老师给大家详细地讲解了此次调研工作的安排和问卷调查中可能会遇到的问题，并且着重强调严肃纪律、求真务实的工作态度以及安全事项。

调研工作正式开展之后我才真正体会到我们的团队是多么认真负责、严谨高效。很多队友都已经参加过贫困县的退出评估，总结出了属于自己的一套分工协作的工作方法。从清晨开始的入户访问，到挑灯夜战的每日例会总结、问卷整理核对，每一组队员和老师们都是秉持着客观、公平、公正的态度来面对每一户村民。例行会议中坚持不错退任何一个疑似户的原则，以及严谨细致、实事求是的评估，让我受益良多。

这次山西的贫困县退出评估调研，5 天内高密度地走访了 10 多个村庄近百户村民，团队的成员们充分体现了对山区贫困群众的深切关怀，我们能为他们做的事情太少了，只能在完成本职工作的前提下，让他们保重身体，由衷地希望他们的日子能越过越好，也坚信在党和群众的共同努力下他们的生活一定会越来越好。

政府协调——面面俱到

1 月 2 日下午 6 时，经过近 12 个小时的颠簸，我们终于安全抵达了方山县。但当地工作人员的热情接待冲散了我们长途跋涉的疲惫，妥善安排好住处之后便是美味的晚餐，酸甜可口的沙棘汁、别具特色的山西菜肴以及鲜美无比的羊肚菌汤，让我们满心愉悦地迎接即将到来的艰苦奋战。

晚饭后的对接会上，通过纪录片的展示，我们已经被方山县这几年翻天覆地的变化所震撼。在"绿水青山就是金山银山"重要思想的指引下，方山在"一个战场"同时打响了生态治理和脱贫攻坚"两场战役"。通过造林务工、退耕奖补、管护就业、光伏发电、肉牛养殖、中药材种植、易地移民搬迁、电商扶贫、产业扶贫等各大项目，拢队伍、聚民心、谋发展，奋力攻坚，有方案、有落实、有成效地交出了脱贫摘帽的优异答卷。在接下来几天的朝夕相处中，更让我们看到基层工作人员为脱贫攻坚、转型发展、生态建设等所做出的努力与贡献，以及他们对此次贫困县退出专项评估工作的重视与支持。

从进入方山县城的第一天起，当地的工作人员就为安排我们的出行安全事无巨细地做好准备。每天晚上当我们开小组讨论会的时候，工作人员以及接送我们的司机师傅们也在开会交流当天的工作情况；当我们整理问卷到午夜的时候，当地干部们的会议室也是灯火通明。同样让我难忘的是各个村庄的向导们，他们都是热情质朴的村民们，在零下十几度的气温下每天陪我们东奔西走，在我们和村民谈话的时候，他们就只在门外等候，我们多次叮嘱他们去车上等，村民都会笑着摆摆手说，没事儿，不冷。很多村子都是傍山而建，忽高忽低的山路我们走起来都觉得累，更别说上了年纪的老大爷。当然这些也仅仅只是我们所能看到的、听到的，在我们看不到的地方，他们所做的，肯定远不止这些。

我从小生活在农村，父亲在镇政府工作，前两年也加入精准扶贫的队伍。他们的扶贫工作特别忙，天天早出晚归的，有时甚至到凌晨才回家，几乎没有休息的时间，我当时特别不理解。但他说，基层工作不好做，群众工作不容易，直到参加这次调研活动，我才真正地感同身受。这一次深入农村，访问过程中抽到一户村民，是年轻的儿子和老母亲一起住，他家不是贫困户，我和同伴刚一进屋说明来意之后年轻的儿子就显得特别不满，低声埋怨说不给他们家贫困户的名额。我们了解情况之后得知他在村子附近的洗煤厂工作，每月有固定的收入却还一直声称温饱都解决不了。我和同伴也真的是很无奈，并不是每一个农户都能理解当地的扶贫政策。政府现在所做的工作，是为了保证最弱势群体的基本生存权利，而真正财富的积累是要靠劳动和奋斗来创造的。

基层实录——百感交集

大武镇、马坊镇、峪口镇、积翠乡、圪洞镇，每一个村庄都能给我不一样的体验。

第一天去的是方山县最南边的大武镇阳河沟村，也是此次行程中最偏远的山村，沿着蜿蜒的山路翻过一座又一座山头，一条条干净整洁的乡间小路、一颗颗光秃秃没有叶子却挂满红枣的大树和一户户涂着纯白色涂料的窑洞是这个村庄留给我的第一印象。刚开始和第一户村民交谈的时候由于对方口音太重，很多时候听不懂，我和同伴就各种手舞足蹈的和大爷沟通，听他讲起这些年生活的改善，看到他脸上挂满的笑容，我们也是发自内心地替他高兴。

随后去的好多地方，我发现留在村子里的很大一部分都是上了年纪的爷爷奶奶，而他们的子女能出去的都到外地打工了，一年也回去不了几次。每每问及他们的孩子为什么不经常看他们，把他们接到身边照顾，他们就会有些害羞地说到，孩子们也是拖家带口的，现在政策好了他们靠着低保和养老金也能生活，不想再给孩子们增加负担添麻烦。可怜天下父母心，父母对子女的爱永远都是不求回报的，只希望作为子女能多留一点时间陪伴父母，不要留下"子欲养而亲不在"的遗憾。

调研过程中，除了关注农民们基本的吃、穿、住、教育，医疗也是重点关注的对象。现在，农民基本的吃穿住已不成问题，义务教育也有保障，看病亦有居民医疗保险，在同村民的交谈中我们发现，只有住院的费用才能获得高比例的报销，这项制度他们是普遍认可的。但实际情况是，在调查的农户中，很多人都患有心脏病、"三高"等慢性疾病，需要长期吃药、经常体检，而这些支出却得不到有效的保障，一年下来昂贵的医药费用成为家庭沉重的负担，在与他们的交谈中可以感觉到他们对疾病的无可奈何。目前大病救助、合作医疗已被农民视为"德政"，希望未来能够针对农民中高发的慢性疾病，制定更为周详的医药帮扶政策。

　　积翠乡和圪洞镇处在国道、省道边，交通相对方便，村民的生活条件也相对好很多。每条村路都做了硬化改造，主干道两旁都配置了路灯，自来水取代井水成为农民稳定安全的饮水来源，健身器材等文娱设施也都已齐备，尤其是一面面栩栩如生的"文化墙"尤为引人注目。向导跟我们介绍说这面"文化墙"都是政府专门找人设计绘制的，可谓是"政策明白墙、文明礼仪墙、科技指导墙、美德教育墙"。我也觉得这样的设施一改农村环境风貌，能在农村自治、法治、德治方面起到很大的宣传作用，进而更好地助力农村的思想脱贫、科学脱贫以及乡村治理和乡村振兴。村子里很多村民也都住起了"小洋楼"，看到这样的景象，我们发自内心地替他们开心，然而在陆陆续续的访问中，一些现象却又令我们深思。我们在这两个镇上做的大部分问卷都是非建档户，主要是做贫困排查工作，往往衣食无忧的家庭中，却免不了抱怨看病花钱、政府不给贫困指标和低保。每当遇到这样不懂得知足的农户，我们的心情也只剩下无奈。越是贫穷的家庭越容易得到满足，这也是与同伴们交流过程中感触最深的，只要能吃得饱、家里有一两件过冬的棉衣，他们都认为足够了，拉着我们的手说国家政策好，哪怕我们就这样坐在屋子里跟他们聊几句家常，他们都无比感激觉得政府时时刻刻在关心他们、照顾他们。贫困户的头衔并不是值得追求的荣誉，勤劳致富才是最值得尊敬的行为，人们都能意识到这一点的时候，可能才真正是国泰民安的时刻。

在整个调研过程中，常常在想，扶贫工作的根本目标是什么？其意义何在？我认为扶贫本质上首先是一种人道主义的关怀，是对社会贫富鸿沟这道伤口的一种修复，在保证最弱势群体的基本生存权利的基础上，培养其基本的劳动能力，以获得自尊自信，最终靠奋斗过上自己想要的生活才是最终目的。然而人性中的懒惰、不自觉会阻碍这个目标的实现。任何人都懂，在一个不愿接受帮助、不愿接受改变的人面前，悲悯情怀是无计可施的。也就像习近平总书记倡导的：扶贫先扶志，扶贫必扶智。有些贫困村、贫困户之所以贫困，不是他们没有致富的能力，而是缺乏脱贫致富的勇气、缺乏勤劳实干的精神、缺乏"人穷志不穷"的理念。穷并不可怕，不思进取、甘于贫穷比什么都可怕。只要我们的贫困村、贫困户坚守不向贫困低头的气节，坚持摆脱贫困的理念，树立勤劳致富的勇气，充满奔向富裕的信心，共同富裕、携手奔向小康就一定能够实现。

路虽远行则将至，事虽难做则必成。前路漫漫，愿这次经历中偶遇的每一个负重前行的人都能过上自己想要的生活，到达自己的理想之地。

脱贫攻坚战，我们肩并肩

文/马艺鸣

（西安财经大学经济学院 2017 级应用经济学硕士研究生）

这是我第一次参加调研。从出发前几天就开始做准备，一会儿打开手机看看吕梁的天气，想想需要带什么厚度的衣服，一会儿看到需要的日用品就赶快收拾进行李箱，生怕少拿了什么。想来，很久没有过这样的期待，突然像回到了小时候，每天掰着指头算出发的时间。脱贫成效第三方评估调研，既是为我国脱贫事业贡献一份自己的力量，对我们这些一直深居象牙塔的学生们来说，又是一个了解中国乡村真实状况的窗口。我很珍惜这次调研机会，一共5天的时间，的确收获颇多。

首先，最直观的感受是，农村的生活条件在近七八年的时间有了很大改善。这一点，大概城里人对农村的误会有点像几年前外国人以为中国很落后，还处于吃不饱饭没见过小汽车的状态一样。我们调研队伍一共去了方山县5个镇共12个村，北至马坊镇赤坚岭村，西至大武镇阳和沟村。其中，阳河沟村路程最远，且路况复杂，大巴车无法通行。能够想象，这里的居民被大山所困，交通出行和生活都很不方便，经济发展的也最慢。事实也的确如此，这么多村庄，只有阳和沟村仍然需要挑井水，而其他村子都在几年前已经通上自来水、道路也都硬化了，有的村甚至还通了去县城的公交车。虽然我们的工作是筛查错退户和漏评户，但我们发现被抽查的绝大多数村民生活水平不错。在去农户家里了解情况时我才对"感谢中国共产党"这种话有了深层的感受。我问"平时能吃得上鸡蛋和肉不？""冬天有换洗的衣服没？"时，农户总是憨憨一笑，用带着浓厚山西口音的普通话说"能嘛"，一副"这还用问"的语气。问到"是否有医保？""看病有没有轻松很多？""国家的补助都收到了吗？""2014年以来村子里和自己家里的情况有没有明显的变好？"等问题时，很多人都感慨"有啊。哎呀，那肯定比以前好得多。""国家政策好啊，感谢共产党，感谢习近平总书记。"只有在家庭与个人在最艰难困苦的时候，得到了党的及时帮助，才能如此动容。

我印象最深刻的是在麻地会乡胡堡村采访的一位中年女性张保保。一月初的山西很冷，一张嘴都能哈出水雾，但她家阳光充足且温暖，房间收拾得很整洁，地上铺的是木地板花色的瓷片。我进门先这么一打量，预判这家应该没什么问题，从而带着轻松的心情开始正式采访。在她去取户主的身份证和户口簿时，我也跟在后面，路过厨房听到有小孩子哭，她进去安抚，我也向里望去，心里咯噔一下。有个两三岁的孩子斜靠在儿童椅上，头歪在一边，咿咿呀呀地叫着，智力明显有些问题。我便去看挂在墙上的明白卡，她家六口人，除她和丈夫外，还有两儿两女，我刚看到的是小女儿。张保保在小女儿出生40天时，查出大女儿患有慢性粒细胞白血病。在之后的几年，她常常怀里抱着小女儿，手牵着大女儿往返于各个医院。她大女儿吃的就是电影《我不是药神》中的天价药格列宁，每日4片。那时候还没有医保，为给孩子看病卖了房，甚至借高利贷。但她很乐观，一直跟我讲她大女儿的主治医生很好，那时候全国只有120个名额可以免费在红十字会领药，主治医生就为她女儿申请到了名额。只是往返于红十字会对这个家庭来说仍然是一笔巨大的开支。在大女儿病症查清楚时，小女儿显露出不太正常的症状，后来发现是脑瘫，二级残疾。她自己也在带孩子们看病的过程中过于操劳，落下了一身毛病。但现在一切都在向好的方向发展，大女儿病情稳定，已经能够从事较为轻松的工作，有照顾自己的能力。小女儿每月有50元残疾补助，随着年龄增长已经能从过去只靠打点滴补充营养到现在在家吃流食。在有了医保后，孩子们去医院复查、她自己看病就医也能报销，家中负担轻了很多。据她讲述，她家的帮扶责任人最近也在积极帮他们联系办低保。现在，虽然家中只有丈夫一人能出去打工获得收入，但大女儿能够照顾自己，两个儿子都在义务教育阶段，不需要缴纳书本费及学杂费，她在家照顾小女儿，家中情况比以前有了很大改善。

　　这次深入农村了解村民的生活与工作情况，除了发现乡村环境整体变好之外，我也发现了几个问题。第一，乡村里的女孩子真如俗话所说的"嫁出去的姑娘泼出去的水"，在我问老人女儿们是否给钱时，得到的答案基本都是，"女儿已经嫁出去了，有自己的家庭，连自己孩子都照顾不过来，能给什么钱呀。"第二，对教育的重视程度不够。在我调研的5天时间里，所有的建档立卡户和非建档立卡户中，只有两户人家18岁以上的孩子在读大学，其中一户孩子在读研究生。绝大部分年轻人都是在北京、太原或附近省市打工，干的工作主要是跟着装修队搞装修、在建筑工地干活或者在餐厅端盘子。月入工资不超过 3000 元。第三，个别村民委员会没有按时公开村务，造成部分村民向我们抱怨建档立卡户在不知情的情况下被清退的现象。虽然绝大部分被清退的对象达到了清退的标准，但因为没有做到及时公开，从而使群众产生误会。

最后，是我对自己第一次调研工作的反思。在调研第三天下午，我和队友来到北武当镇河庄村的薛老人家进行采访。由于老房子塌陷，他住的是政府集中安置房。妻子生病住院了，家中仅他一人。一进门正对着的是个土炕，炕右边连着个灶台，灶台旁边放着一购物袋的新煤，黑得发亮。除此之外，旁边的地上没有任何痕迹，也没有堆积着的蔬菜。左手边是两个大衣柜，一个衣柜里只有半袋米面，另一个空荡荡挂着两件单衣，里面积满了灰尘，角落还结着蜘蛛网。连接两个衣柜的是一个破破烂烂横着的条柜，里面只放着一双碗筷和一个大勺子。我有点纳闷，这不像一个长期居所。但爷爷说他住在这里已经一年多了。我问他"冬天换洗的衣服在哪里？"他指着身上的衣服说"春夏秋冬都穿这身。"我再问"怎么吃饭呢？鸡蛋在哪里呀？"答："我不爱吃。"我追问了几次"真的在这里生活一年了？"爷爷都一口咬定他一直住在这里并且生活得很好。他的炕靠墙位置铺着一张蓝色的床单，炕沿铺着一条脏乎乎的毛巾被。实在问不出什么漏洞证明我的猜想，便随手把毛巾被掀起来，我以为毛巾被是铺在蓝色床单上的，结果这么一掀，底下竟然只剩一层薄褥子，再往下就是混着土和麦秆的炕头。看到这些，我鼻头突然一酸。我无法判断这户是否有问题，叫了老师来，刚要开口介绍情况眼泪就吧嗒吧嗒往下掉，好像我才是受委屈的被访户。老师问完情况后，我也发懵跟着老师往出走，此时队友把我叫回来，提醒我调查问卷还没做完，要继续采访。我突然醒悟，感到很惭愧，作为一个专业的调查员，我一时感情用事连自己的本职工作都没做完。而我的队友没有埋怨我，他坚守职责、头脑清楚，及时把我拉了回来。我赶紧快速平复情绪，让自己冷静的完成剩余工作。这件事给我提了个醒，我们作为专业的第三方评估，实在不应该太受个人感情的左右，甚至影响了本职工作。在和农户聊天的过程中也应根据实际情况进行辨别，做出最客观公正的判断。在接下来的两天调研过程中，我一直在心里这样提醒自己。

在调研结束前的最后一场讨论会上，老师问"有哪些同学参加了咱们组织的每一次调研？"看到有十来个同学举手，我满心满眼的羡慕。正如老师在会上所说，参加过扶贫工作，就像当过兵一样光荣。习近平总书记在 2019 年新年贺词中感谢奋战在祖国脱贫一线的同志们时，我这个才第一次参加扶贫相关工作的人，也感到十分自豪。通过这次调研，我了解了中国中部农村的生活现状及国家对贫困户具体的帮扶政策，积累了做调研员的经验，下次，我们肩并肩，一定会做得更好。

精准扶贫，携手并进

文/姜楠

（西安财经大学应用经济学院 2017 级财政学硕士研究生）

　　1 月 2 日，送走了 2018 年，迎来了 2019 年，从今天起，将近一个星期的时间，我们将在山西省方山县度过。此刻正是早上六点十分，平时的这个时间都还在睡梦中，现在的我虽然很困，但是心情是激动的。在集合点，带队老师简单地讲了去调研的注意事项，特别强调了安全方面，嘱咐我们一切都以安全为前提。

　　这是我第一次来山西参加精准扶贫第三方评估调研活动，有些小伙伴之前已经参加过好几次了，所以相对于他们，我的心情很激动，除了好奇更多的是一种责任感和使命感。我们这次是去山西省吕梁市方山县，而且这次的调研用的是电子问卷，虽然相比于纸质问卷可能方便一点，但我还是忍不住有些担忧。坐上动车之后，我的心情平复了许多，我知道这次调研，肯定会学到很多新鲜的东西，既开阔我们的视野，又丰富我们的眼界，这些是我们在书本上所接触不到、感受不了的。虽然相对于那些参加过的小伙伴来说，我没有经验，一切都需要学习和磨炼，但我相信我一定会积极学习、投入其中，和队友积极合作，愉快地度过这一个星期。

在调研出发前一个星期，我们参加了培训，让我知道了自己在这次调研中要扮演什么角色以及主要职责和任务是什么，还有在调研过程中需要注意什么，等等；这次培训还进行了考核，只有在 95 分以上才能参加这次调研，可见这次调研的严肃性和专业性。

这次的调研工作，就是要走进每一个贫困户，了解他们的日常生活情况，看看在"两不愁三保障"上有没有什么困难，并对每户贫困户的情况进行取证，保障我们的工作真实有效。所以在访谈每一个贫困户时，我们首先会对贫困户的生活状态进行考察，对他们的吃、穿、住、进行检查拍照，询问他们一些问题，并对我们之间的谈话进行录音。在询问贫困户"两不愁三保障"时，我们要特别关注基本医疗方面是否落实到位，因为大多数贫困户家里都有年迈的老人，且患有大大小小的慢性疾病，需要长期吃药治疗；还有就是用水方面是否方便，因为方山县里山比较多，水资源比较匮乏，所以居民的用水会有一定的困难。除此之外，我们还会询问贫困户的经济状况以及经济来源是否稳定，确保他们的年收入能够达到国家标准线，等等。我们所询问的问题会有一个电子问卷进行统计汇总，每天调研结束后，我们都会把每一户的信息进行补充完善，然后每晚开会时，让每一组成员对当天的情况进行汇报总结，有问题的会直接说问题，能解决的当场进行解决，保证我们的每一次工作都是公正、客观、真实有效的。

我们调研的第一站是方山县下辖的大武镇。因为大武镇离我们住的地方比较远，开车需要一个多小时，所以大家早早就收拾好，吃过饭就投入到调研工作中去。大武镇位于方山南端，是离石、临县、方山三县（市）的交汇之处，也是方山县的大镇之一，距吕梁市16公里，交通便利，自然条件较好。大武镇围绕有利条件紧紧抓住一条川，开发两座山，实施农业稳镇，企业兴镇两大战略，积极推进新农村建设步伐。因为大武镇下面的村庄大多数都在山附近，所以我们坐的车都是在山坡上缓缓而行，对于我们这些从小住在平原的孩子来说，这么近距离地看到这些山，还是很激动的。

　　我们到达村部后，每个村都会被安排一个向导跟着，很多村庄就建在山顶上，车也开不上去，我们只能步行着过去。其中给我印象最深的是麻地会乡的冯家庄村和石湾村，因为这两个村子的房子都是建在山上的，我们需要爬山坡到农户家里，爬完这个山坡再爬那个山坡，在路上消耗的时间就多了，所以完成了全天的调研任务时，天也黑透了。这个村里基本上只有老人和小孩，年轻人都出去打工了，村长说，扶贫政策基本上全面覆盖了，村里还有一个煤矿，可以进行产业扶贫，提供就业机会，能让村里的劳动人口有事干。我们去的好几家农户都不在家，说是在煤矿上班。还有一户采访时，家里只有70多岁的老人，年纪大了，她听不懂我们说的普通话，起初我们在沟通上不太顺畅，我的小伙伴就用刚学会的几句方言跟她交流，但是她还是听不懂，后面实在没办法我就尝试河南话跟她交流，没想到她竟然能听懂大概的意思，当时给我激动的，顿时有了满满的成就感。

　　我们最后一天去的是讫洞镇的两个山村——建军庄村和横沟村，相比于前几天的村庄，感觉这两个山村比前面的山村更贫困一点，大多数的家庭都是靠着地里的收成和国家的补助过日子，有些老人的子女常年在外打工，自己在家只能靠着国家的低保过日子。虽然挺贫苦，但是老人见到我们都说很感激国家的政策，让他们这些什么都干不了的老人还能吃饱穿暖，老人们体谅孩子在外打工不容易，自己也不好意思向他们要钱，现在靠着国家的低保，过得也自在踏实。

在横沟村进行入户调查时，有其他农户向我们反映有一户人家情况可能比较贫困，说那户人家收入低开销大，日常生活只能维持着。我们拿不定主意就把这个情况给我们带队老师说了，带队老师来到这家，详细询问他的吃、穿、住、行，检查他家的衣柜、被褥、厨房等，确定他的生活条件没有问题，满足了我们的"两不愁三保障"政策。离开这户人家之后带队老师跟我们讲解了这户家庭存在的问题，以及我们以后遇到这类问题该如何处理，并且表扬了我们的工作态度，我们要本着认真负责的态度开展调研，绝不能靠主观感觉轻易下结论。

在调研过程中，我总是会想到习近平总书记在谈到打赢脱贫攻坚战时说的："真扶贫、扶真贫、真脱贫"。简短的9个字却体现了国家的新战略、新部署，以及对农村特别是偏远地区的贫困村的坚定态度，告诉他们我们的政策不是浮于表面，而是踏踏实实为百姓做好事、谋福利。打赢脱贫攻坚战不是搞运动、一阵风，是要真扶贫、扶真贫、真脱贫，要经得起历史检验。攻坚战就要用攻坚战的办法打，关键在准、实两个字。要永久的解决掉农村地区百姓的生活贫困问题，"授人以鱼不如授人以渔"，所以我们看到国家政策就是要在根本上解决贫困户的经济问题，因地制宜增加产业、提高就业率、延长产业链、充分发挥当地特色、赶上时代步伐，等等。这些政策都是从根本上解决他们的经济问题，真正做到"授人以渔"。

在这次调研中，我的队友因为上次调研过，所以他白天负责大部分的问卷记录，并且在工作中还会给我说一些填问卷的技巧和方法，让我能更好地学习和吸收，晚上整理问卷和上传文件视频则由我负责，这样分工使大家的效率比较高，越来越高的默契度让我们的调研也越来越顺利。

为期五天的调研工作结束了，有欢声笑语的交流，有辛苦奔波的过程。但更多的是成长与感动，用带队老师的一句话来说，走过路过不住过，还是不清楚这里的状况；听过见过没实践，也还是处在浮于表面的状态。让我值得骄傲的是，我不仅仅来过，我还在这里工作过，吃过这里的苦，看了这里的美，让我了解了以前不曾了解过的，并让我对自己有了重新定位和认识，也许过程很苦，但是充满了收获。当我看到贫困村民的眼中因"精准扶贫"政策带来的希望的火花时，我知道我们所做的这一切都是值得的。

感谢这一路的所见所闻，感谢这青山绿水，愿我们回首勿相忘，青山再无老来贫。

你的微笑

文/乔怡榕

（西安财经大学经济学院 2017 级产业经济学硕士研究生）

　　2019 年 1 月 2 日至 1 月 8 日，我和我的调研组小伙伴们再一次参与到神圣的脱贫摘帽评估工作中，这次我们要评估的方山县是国定级贫困县，这意味着我们需要拿出比之前更加认真更加谨慎的工作态度，秉承一贯的客观公正的工作作风。在出发前我们已经了解到，吕梁地区大多山脉，地势较高，

气候寒冷，山区条件比想象的还要艰苦，现下已进入二九天气，冬季漫长寒冷的方山县气温早已降到零度以下，但无论条件多恶劣，我们都要圆满地完成这次评估任务。

行前会议中宋敏老师提到要把这次调研工作看作神圣的使命，这是一份情怀！一段经历！一份责任！一点贡献！在21世纪初中国脱贫攻坚战的旗帜上，也书写下我们的名字！这句话让我深刻体会到调研任务的庄严性和重要性。但比起在旗帜上留下我的名字，我更愿意看到扶贫地区老百姓朴实真诚的微笑。

微笑，这个极具魔力的词汇，它是人与人之间情感交流的手段，它代表着太多的蕴意，可以传递喜乐，可以传递认可；可以表达信任，可以表达满意；可以透露面对困难的自信，可以透露鼓励和支持……

吃穿两不愁

在李爷爷家，我们感受到了他们对于生活和国家政策的满意。这篇文章的配图就是在这位爷爷家拍的，看图片中奶奶笑得多么开心啊。在访问时候，基本上都是爷爷在回答，奶奶只负责看着我们笑，这个画面一想起来就觉得很温暖和谐。李爷爷的家就在村口，不远处还有座小桥，站在桥上看着太阳即将从山头蹦出来，桥下的河水也结了冰，这是多么令人向往的乡村美景啊。听奶奶说爷爷一大早就出去放牛，我们不由好奇地问："爷爷您家牛呢？怎么不牵回来""孩子，牛啊晚上自己就回来了。"爷爷爽朗地说。"我们真的是长见识了。"这把爷爷奶奶都逗乐了，接下来我们进入惯例访问，有这么一段话让我印象深刻："爷爷您对于现在的生活满意吗？"

"满意，都是国家政策好啊，照顾我们老百姓，你看光低保金就领了不少，我们两口子还养着牛，我们还能劳动，田里种点玉米和土豆，吃穿两不愁了！"

"爷爷您这两不愁这么专业的词汇都能说出来了，看来提前做了不少工作啊。"

"我们都是农民，不说假话，政策就是好啊，你看奶奶在那笑得合不拢嘴了！"

"那爷爷您觉得咱们这个驻村工作队以及第一书记工作咋样？"

"哎呀，那都是不折不扣地为我们服务啊，好的没话说啊。"

"爷爷，看见你们二老笑的样子，真好啊，祝愿你们一直这么开心，您这笑容证明这一切工作都值了啊！"

这段短短的对话，哪怕是提前做了功课，但他们的笑容不会骗人，始终传递着自己最真实的满意与认可。

住房、上学有保障

农户任建兵是一位 30 出头穿着朴素的小伙子，进入他家扶贫搬迁的楼房里，我顿时心生自豪，自豪于我们政策的人性化，当即对他家的状况做出了最直观的判断。在心中已基本有谱以后我们简单地介绍道："您好，我们是西安财经大学的研究生，受山西省扶贫办委托，来家里了解一下家里情况，简单做一个问卷调查，感谢您能配合我们。"随着接下来的一系列基本情况核实，事情忽然发生了反转，当我们问道："家里多久能吃一次鸡蛋、牛奶和肉啊？"这个 30 多岁的年轻小伙子眼含泪水说"吃不起啊，现在还负债 20 多万元呢。"他还反映住的房子是亲戚的，自己家没有房子；当我们在家里发现了牛奶，他解释说是亲戚送来的，还有家里的沙发也是亲戚送来的。我的心一下子揪了一下，开始听着他讲述曾经车祸的经历，我被代入他的情绪中，同情心泛滥使我已经无法正常进行问卷调查了，我的搭档孙宇同学觉察到以后迅速接过问卷，让调查得以继续下去。当时我的情绪波动很大，可带队老师对他说的一句话点醒了我，"你这儿女双全，在你危难时候还有这么多亲朋好友帮助你，小舅子的房子免费给你住，这不仅说明你人缘好，也证明大家还是看好你的，你有能力过得更好，我都羡慕你这啥都有。"待我情绪平静下来客观来看，他们家情况还是挺好的，儿子女儿上学都能保障，自己和妻子年轻力壮，常年在县城打工，收入可观。最后任建兵自己也有点儿不好意思地对我们说："是啊，在困难中还好有各位亲戚好友的帮助，这个房子我也在这里住了四五年了，也算是有个窝待着，孩子们也有学可上，我相信我和妻子，一定会更加努力工作，早日还清负债，对于脱贫这件事情我认可。"

贫困地区的贫困，固然有自然的、地理的、历史的各种客观因素制约，但思想的贫困是永远摆在他们面前最大的"拦路虎"，不能因为有负债就主观觉得自己贫困，这是我在访问过程中最深的体会。所以这就需要作为调查员的我们时刻保持清醒头脑，要有自己的独立判断。

医疗有保障

和一位做过手术的大叔的一段对话，至今仍深深打动着我和我的搭档。

"大叔，您家的房子有享受过危房改造吗？"

"没有啊，小姑娘，你别看我这房子破旧，那是因为没有收拾，稍微一收拾，再住个几十年没有一点儿问题。"

"那您为啥没有想着享受一下危房补助呢？"

"哎呀，小姑娘，我这房子没啥问题，有的人家住的窑洞比我们的破旧多了呢，还是把名额留给更需要的人吧，我这生病住院已经都享受国家这么多帮扶了，全国那么多人，国家能力也是有限的，把这个钱还是给更需要的人吧。"

"那大叔您对于现在您脱贫这件事满意不？"

"很满意，国家已经帮扶我到这里了，最困难的已经度过了，剩下的小康之路靠我自己去努力了。"

大叔这话说得一点儿也没有错，国家能给贫困户的也只能是最基本的生活保障，而想要发家致富奔小康，还是需要我们自己勤劳起来，靠双手去过自己想要的生活。

生活旅游两不误

在方山村非建档立卡户赵奶奶家，我和我的搭档感受到了生活的甜美。赵奶奶有点耳背，我们访问的是她的丈夫，这位爷爷是一位退休教师。在访问中我们了解到爷爷奶奶带着父母离异的孙女生活，孙女现在读高三，爷爷奶奶也是尽力要给孙女最好的生活，爷爷说本来生活可以很宽松，但还得供着孙女上学，虽然不是很富裕但也很知足，能看得出来爷爷奶奶一点儿抱怨也没有。在访问过程中，奶奶虽听不太清楚，但看得出来对我们的到来很是开心，一直坐在爷爷跟前，问爷爷我们在说什么，爷爷每次都很有耐心，有时候简单说一下我们的对话，有时候又安抚着奶奶说不要着急，这让我们看到白头偕老的温馨与甜蜜。爷爷说"我一个月四千的工资，以前供孙女上学，手头不算宽裕，现在孙女都高三了，就要上学出来了，可以经常带着老婆子和孙女去旅游了，以前只能好几年才出去一次，趁着现在日子过好了，每年都去。""是啊，我们都忙着生活，却忘记了享受生活。"这句话奶奶倒是听见了，她和老伴儿相视一笑，他们幸福的笑容就是对美好生活最真实的注解。

自信的微笑

这次队伍里来了不少新人，这两天晚上的研判会上总能听到"东家长西家短"的话题，有不少同学甚至泪洒农户家，用我们带队老师的话就是：

"你们生活在象牙塔里，见的大风大浪还是少了点儿，遇到的人间疾苦也少了点，你们可以有慈悲心，但请控制好泛滥的同情心"。老师每次把大家带回正轨："请问他们家两不愁三保障，有问题吗？"哈哈，你看多么精辟的一句话啊，在之后每一户的调查中我都是用这句话来提醒自己，让自己时刻保持清醒的头脑并做出理智的判断。

有了自己的亲身经历和老师的叮嘱，每每进入农户家之前我都努力让自己平静，因为每家有每家的难处，各家有各家的难题，而作为第三方评估的调研员需要时刻记住自己的职责，紧紧把握自己手里的尺子，"聚焦两不愁、三保障"坚决不能动摇。

同学们也时刻谨记着自己的原则，后来在晚上研讨会上都能听到大家越来越有质量的提问，越来越准确的定位，越来越敏锐的判断，大家每天都在老师的教诲和同学的经验分享中进步着，每天脸上的自信与笑容都在增加。我的搭档进步更大，从刚来羞涩得不好意思说话一步步成长到自信且独当一面，他自己也非常有成就感，我看着自己一手带出来的能力小将也是颇感欣慰啊。我们也在吕梁这片土地上留下了自己进步的脚印，更留下自己那一抹自信的微笑。

安　全

安全是个老生常谈的问题，但又是时时刻刻需要强调的。用带队老师的话说就是"这个调研工作无论做得多么令人称赞，但凡有一点点安全问题，都是我最大的失败"，老师只愿我们大家每次安安全全进出农户，愿大家每天平平安安回宾馆，愿大家最后开开心心回到学校。同时最让我们感动的是当地工作人员的各种安全保护措施。无论多早多晚，无论是工作日还是非工作日，我们都能看到，在我们出行必经的重要路口，都有交警指挥着交通，以确保我们安全的出发与返回。最后我们走的那天，听车上司机说，我们每天要去的村子，前一天晚上县里的工作人员都会连夜跑一趟，只为确保路途的安全……这些背后的支持让我们心里一直涌动着温暖与感动。

我们都笑了

爷爷奶奶笑了，是对于生活中吃饱喝足的满足，是对于国家政策和生活的认可；叔叔阿姨笑了，是对于住进小洋楼的开心，是对于有病可医有病敢医的开心，是对于日子红红火火有奔头的期待；孩子们笑了，是对于无忧无虑上学的知足，更是对于学有所成的信心；当地工作人员笑了，是对于自己工作被百姓认可的高兴，是对于迎接检查的自信；老师笑了，是对于我们安安全全完成任务的满意，是对于每一位付出队友的认可；队友们笑了，是对于农户生活变好的开心，是对于每一位默默付出的人儿的感动，是对于自己进步的高兴……我们都笑了，笑得那样灿烂，我们都更愿意在这场脱贫攻坚战役中留下我们的笑容，你的微笑，是我们每个人心中最大的心愿。

我带着肩上的这份客观公平评估的责任，在方山县做出自己微薄的贡献，但我也收获了如此意义非凡的一段经历，更得到了满腔的爱国情怀。感恩每一位付出的老师同学们，感恩为我们鞍前马后的当地工作人员，感恩这段经历！

脱贫路上，方山同行

文/徐良华

（西安财经大学经济学院2017级金融学硕士研究生）

　　2019年1月2日，距离上一次山西调研结束也就一周多的时间，我们再踏入山西这片熟悉的土地，这一次我们来到了山西省的西部——吕梁市方山县，对方山县是否达到退出贫困要求进行实地调查评估。在这之前，我对方山县是一无所知的，甚至都没听说过这样一个地方，通过了解，我知道方山县只有14多万人口，应该是到目前为止，我所了解到的县城中人口最少的一个了，其面积约1400平方公里，辖5镇2乡。

当列车进入山西省后，看着窗外不断变幻的景色，感觉是那么的熟悉，就在前不久我们也是从这条线路经过，窗外的景色还记忆犹新。经过3个多小时的车程，我们来到了太原，然后换乘前来接我们的客车，去往此行的目的地——方山县，来到方山县城已经是晚上7点了，放下行李，我们便迅速吃饭，为了方便明天的行程安排，我们的对接会安排在了晚上8点进行。

对接会的召开，让我对方山县有了进一步的认识，特别是有关于方山县近几年来在脱贫攻坚战中所做的大量工作和努力，更是让人感动。方山县是全国扶贫开发重点县，全县169个行政村里就有118个贫困村，贫困人口多，贫困发生率高，接近50%。自脱贫攻坚战打响以来，方山县坚持以脱贫攻坚统揽经济社会发展全局，全面落实精准扶贫精准脱贫方略，2014年以来共有110多个贫困村实现"摘帽"，目前仅剩7个贫困村，贫困发生率降至1%以下。可以想象这几年方山县的各级领导、广大扶贫干部、帮扶人及相关的工作人员一定付出了大量的心血，才取得今天的成绩，这也让我对接下来的实地入村入户调查充满期待。通过近一周左右的时间，我们队伍的足迹踏遍了全县的所有乡镇，圆满完成了此次方山县退出贫困的调查评估任务，通过这一次的实地调查，又让我对国家精准扶贫、精准脱贫方略有了进一步的认识，也让我对贫困两字有了更深刻的理解。

这次调研有两个村给我的印象比较深刻，一个是我们来方山县去的第一个村——大武镇的阳河沟村，另一个是峪口镇的横泉村。

阳河沟村是方山县的一个偏远村庄，去阳河沟村的路感觉特别的漫长艰险，以前从未看过这样的路，更没有走过这样的路。从镇里到村里，一条窄窄的单行道沿山而建，遇到对向来车时，只能退至几十米处的预留避让地，等候对向车通过后才能通行，一般的大车根本没法开去村里。当我们在这条路上行进时，看着小路曲曲折折地延伸向山顶，望不到尽头，让我预感到阳河沟村所在的地方应该是非常闭塞的，这里生活条件应该不会很好。我们沿着曲折的盘山路，翻过了一座又一座山，然后开始走下坡路了，并且远远还能看见零星的农房坐落在山间和路边，这预示着我们应该快到阳河沟村了。下车后，我环顾了下四周，发现不多的几户人家，稀稀落落地分布在小山坡上，一户比一户的位置高。住房主要以砖结构的窑洞为主，也有背山修建的小平房，这些房子的墙围都刷上了白色的涂料，给人一种每家每户都住新房的感觉，单从住房环境来看，阳河沟村农户的生活条件比我预想的要好很多。来之前我以为这里的农户应该大部分还住着土窑洞，可事实上村里基本上已经看不到土窑洞了。在村委会门口领取了入户的名单，由于这个村常住人口不多，因此我们每个组平均也就调查 3 户左右。我们走访的第一户农户是一位 77 岁的老大爷，向导把我们带到他家时，他正在看电视。我们先向大爷问了好，并说明了来意，大爷由于年事已高，耳朵基本听不见，所以他便去柜子里找来了助听器，戴上助听器后大爷能听到我们的声音了，但大爷却听不太懂普通话。有时问大爷一些问题，他总是频频摇头，表示听不懂我们说的，于是我们只能换种表达方式或者直接指着扶贫材料上面的内容和大爷进行确认。通过半个多小时比较艰难的问询，我们大致了解了大爷目前的生活情况。大爷家户籍上有两口人，还有一个有轻微残疾的儿子常年在外打工，目前就大爷一个人在家生活，自己照顾自己的饮食起居。令人欣慰的是大爷除了耳朵有些听不见，身体都还好。大爷家现在的收入主要就靠养老金和低保金，通过这两项收入就可以保障他的基本生活了，他对现在的生活还是感到满意的。虽然大爷家的基本生活方面都还好，但看到大爷这么大年纪只能一个人生活在这里，感觉他也挺孤独的。所以有时候我也挺感慨的，像这种偏远的村子里，年轻人大部分都在外打工，村里头留下的大多数都是老人，他们需要自己照顾着自己。对于家里常年只有一个年龄超过 65 周岁的老人留守的情况，我们不仅要关注他的物质生活，也要适当去关注他们的精神生活，时常去关心看望他们。

而峪口镇的横泉村给我留下印象的是，这里的脱贫农户家里的生活水平相对来说还是比较低的。我们这组在横泉村走访了将近十户脱贫农户，他们基本上都是低保户，这在其他地方是从来没有遇到过的。以前去过的贫困村，一个组基本上也就两三个低保户，但在横泉村我们组所访的这些脱贫农户中基本上都是低保户，难道是横泉村的所有低保户都分给了我们组了吗？后来了解了其他组的情况，才发现他们的组也有很多低保户。横泉村地理环境不算闭塞，有一条国道穿村而过，交通还是比较便利的，但有这么多的低保户的确令我困惑。仔细梳理访问过的农户家里的情况，发现这些农户家里虽说"两不愁三保障"都能得到满足，但他们的生活还说不上富裕，他们中有的是由于家里孩子出车祸，花光了家里的积蓄，还欠下了债，所以开始变得贫困；有的是因为生了大病，因病致穷；还有的是因为年龄大，没有劳动能力，并且这些年龄大的老人还一身的慢性病，家里的收入除去基本的生活开销外，都花在了买药看病上，没有多余的钱用来改善生活条件。访问中以最后这种情况为常见，这些老人的收入主要就靠养老金和低保金，他们的子女由于家里条件也不是很好，对他们的照顾有限，况且老人每年的买药花费也是一笔不小的开支。不过由于我们所到访的这些农户都是脱贫户，他们的情况代表不了整个村里的情况，因此还不能从整体上对横泉村的所有农户的生活水平进行判断。

在方山县所有访谈的农户当中，马坊镇马坊村的白兰贵家是我印象较深的一户，记得那是去马坊村调研的第一户，来他们家前，向导把我们带到一个厂里，说白兰贵在这个厂里守大门。来到厂里后，发现白兰贵并不在，但他的扶贫材料就在厂里，我正准备翻阅他的扶贫材料时，白兰贵回来了，在向他说明了我们的来意后，询问他是不是就住在厂子里，他表示不住，而是住在离厂子不远的房子里，于是我们提出到他住的房子里看看。来到他房子前，发现他住的是活动钢板房，这就让我有些惊讶了，因为以前访问的所有农户中，还没有发现住活动钢板房的，在他家门口还坐着一位大妈，直觉告诉我这应该是白兰贵的妻子，我们老远就看到这个大妈朝着我们嘴里一直在说着什么，等走近了才发现白兰贵的妻子患有精神疾病。进门后白兰贵也告诉我们他妻子有病，经常一个人在那胡言乱语，生活上还需要人照顾。简单了解了情况后，我们询问了他有关房子的情况，原来这个活动钢板房并不是白兰贵的，而是白兰贵所在的厂子给修的，作为白兰贵给厂子守大门回报的一部分，免费提供给白兰贵居住，并且厂子里每年还给白兰贵家提供4袋白面，这两项就作为白兰贵在厂子里守大门的报酬，抵销其工资。白兰贵原先是住在山上的土窑洞里的，2011年前后，窑洞塌了，白兰贵就搬到了厂里居住，去年6月份，搬到了现在的活动板房里居住。白兰贵目前除了在厂子里守大门，还在家种了点地作为自己的口粮，家里的收入主要就靠养老金和低保金生活，主要开支还是给妻子买药治病。由于他箱子里的衣服比较脏，生活条件也比较的艰苦，而且根据对白兰贵情况的了解及他的自述，我们对白兰贵的住房问题还是把握不准，白兰贵自己也认为没有一个属于自己的房子，感觉心里不是太踏实，因此我们觉得有必要让老师来进一步核验情况。通过老师的核验，我们又多了解了一个信息，村里能保证白兰贵长期居住在现有的房子，并会写下保证书，这就让白兰贵家对住房问题没有了后顾之忧。

在方山调研期间，感觉目前方山县工业发展比较滞后，经济发展水平还不是很高，但未来几年，通过大力发展绿色产业经济，特别是旅游业，方山县人民的生活水平一定会更上一层楼，广大的贫困农户也会早日过上幸福的生活的。

路漫漫其修远兮，吾将上下而求索

文/丁甲

（西安财经大学经济学院 2019 级金融专业硕士研究生）

    2020 年 1 月 4 日中午，我怀着一颗激动且忐忑的心，乘坐动车跨越 700 多公里来到了山西省静乐县。回想起为期 5 天的调研工作，就好像是昨天刚发生的一样，一时间思绪万千，心头跌宕起伏，所见所闻中的感慨和震撼，竟不知从何说起。在静乐，调研开始的第一天，漫天飞舞的雪花给这片土地盖上了厚厚的铠甲，冷冽呼啸的寒风刺穿我们的衣服，一路上蜿蜒陡峭的盘山公路渲染出几分庄严肃穆，但对于怀着一颗热忱之心的我们，这些困难却更能赋予我们一种历史责任感，更有种"虽千万人吾往矣"的豪情。我仍记得那里延绵不绝的山脉、人迹罕至的乡间公路、千奇百状的怪柳林；记得每天的第一缕晨光和晚上一点以后悄无声息的黢黑夜色；记得富有山西特色的可口饭菜以及不知疲倦的我们和那些奋斗在如此艰苦环境下、饱经风霜的脸庞。

我作为一名调研员，在一户接着一户的评估工作中，越发明白欲想了解中国，必先了解中国农村的切实内涵。我作为一名研究生，短短 5 天的调查工作让我对国情的认识发生了翻天覆地的变化。从一村一户可知一县一镇，所谓窥一斑而知全豹。在调查过程中，走访的农户越多，就越发真切地感受到大部分的贫困都来源于健康问题。我发现疾病是脱贫攻坚战役中最难攻克的敌人，有好多家庭因为看病使原本还可以维持的生活难以为继由此成了贫困户，还有一些家庭，由于家庭成员患有慢性病，一年到头田地里的收入几乎都用来看病买药。现在和村民们聊起看病买药，大家都会由衷地感谢国家对于他们在大病报销方面的政策，使大家现在看病的压力小了很多。贫困人口可能是这个社会中最脆弱的一环，但是国家从来都没有忘掉他们，健康扶贫政策给了这些数以万计的家庭生的希望，让生死二字之间的距离变得越来越遥远。想到这里，我不由得眼眶湿润，为我的国家感动着，为我的国家自豪着。

在扶贫工作中，有许多贫困的群众真切感受到了党和国家扶贫政策带来的实惠，尝到了勤劳脱贫的甜头，走上了脱贫奔小康的大路，越干越有劲头。同时也有一部分贫困群众"等靠要"思想比较严重，甚至把党的扶贫好政策错误地当成了养懒人的政策，出现了一些争当贫困户、低保户的现象。贫困群众大多数文化素质较低，在入户调查过程中发现有的贫困户连简单的读书看报、填表算账都有困难。这不禁使我想起"扶贫先扶志，扶贫必扶智"的口号，"扶志"就是扶思想、扶观念、扶信心，帮助贫困群众树立起摆脱困境的斗志和勇气；"扶智"就是扶知识、扶技术、扶思路，帮助和指导贫困群众着力提升脱贫致富的综合素质。如果扶贫不"扶志"，扶贫的目的就难以达到，即使现在能够达到脱贫的标准，也很有可能会再度返贫。如果扶贫不"扶智"，就会知识匮乏、智力不足、身无长物，甚至造成贫困的代际传递。要从根本上摆脱贫困，必须"扶智"随着"扶志"走，志以强智，实施"志智双扶"才能激发活力，从根本上铲除滋生贫困的土壤。

这次调研过程中，我还有幸认识了来自五湖四海的各位队友，明白了一个优秀的团队是如何高效运作的，体会了心往一块想，劲往一块使的快感。我不禁想起来毛泽东主席的诗句："恰同学少年，风华正茂，指点江山，激扬文字，书生意气，挥斥方道。"一个优秀的团队离不开果断英明的领导、有纪律性的组织和有理想有抱负有责任感的队员们。而我更想感谢的是我的搭档，起初我还想在这样辛苦的环境下，每天超过14个小时的工作，我一个男同志都有些吃不消，更何况一个女生。但在与搭档的配合过程中，她的坚定、对待工作一丝不苟的态度以及总是充满力量的微笑让我渐渐忘却了工作上的辛苦和身体上的疲劳，而她身上的优秀品质也在不断鞭策着我这个老队员，让我不断地变得更好。

路漫漫其修远兮，吾将上下而求索。我相信，在我们中国共产党的领导下，在以习近平主席新时代特色社会主义思想的领导下，在各族人民的团结协作下，在贫困群众自力更生的奋斗下，到2020年，全面实现小康社会，不落一户、不落一人的目标定能实现。中华民族伟大复兴也必然实现。

许河山以初心，以初心赴使命

文/李秄颐

（西北工业大学马克思主义学院2020级硕士研究生）

　　我非常有幸加入到静乐县第三方评估工作的队伍中担任调查员的工作。参加这次调研活动使我对农村生活、农户心理和基层工作有了更加深刻的

认识，为我专业的调查研究奠定了基础，更让我的内心世界得到了升华与洗礼。

2020年1月4日，怀着无比期待的心情，我们终于踏上了去往山西省太原市的动车，于晚6时到达了静乐县。在短暂休整过后，参加了静乐县对接会。在会上，静乐县县委书记以主题《许河山以初心》扶贫视频引入，并通过基本县情、脱贫攻坚工作情况、扶贫特色、下一步巩固提升举措五个方面具体介绍了静乐县精准扶贫的相关情况。在此期间，我了解到静乐县东、南、北三面环山，尤以东部山区地势较高，海拔在2000米以上。西部较低，与岚县合成一个小型盆地。中部和西部为黄土丘陵区，地形较为破碎。这样多山的地形，注定要在脱贫攻坚工作上下大功夫，才能让老百姓能够吃饱穿暖，在饮水、交通、医疗、基础公共设施等方面获得便利，满足"两不愁三保障"，从而达到脱贫要求。

自1月5日起，我们开始入户调研工作，虽然之前参加过其他省市县的入户调研，但是此次山西省的调研工作使我久久不能忘怀。由于静乐县地处山区，更多的年轻人都选择去省城或者南方打工，所以带领我们的向导，大都是70岁的高龄老人。在去每家每户的路上，他们都时刻保护我们的安全，自己准备手电，上下雪坡都紧紧地抓着我们手臂，生怕我们摔着磕着，还会亲切地叫我们"小女女"，当真是把我们当成孙女来疼！在入户后，我们表明来意，老百姓们说得最多的话就是："共产党好！现在的社会好！""你们不用担心！我们很好！""不给习主席添麻烦，不给共产党添麻烦！"……在每天晚上回去的路上，这样的声音都不绝于耳，让我深受感动，心怀感恩。忘不了老百姓一张张淳朴无邪的笑脸，忘不了老百姓一声声感谢党的话语，更忘不了老百姓对习近平总书记、对中国共产党、对中华人民共和国的殷切期盼和美好向往，他们的热忱鞭策着我，让我更加想成为一个对脱贫攻坚事业抱有坚定信念的战士！

我们在每天的一家一户的走访调研之后，要总结出当天关于"两不愁三保障"的问题进行研判，并在与贫困户亲切访谈之后，发现了以下需要改进的问题：

一是村支部与扶贫工作队精准扶贫政策宣传不到位。在我们近5天的入户调研中，我们发现，有接近60%的贫困户都不够了解扶贫政策，其中大部分的贫困户是小学及以下学历，还有一部分贫困户是七八十岁的留守老人，他们也不太关心政策的出台与实施，在问及国家各种补助金是否发放到位时，会稀里糊涂地积极回应已经到位；在帮扶贫困户资料本上的脱贫签字时大部分都是统一去大队里签字退出的。"人家让咱签字咱就签字呗，不给国家拖后腿"，这是我们走访其中一户贫困户时户主的回答，我诧异于领导干部对政策的宣讲力度以及驻村工作队和帮扶责任人在入户时工作的不到位，还有贫困户老百姓对政策及资金发放的不求甚解。作为一个调查员，我们既是一名政策落实的检查员，又是一名政策的宣讲者，所以在我们给老百姓讲解了"脱贫不脱策"的相关政策后，他们才恍然大悟。所以各村、各单位帮扶干部对脱贫攻坚政策宣讲工作需要继续深入。

二是建档立卡户评选不够公平，使部分非建档立卡户心生不满。在去非建档立卡户走访时，部分户主反映道："贫困户评选不公平，要靠关系才能选上""别人家有房有车，在县城里有门面都选上贫困户了"……听到这样一些声音，说明腐败现象和"走关系"现象可能存在。

三是帮扶责任人帮扶不到位问题。在我们走访的个别农户中，当我们指着建档立卡卡片上农户的帮扶责任人询问："这个人您认识吗？"他们的回答是不认识；或者说认识，但是一年可能就来一次两次，或者一年打一两次电话，事实上并没有给建档立卡户提供实质性的帮助。

四是基础公共设施不够完善。在走访的路上，我们发现静乐县有一些深度贫困村，还是有许多土路未实施路面硬化。中共中央、国务院印发的《关于打赢脱贫攻坚三年行动指导意见》，对脱贫攻坚的指导思想、任务目标、工作要求等方面都做了具体部署。其中对关系到贫困地区基本民生保障条件的基础设施建设给予了特别关注，并将其列入"任务目标"中的重要内容，提出"实现贫困地区基本公共服务主要领域指标接近全国平均水平"的总体要求，具体内容包括"乡镇和建制村通硬化路，贫困村全部实现通动力电，全面解决贫困人口住房和饮水安全问题，贫困村达到人居环境干净整洁的基本要求"等。我们知道，道路、电力、饮用水、住房和人居环境等条件是保障现代生活水平的基础性条件。而越是在偏远、贫困的地区，这些条件就相对越差，如果长期得不到解决，则会造成与发达地区的差距越来越大，这不仅无法保障贫困地区人们的生存和生活质量，还会进一步引发其他生活与发展条件的匮乏与不足，包括医疗、教育、社会保障等方面，进而无法更好地促进人的发展，实现人的现代化，使贫困地区脱贫更加困难。

五是贫困户自我发展意识不足。贫困户普遍存在"等靠要"思想，不少贫困户对扶贫政策漠不关心，对政府救济心安理得，甚至存在攀比心理，不愿"退出"贫困。

当然在我们为期 5 天的调研中，也发现了许多惠民利民的政策落实与亮点工作。

首先，基层工作者兢兢业业的工作态度使我们感动，老百姓也真真切切看得见，感受得到。静乐县的扶贫基层干部以党的十九大精神及中央、省、市农村工作会议精神为指导，贯彻落实习近平总书记在深度贫困地区脱贫攻坚座谈会上的重要讲话精神，对标"两不愁三保障"，对照"户脱贫、村退出、县摘帽"标准，以人为本、以户为基、以村为体，进一步强基础、补短板、抓重点、攻难点、提信心、增干劲、明责任、重落实，为如期实现 2020年脱贫摘帽、决胜全面小康打下坚实基础。这些精神与态度在入户访谈时也得到了积极良好的反馈，许多老百姓激动地感慨："路好了！人家给咱修路！""以前咱这里去县里可难了，现在通车了！""水有了！人家给咱弄得嘞！""卫生比以前好多了！以前到处是垃圾，现在人家扫，人家还定期拉走垃圾！""人家扶贫工作队的可好了！给我们送东西！"……这些都是我每天听到的老百姓最朴实的话语，这些变化他们都看在眼里，给了我们真真实实的反馈。的确，街上的路好走了，土围墙换成了铁艺墙，村民广场还新装了健身器材等，村里发生了翻天覆地的变化！我感动于父老乡亲对扶贫工作基层干部的赞扬，更感动于扶贫工作基层干部的辛勤付出，他们兢兢业业，不求回报，以村为家，就像战士一样为老百姓保驾护航！

其次，产业扶贫效果显著，将农业与第三产业相结合，打造知名电商平台。一方面，强化特色农副产品"三品一标"认证，发挥拳头效应，打造静乐藜麦、黑糯玉米、红皮土豆、精莜面、豆面、胡麻油等农产品优质品牌，在产品质量上严格把关，切实提高知名度和销售量。另一方面，继续推进电子商务进农村综合示范工作，使贫困村和行政村电商服务范围覆盖率达到70%以上；继续开展电商培训，进一步完善县级电子商务公共服务中心功能，使全县电商网络向线下延伸，向农村覆盖，与贫困户紧密对接。

最后，异地扶贫搬迁力度之大，为老百姓谋政策之福利，行生活之便利。易地扶贫搬迁是通过国家政策扶持，把居住在"一方水土养不起一方人"地区的贫困群众搬迁到条件较好的地方居住，并按规划、分年度、有计划组织地实施，实现迁入地在交通、医疗、文化教育等方面生产生活条件有明显改善，使迁出区生态环境有效恢复。易地扶贫搬迁工作有利于贫困群众创业、就业，并逐步提高收入水平和生活质量，同时还要确保搬得出、稳得住、有事做、能致富。当我们问到建档立卡户住在小区里是否方便时，他们激动地回复着："方便啊，以前怎么会想着住在楼房里啊！""国家让我们少花这么多钱，真是政策好了！""以后我打工回家就方便了，不用再坐几个小时的车啦！"走出异地搬迁的小区时，看到一排排新盖的楼房，一块块崭新的标语，一张张百姓淳朴的笑脸，我心中的满足感油然而生。

通过这次第三方调研评估工作，我学到了书本上学习不到的东西，从一个理论者转变为一个实践者。深入到基层一线进行的走访调研，既让我学习到了基层的实践经验，又锻炼了我做好宣传扶贫政策工作的能力。了解基层实际情况后，我深刻理解了接地气、体民情、提高自身适应新环境的能力，以及学习基层干部直接面对一线、面对老百姓，克服困难、排忧解难的能力的重要性，我们更要学习村民不怕吃苦、自力更生、淳朴善良的优良传统，通过这次锻炼，助力成长。毛泽东曾在《关心群众生活，注意工作方法》一文中指出："解决群众的穿衣问题，吃饭问题，住房问题，柴米油盐问题，疾病卫生问题，婚姻问题。总之，一切群众的实际生活问题，都是我们应当注意的问题。假如我们对这些问题注意了，解决了，满足了群众的需要，我们就真正成了群众生活的组织者，群众就会真正围绕在我们周围，热烈地拥护我们。"毛泽东主席把解决民生问题上升到保障革命取得成功的政治高度，指导着战争年代的革命先驱团结群众，依靠群众为夺取全面胜利而艰苦奋斗，更指引着新一代共产党人为人民群众共享改革发展成果而奋勇前行。

　　扶贫工作就是一项解决民生实际问题的工作，是联系群众最直接最根本的工作。开展扶贫工作，实现贫困山区脱贫奔小康，离不开中央和上级力量的关心与支持，更离不开地方自身的凝心聚力和不懈奋斗。做好扶贫工作，最需走群众路线，最应持之以恒践行"一切为了群众，一切依靠群众，从群众中来，到群众中去"的群众路线，扶贫部署尊重群众、扶贫举措问计群众、扶贫实施依靠群众、扶贫成果惠及群众，充分汲取山区群众的不竭智慧，凝聚山区群众同步实现全面小康的强大力量，让"政策和机遇"这股春风，吹绿贫困山区的致富树，借"产业和科技"这块新砖，铺通贫困山区的小康路！

不忘初心，久久为功

文/高梦桃

（江西财经大学产业经济研究院 2018 级研究生）

　　2020 年是全面建成小康社会和"十三五"规划的收官之年。中共中央总书记、国家主席、中央军委主席习近平主持召开了"两不愁三保障"突出问题座谈会，并发表了重要讲话。他强调，脱贫攻坚战进入决胜的关键阶段，各地区各部门务必高度重视，统一思想，抓好落实，一鼓作气，顽强作战，越战越勇，着力解决"两不愁三保障"突出问题，扎实做好脱贫攻坚工作，为如期全面打赢脱贫攻坚战、如期全面建成小康社会作出新的更大贡献。

为了深入理解精准扶贫政策及其落实情况，为了掌握第三方评估入户调研的重点和技巧，经过严格的培训与考核，我终于有幸成为脱贫评估工作小组中的一名成员。参加这次活动对我来说是一次难得的实践机会，更是一次难忘的精神上的提升。这次调研活动通过实地调研实现了理论知识与社会实践的结合，增强了自己对中国农村以及精准扶贫成效的感性认识；通过问卷调查与入户访谈，熟悉了社会科学研究方法的应用，提升了自己的吃苦耐劳精神和团队协作意识；进一步深化了对我国精准扶贫方略与脱贫攻坚战的认识，明确了青年学子在精准扶贫事业中的使命和责任，坚定了青年学子为脱贫攻坚奉献力量的信念和决心。调研虽然结束，但调研过程的点点滴滴、贫困县人民的笑容仍时时在我的脑海中浮现。坚决打赢脱贫攻坚战，实现全面建成小康社会，这次我没有缺席。

　　本次退出评估检查工作在山西省静乐县展开，静乐县地处晋西北黄土高原、汾河上游，位于吕梁山集中连片特困区，是国家扶贫开发重点县，也是全省10个重点贫困县之一。近年来，静乐县按照中央和省、市脱贫攻坚战略部署，抢抓全省聚焦深度贫困集中力量攻坚的重大机遇，坚定不移地以脱贫攻坚统揽经济社会发展全局，举全县之力，集全民之智，在精准施策上出实招，在精准推进下见实功，在精准落地上见实效，实现了14992户46878人脱贫、192个贫困村全部退出、县14项摘帽指标全部达标，贫困发生率由35.29%下降到0.49%，具备脱贫摘帽条件。

　　第三方评估学生主要承担的是入户调查职责，任务是开展问卷调查、采集基础信息、记录原始证据、观察家庭环境等，如实反映评估发现的疑似问题，提出复核申请，并不对抽查结果下结论。这样就避免了学生因经验不足出现的误判，也是看实情、听实话和查实据三者有机统一。其中看实情，就是要入户实地查看贫困户生产生活情况，看"两不愁三保障"有没有问题，还要拍照摄像留证；听实话，就是要结合贫困户实际情况和建档立卡信息，把书面问卷转化为针对性的问题，对于贫困户不认可、不满意的还要进一步了解原因；查实据，就是不能偏听偏信，单靠贫困户怎么说做判断，还要向村干部、邻居等求证，认为有问题的，要有具体证据作为支撑。对实地调查中发现的问题，要及时与老师沟通、反馈，有异议的，当面解释说明，防止误判、错判和漏判。通过问卷调查—数据录入—研究总结，我们都以饱满的热情、认真负责的态度投身到工作中。

记得晚上与我的搭档入户郝焕英奶奶家时，我们与家中的爷爷奶奶进行了深入的交流。奶奶为我们端来了热腾腾的茶水，亲切地拉着我们的手为我们讲述了自己家里和村里近年来的发展和变化，聊到了自己的儿女和孙子孙女，奶奶说儿子女儿因为孩子们的上学问题，都在城里陪读，只有他们二老在村里相依为命，简单地过活。虽然身处贫困县，但是村里的人们都有意识到"再穷不能穷教育，再苦不能苦孩子"，村里人对孩子教育的高度重视、对知识改变命运的认知让我倍感欣慰。谈到村里近四年来的巨大变化，奶奶连连竖起大拇指，为村里的领导干部能够为村里干实事而点赞。旁边的爷爷按捺不住内心的激动之情，打断了我们与奶奶的对话，为我们讲述了自己年轻时作为一名干部为县里和村里做出的贡献，看着爷爷激动地讲述自己过往的经历和成就，我和我的搭档为爷爷竖起来大拇指，投去了敬佩和羡慕的目光。作为一名老党员，七十多岁的爷爷为我们讲述了党和国家的政策有多么的好，告诉我们作为一名共产党员不需要伟大、不需要轰轰烈烈，但一定要对得起党员的身份，做一个有原则的人，从身边的小事做起，用一生的坚守去维护党的权威，去践行共产党员的铮铮誓言。从爷爷和奶奶朴实的话语中，传递着爱国、勤劳、善良和自律的正能量，这些优秀的品质正是我们需要学习的。

几天的调研活动很短暂，但是却给我带来了很多触动。在调研过程中，我们见证了各种原因导致的贫穷，感受到面对贫穷不一样的生活态度。同样是在落后的大山深处，在贫苦的生活条件下，一些劳动能力俱全的人，其中不乏年轻人，对生活迷茫，最后失去了改变现状的信心与动力，只知道一味地依赖国家救济。与此相反，很多人因残、因病或因学等致贫，他们受尽生活的折磨，但并未屈服于不幸的遭遇和现状，也没有因此一蹶不振，而是勇敢地接受现实，坦然地面对厄运，积极地看待人生。现如今，国家政策着力于帮助贫困户走出贫困，在这样大好政策下每一个人都应该积极生活，努力摆脱贫困。给我印象最深的是村外新修建的扶贫安置住房里的一位贫困户，住房是小套间，两室大概二十平方米，大的一间零零碎碎放了一些仅有的日用品，进入小房间见到了相依为命的一家老小，家中只有爷爷奶奶和一个25岁的大男孩。奶奶从炕头的一角坐起身子微笑着向我们打招呼，爷爷往炉子里放柴火烧炕头，见我们进来，拖着老迈的身体，颤颤巍巍去拿桌子上的水壶，门后突然一声"你们好呀"，我们的注意力一时间都被门后边坐在火炉旁轮椅上的残疾青年吸引过去，只见他腿上放着写满字的小册子，手上拿着一边接了大音响的麦克风。我们也立马回了一句"你好呀"。

大男孩咧着嘴微笑着对我们讲述起了家里的情况。通过交流我们了解到，男孩因为五岁时得小儿麻痹症致使下半身瘫痪，嘴巴也受到了影响，母亲身体羸弱，父亲原先在村里当小工挣钱养家，后来也落了一身病，家里上有老下有小，父亲忍受不了贫苦的生活环境和体弱多病的家人，选择了离家出走，自此再也没有回来。母亲也为此改嫁邻村，再也没有回过家中。七岁起，男孩就同年迈的爷爷奶奶一起生活。我们还没来得及对其安慰，男孩就接着说道，他并没有因此而丧失生活下去的信心和勇气。他说自己还有爷爷奶奶要养，自己还有灵活健康的双手，还有可以唱歌的嗓子和健康的大脑。平时在家可以帮助爷爷奶奶做一些力所能及的小事，在村子里可以同留守在家的儿童们嬉笑玩闹，每天可以拖着大音响在村子里唱歌，增添生活的乐趣，丰富留守在家的老人儿童们的生活。他还骄傲地给我们说起他腿上放着的小册子，那是他自己摘抄的歌曲谱子，满满当当一小本。说这些的时候，我们从一个外表看起来弱势的男孩眼里看到了生活的信心和勇气。这样的积极生活，笑对人生的励志故事只在课本上见过，这还是我们第一次亲眼看到。一旁的爷爷说："这孩子命苦，活着不容易呐，我们老了身体不好，要是没有这个孩子，我们早就不想活了"。寥寥数语，让我们为之感动，不禁感叹生活多么艰难。奶奶热泪盈眶地说道："如果不是政府，我们哪里活得了，看不起病，住不起这新房子的。"没有更多感谢的话，一句朴实的"如果不是政府"表达了他们想要表达的一切，他们在用最简单质朴的语言讲述他们最不简单的生活。问到光伏发电、种养殖产业等脱贫政策时，大男孩表示这些政策自己都知道，村里也有落实，只是家中没有劳动力，因此只得到了光伏发电补贴，说话之间就把低保家庭证明和光伏发电补贴等证明材料展示给我们看。从我们进门到出门男孩子一直都是热情洋溢，满脸笑容，他积极乐观的生活态度深深地打动了我们。然而，反观村里的个别农户，他们极力地向我们展示着自己有多么贫穷，期待着我们的同情，渴望得到政府的补助和救济。有些甚至拿着贫困户的身份洋洋自得，这些自甘贫困的人，真是令人气愤又替他们感到悲哀。在入户过程中，我们深刻意识到"授人以鱼不如授人以渔"，经济上扶贫并不能真正帮助他们摆脱贫困，只有给予他们创造财富的方法与指导，才是摆脱贫困、走出贫困的根本所在。要想解决贫困这个难题，就是要从源头出发，究其根本。

时间短暂，山区的严寒和身体的疲累并没有击退我们的热情，在此过程中让我们坚持到底的，是感恩、温暖、崇敬。非常感谢同行的西安财经大学的老师和同学们，因为有你们，这次调研才能圆满成功。我将永远铭记这份回忆与收获，并带着无尽的感激，不忘初心，砥砺前行。

幸福都是奋斗出来的

文/蒋煜宇

（西安财经大学商学院 2018 级会计专业硕士研究生）

　　在 2020 年 1 月 4～9 日期间，我非常荣幸能作为一名调研员跟随宋敏老师参加贫困县退出第三方评估工作。这是我第二次参加第三方评估工作，在这次评估中，我不仅同各位老师、同学一同成长、学习，更是亲身感受了我国农村生活的现状，切身体会到了我国消除绝对贫困这项事业的重要性与伟大之处，不管是人民的生活状况、帮扶责任人和扶贫干部的工作状态都让我

感慨万千。

群策群力，奋斗消除绝对贫困

这是我第一次来到山西忻州，第一次踏上静乐这片熟悉又陌生的土地，从前我只是从《吕梁英雄传》中静乐民兵抗战的这些故事中知道了静乐这个地方，但是也只停留在知道有这么个地方，谈不上了解。此次我在对接会上、在当地扶贫干部的介绍中、在与向导和农户的交流中、自己用脚丈量过得那几个村落后，才慢慢地开始了解这个小县城。只是短短几天，我们就能够在心中大体描绘出静乐县的整体面貌了。静乐县地处晋西北黄土高原、位于忻州地区南部，隋朝大业四年以边境静乐为名："县以嘉言命名，有宁静安乐之意"。

自强不息，开启小康静乐征程

在静乐的短短几天，让我见识到了自强不息的吕梁精神自上至下地影响着静乐的百姓。

"幸福都是奋斗出来的"。我们在一位五保户王富心家里与老人聊起来时，老人这样告诉我们，"尽管我是个五保户，作为一个老人是拖累，但我不能把我的困难全都转嫁给党和干部，勤劳致富自己养活自己才是正道。现在政策这么好，不种地干啥呢，幸福都是奋斗出来的，我现在只要吃好喝好管好自己，不给党和国家添麻烦就可以了。"尽管老人年纪大了，又是一个人生活，但他没有自暴自弃，反而每天把自己、家里收拾得干干净净的，每天下地干活。2019 年王富心老人一个人仅种植玉米就收入 9000 余元，我们入户走访时发现老人把收的玉米整整齐齐地扎进粮食棚子里，一进院门就能看到满眼黄色的玉米棒子，让人当下就能感到丰收的快乐。

在走访过程中我们发现老人的房子看起来已经很旧了，老人一直给我们强调这房子尽管年代久远，但依旧很安全，他自己平时很勤快会及时地对房子做一些修修补补，此外我们还在老人的院子里发现了一些看起来非常有年代感的农用机械机器，老人告诉我们那是20世纪60、70年代的，因为保养得当所以现在还可以使用。我们要离开时，王富心老人一直激动地对我们说现在党的政策好了，让他们越活越有奔头了。他朴实的言语中传递着爱国、感恩、勤奋、互助。

"人穷不能穷教育"。我们在上双路村走访调查时的向导王怀亮也是一个建档立卡户，他与妻子是再婚家庭，妻子的女儿精神受过刺激，现在两人在家里边种地边照顾孩子。在这种条件下，他们将王怀亮的女儿供到中山大学读了电子工程专业，又将女儿供到日本读了研，女儿现在在日本大型企业工作，问起他想不想女儿，他说："想肯定是想啊，但是她得工作挣钱呀，勤劳才能致富呀。"问及他怎么想着将孩子一路供到这么高的学历，他说："一个也是娃自己爱学，再一个是穷人再咋也不能穷教育，咱没知识只能靠种地吃一口饭，咋也不能让娃跟咱一样。"大叔王怀亮一路上叮嘱我们要好好学习，有个好的出路好的前景。

此外我们在安置小区走访时发现，因为史家沟村原村落地处偏远，教育资源落后，有很多人为了子女的教育早早就从山里搬出来，在县城租房住，为了让孩子在城里上学，个别人甚至将孩子送进了私立学校，因为教育质量更高。"学的好将来不用再做泥腿子"，在如此偏远的地方人们都能认识到这些，说明现在教育脱贫已经深入人心了。

披荆斩棘，脚踏实地一路向前

在山西的这两次走访调研，我深切地感受到，生活没有"容易"二字。我发现山西贫困区的特点包括，耕地土壤层薄、土地肥力低、严重缺水导致不灌溉或少灌溉致使当地只能种植玉米、黄小米等耐旱作物；五保户多，夫妻年龄差距大；边角贫困村地处偏远等。不过这些问题在我们走访过程中都多多少少得到改善，例如当地多尝试多试验，大力推广旱地西红柿、藜麦种养等；对五保户的住房、吃饭等都更加关怀；道路硬化到户，实现了100%通车等许多措施。尤其是多位异地搬迁户多次对我们感慨道："没想到一万块钱就住了这么好的房子，国家对我们太关怀了。"

作为会计专业的我不由在心中算了一笔账，以静乐县建档立卡的贫困户人口基数来说，就保障五保、低保等政府补贴，积少成多，这得是多大一笔财政支出啊，而我们的党我们的政府有这样的魄力、有这样的能力来将这些一一实现，真的让我感受到了国家常说的"兜底"意味着什么，这很令我震撼。

这次去静乐适逢大雪，很感谢交通部门和当地政府为我们出行安全、人身安全所付出的辛苦。但即便是如此，我们还是能感受到天寒地冻、路途偏远、道路难行、村路难走、方言不通等现实困难，尤其是村里下雪天后有积雪，某些雪堆下面是水沟土洼等很容易踩空，记得我在杜家村镇走访时一脚踩进了雪堆里，没想到下面是大水渠，险些栽进水渠里。如此种种都让我更深刻地感受到了基层工作的难做与辛苦。

村民告诉我这样的温度对他们来说不算冷，他们这里冬天的温度一直如此，但我们问及帮扶责任人还来不来，村民告诉我帮扶责任人经常来看望他们，尤其是年前，给他们送米送面讲政策、帮他们做做活计、看看家里还有什么困难，这些怎么能让我不动容？

启　示

作为一名新时代的研究生，我们有义务也有责任利用所学之长，为乡村百姓出谋划策，贡献着自己的光和热。习近平总书记曾在2015年调研贵州时强调要"切实强化社会合力"来扶贫，而我们大学生、研究生正是实现精准扶贫任务的一股重要社会力量。这个群体知识面宽、思维创新力强，专业知识逐渐形成体系，业务素养逐渐提高。深厚的专业知识与创新能力都是做好精准扶贫工作的必要前提，而同时我们参与精准扶贫的社会实践工作并不是无本之木，我们依托于高校，专业的教师团队是我们的智囊团，高校细致的组织工作是大学生的有力保障，政府的政策支撑是大学生的坚强后盾。再也没有什么比这项事业更能让我们与百姓的生活深入接触，尽到我们的社会责任和义务了。

是宝剑也是火花，绽放自己的光芒

文/李大珵

（西安建筑科技大学 2019 级给排水科学与工程专业研究生）

在机缘巧合之下，我有幸成为西安财经大学山西省扶贫工作第三方评估调研小组的成员之一。这次实践活动不仅让我亲身体会到中国底层人民的生活情况，更让我对当下自己所拥有的生活更加珍惜，同时这也是对我精神和思想的一次洗礼与升华，让我深刻认识到国家政治制度的优越性以及党和国家对群众的关怀。1月4日我们从西安出发，在晚上到达这次调研评估的目的地——山西省静乐县。在当晚的工作对接会上我了解到，山西省静乐县属于吕梁山区集中连片特困区，是国家扶贫开发的重点县，也是全省10个深度贫困县之一。这次调研一共5天时间，在此期间我和搭档一共调研5个乡镇10个村子54户。在调研期间虽然整体情况良好，国家脱贫政策也得到了有效的实施，但是其中还是存在一些问题，让人心存担忧。此次调研期间一共发现以下一些问题：

一是国家医药报销制度问题和返贫问题。在杜家村镇史家沟村入户调研时，有一户农户家老人的妻子和儿子都是二级精神残疾，每年药费近两万元但报销金额却只有6000元，报销比例实属杯水车薪。在接受我们问询时，老人虽然很理解国家政策，但对自己以后的生活担忧不已，说到激动时都会落泪。这也不禁让我们深思和担忧，这家农户会不会在以后因为医药费而返贫或者在老人过世以后因为家中缺乏劳动力、缺少经济来源而返贫，虽然这些问题在当下并不算急迫但在以后却会无比棘手。

二是脱贫工作中还是存在与农户的沟通问题，例如推广种植的农作物是否适合当地环境等问题。在中庄乡盆子水村调研时我们发现，村中扶持产业所鼓励种植的农作物油牡丹，不仅连年歉收，同时也不是每年都有商户来收取农作物，很多农户都不知道将收回的农作物如何处理，这样的经济作物不仅没有带来效益，反而给农户带来了更多的麻烦和负担。所以在制定政策时，应该多听多问多想，将国家政策、政府观念和农户想法进行三位一体的结合，才能让农户有信心、积极配合脱贫工作，更好地调动农户的积极性参与到脱贫工作中来。

三是"授人以鱼不如授人以渔"问题。在这次调研评估中，我发现当地政府对于国家政策和补贴都已得到很好的落实，但绝大多数是以钱的形式进行直接补贴，这样会导致了一部分农户只吃养老金、低保金和一些补贴并不通过自己的劳动进行脱贫致富，存在一些不劳而获的情况。在我们的询问中发现，其实每个村都开展了技能培训、特色种植业等活动，但效果却不够显著，例如在娘子神乡调研时就有农户反映，虽然村镇组织大家学习厨师和编制等技能，但是大多数人并未完全学会，就算是完全学会的人也不知道将如何使用这些技能去改变自己的生活。

四是农村老人养老问题。在调研到中庄乡白道底村一户农家时，让我对中国传统孝道有了更深的体会。其中一户是60岁儿子和妻子一起赡养80岁母亲，老母亲因为身体原因已经有快20年不能下床，时刻需要人照顾，儿子和儿媳也因此放弃了去城镇打工的机会在家中悉心照料。孝道一直是中国传统美德中最重要的一部分，但是如今这种美德的体现形式却让人担忧，乡村养老问题如果不能解决的话是不是会导致更多的人因为需要赡养老人而放弃更好的机会和更高的收入，从而留守在村中没办法改善自己的生活环境和生活条件？

五是"空村"问题。在这次调研中我一共经过了10个村，给我最直观的感受既不是环境的恶劣也不是生活艰辛，而是村镇中可以看到的年轻劳动力很少，或者说在一些村镇中除去政府工作人员以外，甚至连向导都是年过六旬的老人。在走访中我们了解到村中大多情况是老人养老人，子女在城镇打工一年之中只回来一两次，或是在城镇中安家将老人接到城市生活养老。这种情况的出现不经让人深思，到底是什么原因造成年轻人大量"出逃"不愿在村中务农生活的现状。不可否认，城市中的工作机会和收入都远远地超过了农村，但是当现在60岁的老人老去的时候，是否又会导致一些人放弃自己在城市中已有的生活而不得已回到农村，那么农村的老龄化问题会更加严重。又或者是将老人接走最后导致农村人口减少，可是我们脱贫的目标是将贫困村从贫困中解放出来而并不是将农村消失掉。

当然在发现问题的同时我也看到了亮点所在，例如，静乐县开展的特色种植业，藜麦、脱毒马铃薯、甜糯玉米都是当下所提倡的健康绿色生态的农作物，以此带动贫困户得以增收和长久的可持续性的收入等。

在后期的脱贫工作上还是需要主要关注方法问题，像如何创造乡村特色产业，如何吸引劳动力留在乡村中进行创业或工作，如何让农户自主地进行生产劳动并配合政府的工作才是重中之重，同时在我国当下正在面对的人口红利问题和社会老龄化问题面前，乡村养老问题和乡村中劳动力流失问题仍然是急需解决的首要问题。

针对以上问题我有以下一些思考和建议：

在制定政策时，做到多听多想多问，制定出可以得到村民认可的政策，同时让村民自发地进行脱贫致富。

实施乡村产业化，在村中建立村镇企业，吸引劳动力保留在乡村之中，对农作物进行深加工，开展电商等新的运营方式。

将扶贫工作和乡村城镇化结合，同时开展集中安置政策，将老人集中安置集中养老，降低养老成本，减少无效开支，也为日后因养老返乡问题所导致的返贫隐患做好对策。

加强对重点农户的关注，贫困不是一个笼统的概念，脱贫也不是一个可以一蹴而就的工作，需要我们对每一户每一个人都有不同的了解，才可以慢慢地开展工作，对于不同原因制定不同的对策，这才是最有效的脱贫方式。

调研第 3 天晚上，我们有幸集体去参观了岑山书院和山西省第一位共产党员高君宇的纪念馆。在进入纪念馆时，我们就可以看到高先生生前所写的诗："我是宝剑，我是火花，我愿生如闪电之耀亮，我愿死如彗星之迅忽。"这是多么壮丽的诗词啊，深深地让我体会到一个共产党员严格的自我要求和崇高的人生理想。作为最早的一批中国共产党员之一，面对内忧外患的国情时，高先生将自己的一生都奉献到了为祖国的独立强大而奋斗的事业中，这不由得让人尊敬和感怀。当晚我们还在岑山书院中进行了庄严的宣誓仪式。虽然我不是共产党员，但是当晚的氛围和先烈的种种英勇事迹让我感触良多，结合本次调研更让我体会到中国共产党的伟大和我肩负的责任之重，同时也让我明白了作为当代的年轻人应该具备心怀天下的壮志和以天下为己任的崇高理想。为民族繁荣而读书，为国家强盛而努力，正如高先生所说，是宝剑也是火花，活出自身价值，绽放人生的光芒。

心怀感恩，憧憬美好生活

文/唐亚兰

（西安财经大学经济学院 2018 级金融学硕士研究生）

2020 年 1 月 4 日，我们这支贫困县退出评估大队在新的一年又肩负重任前往山西省静乐县。山西省是陕西省的邻省，我们一行人中午乘坐动车仅三个多小时就来到了这个对于我们大多数人都陌生的地方。我国目标是在 2020 年打赢脱贫攻坚战这场硬仗，现在到了时间的关键节点，所以这次的任务十分艰巨。

来到山西的第一个工作日外面就下起了大雪，这也是山西今年的第一场雪，因为天气的原因，我们工作的进展也比较缓慢。这第一场雪下的十分大，之前去过内蒙古自治区参加贫困县退出评估的工作也是迎来了内蒙古库伦旗和奈曼旗的第一场雪，想来也是十分幸运。踏出宾馆的那一刻，一眼望去白雪皑皑，我是一个南方人，已经很久没有见过如此大的雪了。我一边欣赏着山西省静乐县这美丽的雪景，一边也感受到了天气的寒冷。由于道路上的积雪，我们车行驶得十分缓慢，虽然村庄距离县城不远，但我们也花了有一个半小时的时间在路上，这给我们的实地调研评估工作又增加了一些难度。

　　第一天来到的是娘子神乡，在来之前还是十分担心语言沟通的问题，虽然山西没有像内蒙古那边有完全听不懂的蒙语，但山西当地口音也挺重的。不过第一天我们入户访问的沟通还算是比较顺利，没有出现完全沟通不了的情况。虽然天气十分寒冷，但是每家每户的热情农户温暖着我们的心。我们观察到家家户户基本都有烧锅炉，家里还挺暖和的。这里每家每户都会养狗，而我又比较怕狗，尽管每个农户都会说："别怕别怕"，但我心里还是不放心，我们的向导也是十分负责任地将我们安全护送到农户的家中才会离开。向导们的年纪与我的父母年纪相仿，像是我的父母在保护着我们，让我们十分的安心。在一户农户家中，户口本上就两位五六十岁的大叔和大婶。当我们询问家里情况问到他们的儿女时，两口子表示十分着急，小孩都还没有成家立业，还问我们有没有对象，我们就耐心地劝导她，说现在的小孩子都这样，总想先稳定好自己的工作然后再考虑成家的问题。农户们就像是我们的长辈一样和我们寻常聊天，还会关心我们的生活情况。因为我也是农村的小孩，我十分了解他们那一辈人的无奈，在我很小的时候，父母也是外出打工，我是我外婆一手带大的，我外婆也是种地、干农活，真的是十分辛苦，但收入却不多。国家精准扶贫扶的主要就是农民，现在在国家的帮助下，农民可以享受的补贴也比以前多了，农民的生活也是越来越好了。

　　还有一户农户是一个80多岁的老奶奶，老奶奶自己一个户口，儿子女儿都在城里工作生活了，当我一踏入老奶奶家门时，老奶奶就紧紧握住我的手，想要和我聊天。但因为年纪大了老奶奶耳背完全听不见我和搭档说话，所以我们也没待很久。但当我们决定要走的时候，老奶奶还是紧紧握住我的手，对于空巢老人，我想我们要给予的不仅仅是物质帮助，我觉得更重要的是精神上的关怀。像这样的老人在中国农村并不少见，作为子女儿孙要时常回家看望家里的老人，国家在精准扶贫之后应该把关注点转移到这些空巢老人身上，毕竟现在集中供养还是比较少见，没有形成规模。我希望以后有更多更专业化的养老院敬老院，中国已经进入老龄化时代，人口红利逐渐消失，如何更好地实现中国农村老人的养老保障是一个很大的问题。

　　我印象比较深刻的还有一家农户，一个父亲靠着自己打点零工种点地供小孩读大学。向导一开始带我们去的是他家老房子，是那种土窑洞，房间内可以说是家徒四壁。后来这家农户带着我们去村里的安置房，十分干净整洁，他和我们说，现在最大的负担就是供儿子念书，虽然家庭这么艰难还是义无反顾地让小孩读书，孩子现在是兰州大学的研究生，这么多年读下来实属不易。这让我感受到了更多的人更加关注教育，在对子女教育问题上，每个家长都是竭尽全力想让每个小孩都能念更多的书，学到更多的知识，走更远的路。父母在我们身上倾注的心血我们不能忘记，要学会感恩，父母永远是我们坚强的后盾，但总有一天父母也会老，只有不断努力学习，变成更加优秀的自己，才能成长为父母的后盾。

　　在调研工作将近尾声的时候，我们访问的是我们的向导，在询问产业扶贫政策时，问他是否领取了产业扶持的一头羊时，向导情绪有些失控，因为他的父亲就是因为放这头羊的时候，意外从高空坠落去世的。这样一个硬汉，在讲到亲人离世还是忍不住流下了眼泪。我也有亲人因为类似的事情离开，所以我的感受会更加深刻，在还有机会的时候要珍惜我们与亲人的交流。其实无论是身边的朋友还是亲人，都应该好好珍惜相处的时光。经过调研的这些天，看到了农民生活质量明显的提高，笑容也越来越多地挂在了更多人的脸上，中国共产党的全心全意为人民服务的宗旨也是得到了广大人民的认可。

通过这几天在山西省静乐县贫困退出评估工作，收获颇多。扶贫是一项联系群众最直接也最根本的工作，我们也了解到扶贫干部的艰辛，他们为了群众扎根基层，无私奉献。我感到十分庆幸能生活在中国共产党领导下的新中国，让我们心怀感恩，一起憧憬明天美好的生活。

哪有什么岁月静好，只不过有人负重前行

文/王登杰

（西安财经大学经济学院 2019 级金融专业硕士研究生）

　　列车穿过连绵的山脉，跨过黄河便是两个省份了，从陕西到山西，同样是崇山峻岭，同样是大山深处，却是有不同的风姿与景象。一方水土养一方人，虽然只有一河之隔，但风土人情还是有很大的变化，山西人显得更加朴实，也更加温和。

　　对于扶贫工作第三方评估调研团队来说，山西并不是一个陌生的地方，这次是团队第二次来到山西承担静乐县的评估工作，对于当地的风土人情以

及扶贫政策都具有大致的了解。对于我个人来说此次调研是我参加的第二次调研工作，虽然之前没有参加过山西的调研工作，但经过了在内蒙古的洗礼，也具备了一些对评估问题做出判断的能力。

到达入住的宾馆已经是晚上了，简单吃过晚饭后我们参加了工作对接会，我大概了解了当地政府的工作情况。贫困似乎总是与山区相挂钩，倒不是山区就一定贫困，但贫困在山区发生的概率的确要比其他地区高很多。在21世纪的今天，致富的途径有千千万万条，但同样现实的是，在边远山区，困难也是层出不穷。虽说，一方水土养一方人，但在这里，在大山深处，当地的水土真的养不起一方人。如今的社会，人们不再是简单地追求温饱问题的解决，还有更高的物质与精神需求，因此在当地做农产业已经不再能够满足人们对美好生活的向往与追求了。在社会环境的催生下，便产生了大量农村人口涌入城市的现象，我们所走访的村子，几乎都是这样，年轻人外出务工，留下年迈的、丧失外出务工能力的老人在家守候，由此产生了大量的空巢老人。我记得在开研判会时有一个同学提出来这样一个观点，在当前的社会背景下，外出务工能够使农村人口的生活水平有所提高，但他们所挣下的工资也不足以让他们永久性地定居在城里，随着时间的推移，现在这一批外出务工的人会逐渐老去，当他们丧失务工能力时，是否又会催生新的一批空巢老人呢，这是一个值得我们深思的问题。

要想富，先修路，这是一句老话。对于一个位于大山腹地的村子来说，四通八达的道路绝对是其走向新世界的前提条件，大山是阻隔人们外出的最大障碍，每次车队从住的地方出发，到达所调研的村庄总是要走很长的山路。记得有一首歌中写道，这里的山路十八弯，这在静乐也丝毫不过分，重峦叠嶂，迂回蜿蜒。下了车走在去农户家的路上，真的有一种与世隔绝的感觉，尤其在大雪的覆盖下，万籁俱寂的村庄又多了一丝宁静。走进农户家，迎面而来的是洋溢着笑脸的老人们，听说我们是过来评估扶贫工作的，老人们热情地招待着我们。在交谈的过程中我们问到了老人们平时外出的情况，他们反映不仅是通向村庄的路，包括村子内部也都硬化了路面，虽然是在山区，但很多羊肠小道也都硬化了，能感觉出来当地政府对村民平时出行所做的工作非常到位。老人补充说道，一年四季只有冬天会出现难题，冬天下雪再加上山区天冷，道路上积雪堆积就会出现出行上的困难，平时会通过班车或者自己开车出去，虽然在山村里住着，但是生活上的必需品都能在附近的村子买到。

对于年事已高的老人来说，基本的出行已经有了保障，交通的便利有利于让他们的生活变得更加便捷，但这并不能为他们额外的收益增添帮助，于是当地政府因地制宜开展了适合当地人们生产生活的光伏发电产业。光伏发电是国家财政进行补贴的扶贫项目，走过的村庄中，有的是村集体进行统一建造的太阳能发电板，有的则是农户申请在自家房屋建造的太阳能板，而不论通过怎样的方式进行建造，村民们都可以领到 3000 元左右的补贴。太阳能板所产生的电能则并入国家电网，可供村民们使用，既能对当地的生态环境起到保护的作用，也能对当地的扶贫事业做出一定的贡献，是一个一举两得的好方法。

如果说光伏发电是一项惠民扶贫的好政策，那么接下来的这项工作更能体现出日益强大的祖国的科技实力。俗话说，靠山吃山，靠水吃水，自古以来，有山的地方水也会如影随形。当地村民告诉我们，他们生活中吃的水从来不是问题，以前就是吃山泉水，现在通上了自来水管，水质没有变化但是取水比以前更加方便了，虽然生活用水没有问题了，但是平时地里边灌溉还是有问题的。长在地里边的庄稼还是要靠天吃饭，雨水多的年份庄稼长得好一点，收成就高，而到了雨水较少，比较干旱的年份，则会出现歉收甚至绝收的现象。为了解决这个令人头疼的问题，当地政府引进了适宜当地气候环境的一种高产的马铃薯，通常这个新品种一亩土地能达到一万斤左右的收成，即便是在气候条件不好的年份，也会有五六千斤的收成，这是一件令当地百姓喜闻乐见的事情，通过引进这种新型的马铃薯品种，村民的收入也可以在一定程度上有所提高。通过这个例子我们更能看到，教育兴国、科技兴国的重要性，没有科技快速发展的带动，就不会有高产的马铃薯出现，也不会有杂交水稻，不会有吃饱穿暖的今天。而作为当代青年，尤其是一名当代研究生，我们更要担负起国家的使命，担负起时代给予我们的责任，正所谓科教兴国，为中华之崛起而读书既是我们的使命，也是我们的职责所在。

　　走访的农户越多，也越能够发现，贫困的发生很大一部分原因还是因为生病。很多家庭都面临着疾病缠身的现象，面对大型突发性疾病有的家庭掏光了一辈子的积蓄，到最后依旧是人财两空；有的则是慢性病症，不仅透支着家人的幸福，也透支着一个个普通农户家庭的未来。因病致贫占据了贫困家庭的大多数，而如今，国家的医疗政策使得贫困家庭的看病成为可能。看病难、看病贵的现象依旧存在，但只是相对性的，住院不用交押金，出院享受一站式报销，定点医院看病报销比例高达 90%，在这一系列数字的背后，不仅是国家财政的巨大投入，也是给普罗大众吃下的一粒定心丸。在农户家访问时，有位大叔激动地说道，年初做手术时家里人都急得一筹莫展，幸好是国家的好政策，才让原本不宽裕的家保住了最后一点希望，20 万元的费用报销下来总共花了不到 2 万元，这要是在以前是想都不敢想的，自己看病国家出钱，真的是感谢国家，感谢共产党。走出农户家，心里依旧充满着喜悦与激动，是呀，真的要感谢政府，感谢国家的好政策，如果没有这么好的医疗政策那么我们今天见到的可能就是另外一番景象了，一个被债务压得喘不过气来的家庭，生活中满是各种坎坷。我是一个从农村出来的孩子，见过很多生活在社会底层人民的各种疾苦，一个家庭的希望可能就是一个上学的孩子，也有可能就是一个健健康康能够劳动的父亲，一个家庭的重担就集中在某一个人的身上，而当他们被疾病所折磨的不能再进行劳作时，可以想象这个家庭也将走向崩溃的边缘。人们经常说，家家有本难念的经，每个人都有自己的高山需要去攀登，幸而在我们前进的路上，能够得到国家的帮助，让我们得以重新站立起来。

"扶贫先扶志"，而"志"便是指的一个人的志气了，当一个人失去了志向变得贫困潦倒时那么你给予他再多，也不过是浪费资源罢了。我们生活中不乏这样的人，因为遭遇了挫折，开始变得潦倒、落魄，他们有劳动能力，有健康的身体，只是没有了面对生活的勇气，没有了重新开始的决心，这才是最可悲的吧。调研过程中，我们遇到了这样一位老者，年龄不算太大，身体也还硬朗，每年享受着政府的财政补贴，家里的房子也是危房改造过的，但就是这样一位有着劳动能力、神志清醒的健全人却过着如同行尸走肉般的生活：家里边没有一件像样的东西，衣服随地扔着，从来也不收拾，一年四季自己也不做饭吃，就只是买点零食吃吃。就是这样一位老者，我们的调研队员好说歹说劝了一个小时，愣是没一点儿成效，于是我们向村子里边进行了核实，商量出一个可行的办法，让老人安度晚年，村部领导说会加强对村子里边孤寡老人的定期巡查，确保他们的生活得以正常维持。我想这个方案已经是基层干部们所做的最大努力了，在自媒体如此发达的时代，我们经常会在一些视频网站上看到扶贫干部们艰辛的模样，身处太平盛世，本来有着自己的大好前程，为了祖国的扶贫事业毅然决然地深入基层，开展扶贫攻坚工作，既是响应国家的号召，也是舍身为民的体现。他们在基层付出的不仅是体力上的辛劳，也要承受心灵上的疲惫，当他们做足工作却依旧不被理解时，当他们拼尽全力却依旧没能尽善尽美时，种种因素都在考验着他们。有很多基层干部甚至在这个平凡的岗位上付出了他们宝贵的生命，在这个看似和平的年代，总是有人在替你负重前行。

　　离开山西已经将近一个星期了，但是调研的一幕幕仿佛还在我的眼前回放，有进入农户家时老乡们那么热情的脸庞，应了古人的那句老话，有朋自远方来不亦乐乎；也有进入村部时基层干部那一张张严肃的面孔，他们仿佛是一个个等待老师抽查作业上的学生，有期待，又有些许紧张，期待的是艰难而又繁重的任务可以有一个完美的句号，紧张的是生怕哪一方面做得不好，给祖国的扶贫事业染上了污点；还有那一幕幕是憨厚老实的向导们，因为避嫌的原则，不得不在冰天雪地里站着等候着我们，那是一群可爱的人们，他们手持棍棒，生怕有牲畜惊扰到了我们。那几天调研过程中遭遇大雪，更增加了我们调研的难度，但是我们每一天的调研都很顺畅，这都得益于静乐县政府的全力支持，我们所看到的是一个团队在运作，是倾其全力地为我们行动保驾护航，那些站立在寒风中指挥交通的交通警察、清扫积雪的环卫工人、为我们进入农户开车服务的司机、带领我们徒步入户的向导都将是祖国脱贫攻坚路上的践行人。

零下17摄氏度可能是我所经历的最寒冷的冬天，但寒冷只是短暂的，也只是外部性的。当我们进入农户家时，并没有体会到寒冷，这是我们所欣慰的。我们总是说人类在改造自然。的确，当一方水土不再养一方人时，当我们个人的努力抵挡不住自然的摧残时，我们就要做出必要的改变。天气很冷，但人心不冷；有国才有家，我想在扶贫事业中这已经很好地体现出来了。那些在普罗大众背后负重前行默默付出的人们，那些经历过岁月磨难依然在砥砺前行的人们，就是我们心中永远的力量，他们是一团火在温暖着我们，是一道光在照耀着我们，在当下的时代，我们所能做的便是做好自己，当我们保护世界的时候，自然会有人来保护我们。

记山西省扶贫调研所感

文/袁江

（西安财经大学经济学院 2018 级金融学硕士研究生）

　　本次调研是我跟随宋敏老师一行参与的第二次脱贫评估调研，与之前的调研不同，我对此次前行有一些新的关注点：一是想要去看看不同地区贫困农村的特点有哪些；二是想对"农业、农村、农民"有更深的理解，并亲自验证到底有没有可能在 2020 年全面脱贫、老百姓的生活到底有没有真正的改善。这次调研只有 5 天，很短暂，但是却给我带来了很多触动。

俗话说幸福的家庭总是相似的，不幸的家庭却各有各的不幸。我很幸运自己生活在一个幸福的家庭，更有幸自己能够在我国实现全面脱贫的工作中贡献自己的一份微薄之力。在我所负责调研的农户中，有四户全是低保户，且无儿无女，但在当地扶贫办的帮助下生活都得到了保障，能够自力更生。还有一户由于智力原因无法自力更生，只能和老父亲生活在一起，在帮扶人员的帮助下，生活质量也得到了很大的提升，他自己也努力提高自力更生能力为家庭减负。在另外一个村落，我们走访中有三户农户，两个为一般农户，一户为低保户。低保户是个单身汉，双耳失聪属于一级伤残，在政府的帮助下也有了稳定的收入，实现脱贫。另外两户都是因病致贫，一个是得了肝癌做手术，还有一位孤寡老人得了中风，他们无一例外都享受到政府提供的医疗保障，并且都对当地党委政府的脱贫工作由衷感谢，一问到对扶贫工作满意不满意、生活条件好不好，他们都很激动地说共产党好，一辈子没这么被照顾过，扶贫人员跟自己的亲人一样亲。他们是我国 13 亿人民中的最贫苦的代表，当带着感情去感受他们的生活、体会他们处境，我真不知道如果没有扶贫工作的推进他们将如何生活，我们应该感谢我们生于这个有扶贫政策帮扶的国家和时代。让我印象深刻的还有一位 92 岁的老爷爷，调查结束要走时我说："谢谢您大爷，打扰您了。"老爷爷非常激动地说："谢谢你们哦，共产党好啊，党的政策好啊，记得我们这些老年人，太谢谢国家啦！"他的话一定是埋藏在心底的声音，我听完很受感动，是国家让这些老人老有所依。

具体来说，扶贫工作的关键就在于要解决好"怎么扶"的问题，按照贫困地区和贫困人口的具体情况，地方政府着力实施"五个一批"工程。一是"发展生产脱贫一批"，引导和支持所有有劳动能力的人依靠自己的双手开创美好明天，立足当地资源，实现就地脱贫。二是"易地搬迁脱贫一批"，贫困人口很难实现就地脱贫的要实施易地搬迁，按规划、分年度、有计划组织实施，确保搬得出、稳得住、能致富。三是"生态补偿脱贫一批"，加大贫困地区生态保护修复力度，增加重点生态功能区转移支付，扩大政策实施范围，让有劳动能力的贫困人口就地转成护林员等生态保护人员。四是"发展教育脱贫一批"，治贫先治愚，扶贫先扶智，国家教育经费要继续向贫困地区倾斜、向基础教育倾斜、向职业教育倾斜，帮助贫困地区改善办学条件，对农村贫困家庭幼儿特别是留守儿童给予特殊关爱。五是"社会保障兜底一批"，对贫困人口中完全或部分丧失劳动能力的人，由社会保障来兜底，统筹协调农村扶贫标准和农村低保标准，加大其他形式的社会救助力度；加强医疗保险和医疗救助，使新型农村合作医疗和大病保险政策对贫困人口倾斜。

精准扶贫是为了精准脱贫。要实现全面脱贫这一历史性任务，离不开党的领导和群众的配合，离不开全国上下齐心协力，并肩作战。脱贫致富不仅要有"过好日子"的志向，更要有"过好日子"的智慧。"脱贫摘帽"不是终点，而是通往民族复兴、人民幸福道路的又一个"起点"，今天虽然实现了近一亿贫困人口的脱贫目标，但还有下一个一亿贫困人口致富的目标。脱贫攻坚的胜利只是实现中华伟大复兴的一个小小里程碑，我们决不能有松口气、歇一歇的想法，要坚持不忘初心、牢记使命，坚持为中华之崛起而奋斗终生。当前，我们仍然面临诸多挑战，"后疫情时代"如何应对重重困难，这需要我们认真总结借鉴脱贫攻坚的成功经验，增强"四个意识"，坚定"四个自信"，实现全体人民的共同富裕，在勤劳致富的道路上行稳行远。

为期5天的评估工作，让我感受到了不一样的农村情况。我虽然生在农村，但是以前观察的角度却不同，这一次我从农村最底层的一群人的角度来看，我不仅看到了人们生活的不易，也看到了他们生活的坚强，是党和政府对贫苦大众的关心和帮助成为他们最坚实的后盾。我相信在国家扶贫政策的支持下，他们的生活会越来越好。以我们看到的国家扶贫攻坚下沉工作的实际情况，我相信2020年我国 定能够全面建成小康社会。

只要有信心，黄土变成金

文/张颖

（西安财经大学经济学院 2019 级金融专业硕士研究生）

2020 年 1 月 4 日，我跟随宋敏老师及团队一同踏上了去往山西太原的高铁。这次第三方脱贫评估调研对于我来说并不是第一次调研，在这之前，我跟随老师去过内蒙古库伦旗和奈曼旗，相比之下已经没有那么多的紧张和不知所措了，起码这次在出发之前就已经做了更加充分的准备。但同时我也在内心告诫自己一定要保持初心，不能犯经验主义的错误，因为不管我们是第几次进行调研工作，对于每一位被调研的农户来说都是第一次，所以我们要本着负责务实认真的态度去完成这项任务。

1月5日我们就正式开始了外业调研工作。调研开始的第一天山西就下了一场大雪，这场大雪的到来无疑给我们的调研工作带来了不少难度。气温骤降，道路崎岖，我们坐着大巴在去往村子的路程可能要花上一个多小时，往往结束调研回去的时候天都黑了，差不多快8点才到住宿的地方，但是这些对于我们来说都是可以克服的困难，我们仍然带着饱满的精神面貌走进一户又一户的家中。雪下的比较大的那两天，我们坐的车上都加了防滑链，后来听说好多基层的工作人员连夜清理出道路就是为了保证这次调研工作能顺利进行。或许是山西的人比较热情吧，在入户调查的过程中，这些爷爷奶奶辈的人在我们一进门时就嘘寒问暖，催着我们去炉子边暖暖身子。在这样的氛围下，我们与农户的距离也一步步拉近了。当时带我们的向导也是一位年龄比较大的老人，入户途中也在一遍遍地问我们冷不冷，要不要加两件衣服，要我们带好自己的帽子，注意好不要感冒了。不管是工作人员还是农户，看我们在雪天里入户，都特别关心我们的保暖情况，虽然说天气很冷，但我们的心是暖暖的。

由于是第二次调研，所以这次比第一次更加得心应手。同时，借着这次难得的机会，我也重点关注了国家在扶贫这块做出的努力。就拿这次静乐县来说，为了脱贫，静乐县采取了异地移民搬迁、爱心超市、光伏扶贫、生态扶贫、旅游扶贫、健康扶贫、文化扶贫等一系列的行动。在实际调研过程中，我了解到针对整村搬迁群众过去面临的"行路难、就业难、上学难、就医难、饮水难、发展难"等"一方水土养不好一方人"的山区困难现状，静乐县委把集中安置点建成城区一流的标准化示范社区，农户们告诉我们分到的房子有100多平米，而他们自己只掏了10多万元，在听说我们是扶贫办委托来的第三方评估队员后，他们都特别激动地要我们向国家传达谢意，说他们这辈子都没想到能住上这么好的房子。小区里建设的有扶贫车间，他们可以不出小区就能上班，真正实现了在家门口上班，"有地方住，有钱赚，我们已经很满足了，国家在我们困难的时候帮助了我们这么多，接下来怎么实现富裕就看我们自己的本事了。"当然，这次也在入户过程中见识了好几个养殖大户、其中一户家里的人都还很年轻，接受我们调研的叔叔年龄差不多和我的父亲一般大，这位叔叔告诉我们他是因为他的母亲身体不好，自己要照顾母亲，所以前两年本来是在外打工的他从外地回到了家中。由于养殖没有本金，所以他申请了5万元的金融扶贫贷款，买了几头牛还有几只小羊。几年之后，贷款也快还完了，院子里还有几头长大的牛准备卖了，家里的生活条件也越来越好，日子过得更加有盼头了。

这次调研过程中，见到越来越多的人，用自己的勤劳双手慢慢过上了更好的生活，在国家的帮助扶贫下，只要他们自己肯努力，自己肯奋斗，就一定能够过上幸福的生活。当然，也不免有些懒汉，觉得国家的帮助力度不够，拿着这一份补贴还在问我们为什么那一份补贴没有他的名字。这时我也不免在心里感叹为什么人和人的差距会这么大，同样是贫困户，为什么别人在国家的帮助下能够脱贫奔小康，而这些懒汉们只能越来越穷。这些人只等待着国家的政策扶持，等着天下掉馅饼，靠着国家的救济过日子，只知道向政府毫无止境地索取，自己却不愿意付出，稍有不如意就怨气冲天，这种人不知感恩，更永不满足。其实大多数贫困群众尝到了勤劳脱贫的甜头，真切感受到了党和国家政策带来的实惠，他们就会走上了脱贫奔小康之路，越干越有劲头。所以在这样的大环境下，在国家大力的帮扶政策下，这些贫困户要从心底里激发自己的内生动力，从心里要想着致富想着奔小康，而不能只是单单依靠国家的补助，自己不动手不动脑就永远也不能奔小康。

"只要有信心，黄土变成金。"贫穷不是不可改变的宿命。人穷志不能短，扶贫必先扶志。没有比人更高的山，没有比脚更长的路。通过扶志，保持一颗向上的心，就会改变自己的命运。

"贫困县退出"调研的体会

文/李子璇

（西安财经大学公共管理学院2019级公共管理学硕士研究生）

　　精准扶贫是国家的一项重大政治任务，作为一名在读研究生，我很荣幸能够加入由西安财经大学宋敏老师带领的第三方脱贫评估工作小组。参加这次活动对我来说是一次难得的实践机会，更是一次难忘的精神上的提升。这次调研活动让我有机会对我国贫困人群的生活状况有了切身的体会，让我的思想有了新的启发。

此次调研共进行了 5 天，任务强度很大，尤其是又遇上了大雪天这样的恶劣天气，气温很低，十分寒冷，再加上路面结冰，也给交通出行造成了不便，在我们到达的前一天，还有基层干部在下乡途中由于路面结冰打滑而不幸牺牲。因此，当地政府极其重视我们调研团队的安全问题，每天晚上都要紧急铲雪清路，确保我们第二天的出行安全。尽管天气很寒冷，但是我们心里却有一股暖流涌过。

山西当地方言极具特色，据说是中国的"魔鬼"方言区，就连山西人自己，也听不懂其他地区山西人的话。山西境内方言分成并州、上党、吕梁、大包和五台五个片，而每个片区又下辖许多不同的县，因此同一片区的人也不一定交流无阻。此次我们去的静乐县，靠近陕北，因此部分音节与陕北方言极为相似，我的搭档来自陕北府谷，操得一口标准的陕北方言，多亏有他，我们此次调研任务才得以顺利完成。在入户的过程中，在与村民实打实的面对面交谈中，我感触颇深。第一次真真正正地接触到底层人民，看到了幅员辽阔的中国版图上正在发生的脱贫故事，内心五味杂陈，有对劳苦大众人民的同情，也有对奋战在基层一线干部的敬佩，更多的则是对伟大祖国的繁荣富强而产生的深深自豪感，这世界上没有任何一个国家像我们中国一样能够动用举国之力，调集全部资源消灭贫困，全心全意为人民谋幸福谋出路谋发展。

俗话说得好，要致富先修路，这话一点不假，交通条件的好坏是地区发展的关键性因素，在入户调查问卷中，当提及村里一条条平整的水泥马路的时候，村民都是一片叫好，有的村民提及新铺的水泥路带来的便利时，甚至激动得语无伦次。听村民们说，之前村里的路都是泥土的路，在干燥的时节还好，每逢下雨下雪，那一条条的泥土路就变成了一道道泥泞不堪难以穿越的障碍，好多时候就因这泥泞的道路，许多收粮食的商家放弃来村里收粮，村民辛苦一年播种收割的粮食不得不贱卖或者发霉坏掉。如今看着穿梭在村里的一条条银灰色丝带似的水泥马路，我好像也能感受到村民内心的喜悦之情，交通便利了，致富的机会便多起来了。

走访的农户多了，我越发真切体会到"因病致贫，因病返贫"的残酷，看病难的问题是社会性的难题，好在精准扶贫为建档立卡的贫困户解决了看病就医难的问题，让他们不至于因贫穷而看不起病。在入户过程中遇到了一个大婶，丈夫患有癌症，经过一系列的治疗已经控制住病情，大婶看着躺在炕上的丈夫，两眼噙泪，激动地告诉我们："要不是国家和政府的帮助，这家里只剩我一个人，我怎么能撑得下去啊。"的确，如果没有国家的看病报销政策，那10多万元的看病费用对于一个务农的普通家庭来说是多么巨大的一笔开销啊，这笔巨大的开销足以压垮一个家庭。正是这些落在实处的"看病不愁"政策给了这些病患家庭希望，让他们在不幸的生活中仍能看到希望的光。

在一户接一户的问卷调查中，我发现农村地区"空心化"现象非常严重，村里的青壮年劳动力基本上都外出打工了，留守儿童比较少见，进城务工的劳动力通常会选择把孩子带在身边，在城里上学。因此，村里剩下的都是留守老人，有老伴的人日子过得还强点，起码有个人可以说说话，能吃上热乎的饭菜；老伴去世了的老人，常年一个人居住，平日里也没人可以话家常，难免心灵孤单，孩子也就是逢年过节回来待一两天，又匆匆忙忙返城务工。而山西由于其历史传统、风俗习惯，年轻女子外流严重，本地许多男性找不到媳妇，打光棍的情况十分严重，在与村民聊天中，我得知山西本地在婚嫁方面，男方娶妻要出彩礼十多万元，此外还要有房有车，这对生长在农村地区的年轻男性来说可谓是天文数字，一家人勤勤恳恳，面朝黄土背朝天几十年恐怕都攒不了这么多钱。我想，这种传统陋习应该随着时代的进步而取缔，幸福是靠夫妻双方用双手奋斗出来的。移风易俗不是一朝一夕能够改变的，当地政府要出台相关规定，加强先进的思想观念宣传，在潜移默化中改变人们的传统思想。

通过几天的走访，我也深深知道了基层工作的不易。尤其是乡村扶贫干部，没日没夜的加班，一方面切实改变了贫困户的生活状况，另一方面也整理出了摆在我们面前的档案资料。在很多地方，第三方评估结果与年度考核直接挂钩，往往也成为问责工具。"当前的第三方评估，主要是省里组织对县级单位进行的评估，是年度最终考核的依据之一。评估中如果出现问题，很多人就会被追责。"一名扶贫干部这样说。基层干部不易，基层扶贫干部不易，在基层做了扶贫干部，就意味着要时时刻刻开会、加班、下乡、填表……在繁重的工作中，不仅要学会"分身"，还要会各种技能。扶贫干部把大量精力投入到脱贫攻坚这一伟大工程中。他们不怕苦、不怕累，因为他们是基层干部，服务基层是本职工作，脱贫攻坚他们责无旁贷。但他们就怕应接不暇的各种检查、没完没了的资料整改、永无休止的熬夜加班。他们甚至连"披星戴月出门走，风高月黑把家还"都成了奢望，因为"五加二、白加黑"的模式早已成为扶贫干部的工作常态，休假唯一方法就是累倒住院！中国的脱贫攻坚工程可以在世界历史上留下浓墨重彩的一笔，而在这项波澜壮阔的工程中，离不开无数人不懈的努力。基层干部，他们作为国家政策的最终执行者，承担了巨大的压力，也面临着最为严峻的挑战，在扶贫的道路上，他们牺牲了很多，他们的努力和付出，值得更多的人去关注！

但行好事，莫问前程

文/职晶茹

（西安财经大学经济学院 2019 级金融专业硕士研究生）

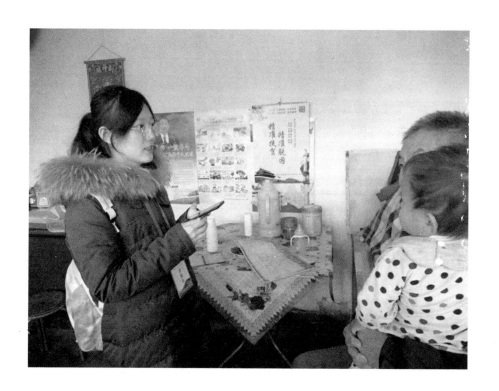

  2020 年 1 月 4 日，在宋敏老师及各位经验丰富的老师的带领与指导下，我有幸参与了 2020 年开年的第一个贫困退出评估调研工作。这也是我第一次参与贫困退出评估调研，在这次调研开始之前，大小两次培训会的召开，微信群的置顶通知，以及各位调研老手的经验传授，都让我对即将到来的调研充满关注并满怀期待，同时做好充足准备。调研时间不算长，短短一周，但是我收获满满。感谢这段经历，这一周的时间里，虽然一天的工作结束后会有些累，但每天是充实且厚重的，每天都会有新的遇见，新的思考，新的感悟。

我的家乡在晋南的一个县城，可能是由于这个原因，初到同样是位于山西省的静乐县时，竟生出一丝亲切。在调研前的准备过程中，我逐渐对静乐县有了一定的认识。我们的主要工作是深入基层，走进农户家中，观察农户居住环境，查看相关证件与资料，并通过面对面提问的方式让农户们完成电子问卷的填写，这让我们能够较全面地了解建档立卡户及非建档立卡户脱贫后的生活状况，核实政策落实情况，最终对其是否真正脱贫做出科学合理的判断。调研工作分组进行，安排得当，有序推进。

静下心来，细细回顾，调研过程，历历在目。由于村与村之间有一定的路程，所以，在抓紧时间、节奏紧凑的前提下，我们平均每天会到访 2 个村落。每进入一个村子，都会有向导领着大家迅速寻得被访者的住址，而这些积极帮忙的向导们，也是村子里万千农户中的一员，正是这些朋友的贡献，为我们的调研工作提供了极大的便利。调研期间最大的担忧便是语言交流的问题，农户们平时沟通交流都用本地的方言，有些人甚至不会说普通话，而山西各地的方言又自成体系，跨市的方言在难度级别上等同于跨省交流。然而，幸运的是，我接触到的农户们都非常友善，大家都很有耐心地一边通过手势比划，一边慢慢地一字一句交流，有些甚至以词为单位，有时会遇到努力用普通话发音的农户朋友，真是朴实又可爱。就这样不到一天的时间，我逐渐适应了与农户之间的交流，即使方言各成体系，同一个省还是有一定的优势。

我遇见了形形色色的人，遇见了形形色色的生活。每进入一户人家，首先映入眼帘的便是这户人家的居住环境，相对于非建档立卡户来说，建档立卡户的住房会稍微简单一些，但是几乎户户都有火炕，这会帮助农户度过寒冷的冬季。被抽查的农户中，均有房屋等级鉴定报告，调查结果与报告相符。其中，一些房屋虽然简陋，但足够结实，火炉的存在让屋子里充满暖意，有未到入学年纪的幼儿在炕上玩耍，一家人其乐融融让简陋的房屋一点都不显得寒酸冷清；条件好一些的，对已有住房进行修葺和改建，看上去不失气派，大部分农户都是有院子的，厨房、卧室分开，院中还养着政府分发的家禽。这中间我印象最深的是一位独居老人，一个五保户，他身体状况欠佳，曾经也是因病致贫，住在一间窑洞里，窑洞内的生活用品却摆放整齐，设施齐全。细问才知道，原来除了自己努力地生活，村干部，也就是老人的扶贫帮扶责任人会定期前去看望老人，并帮着老人打扫卫生，有时还会顺便帮忙烧火做饭。老人每年都会收到政府补贴，并且充满希望地活着。在调研的后两天，我们组被安排去了一个易地扶贫安置点，这是一个集中安置农户的小区，小区内基础设施建设完备妥当，有供人们进行体育锻炼的运动器材，还有一个供小孩娱乐的小型区域，设有滑梯、跷跷板等，还有环卫工人每天清洁整理小区环境，确保小区卫生。深入农户家中后，可以看到屋内装修精良，宽敞又明亮，站在窗前远眺，同时感受阳光的洗礼，窗外虽然还是寒冬，大家的心中却是生机勃勃。

5 天中去到的村子里，有两个村落地理位置较为偏远，距离城镇有两到三小时的车程。由于路途遥远，交通不便，这里的村民们都是靠天吃饭，雨季对农户们来说至关重要。但是村落中农户的饮用水安全却得到了保障，这都要靠政府的投入和帮扶，使农户在自家院落中就能接到自来水。除了种植业以外，养殖业是农户们致富的另一条道路，我在访问的过程中了解到，村子里有很多养牛大户，种牛是一开始政府分发给大家的，农户们靠自己养殖肉牛，几年下来，牛的数量慢慢增长，每头牛能够卖得的收入也十分可观。我们参观了村里的养牛大王家中的牛棚，大叔为我们介绍着自家的牛，像是在向我们展示一件件宝贝，大叔面对我们看上去有些严肃，似乎一直有意在维护自己的形象，但笑意还是从眼睛里跑了出来，这发自内心的遮掩不住的喜悦让我也受到感染，心中默默想着，党和国家的政策精准有力，真是让人骄傲自豪！政府还给每户家庭发放 30 到 50 只不等的雏鸡，村干部会不定期组织养殖培训，让下发的雏鸡真正惠民利民，等规模扩大以后，一方面，可以拿到市场上去买卖；另一方面，蛋类肉类食品也可以自给自足。当然，会遇到一些农户因为疏忽或是技术不足，导致雏鸡死亡的情况，他们也不气馁，依然探索着怎样养殖好还活着的鸡仔。

　　说到养牛，就不得不提我的向导，他是一位中年大叔，高高瘦瘦，初见面时让我觉得和之前接触的向导有些不一样，带路不急不缓，甚至可以用流利的普通话与我交流，话不多，但是讲话时逻辑清晰，很是沉稳。我当时好奇，好巧不巧，我们组的访问名单里就有向导的名字，他脚步轻快，很快将我们带到了他家门口，我们按照流程拍了照片，跟着他进了家门，在访问交流的过程中，我了解到原来大叔以前念书直到高中毕业，因为家中贫困没能再继续深造。我恍然，明白了大叔的沉稳和不同的原因为何——高中毕业，在大叔那个年代，又是偏远的农村地区，大叔可以说是村里的高级知识分子了，他自己也引以为傲。说到村里发展养殖业，他更是眼睛一亮，说道，种牛发放政策刚落地时，因为大家都没有过养殖的经验，不知道养殖的好处，不明白养牛除了浪费饲料外还有什么用途，所以一开始没有人响应号召，村里召开的培训会也鲜有人参加，大家看不到养殖的希望和利好，都继续发展种植业。大叔却没有停下来，种植养殖两手抓，他领了发下来的种牛，开始每天放牧养殖，短短两年，便有了不小的收获，养大的牛平均每头能卖到 1 万元到 2 万元不等。村子里的其他农户们看到了大叔的收获，才慢慢地理解和接受了养殖政策，在大叔的带头下，大家纷纷开始加入养牛的队伍，开启了养牛大潮。在基层落实一项政策并不容易，包括发展养殖、易地搬迁等，基层劳动者不仅需要循循善诱的引导，更需要带头人的示范与引领。想要政策能够在实践中畅通无阻地被执行，需要农户们从思想上得到洗礼和改变，只有对事物有了正确的认识，才会对实践的发展起到强有力的辅助作用。

　　扶贫先扶志。大叔的家庭属于建档立卡贫困户，因学致贫，但已于 2017

年底脱贫。通过与大叔的交流沟通，我了解到大叔家中目前就他一人居住，他的妻子暂居太原务工，家里有 3 个孩子，目前都在读书，儿子就读于云南大理大学医学专业，今年大四，大叔还会继续供他读研；大女儿就读于山西师范大学，今年大二；小女儿念高三，6 月份即将高考。家中的主要收入来源是大叔养牛卖牛所得，还有妻子外出务工所得，就是靠这些收入，供 3 个孩子念书，他说，不想再让自己的下一代像自己这样吃苦，读书是改变他们命运的出路，一定会坚持让他们读下去。在党和国家的扶贫政策下，靠着自己的付出和努力来改变命运、掌握命运，大叔令我肃然起敬，也让我理解了"扶贫先扶志"的深刻内涵。

扶贫政策惠万家。这次深入基层，与农户零距离交流，切身体验到了国家的扶贫政策拯救了多少因为贫困而挣扎在生死线上的百姓，为他们带来对生活的希望和对未来的期盼，同时更体会了扶贫工作的不易，但我坚信，在扶贫过程中，遇到的形形色色之人，千奇百怪之事，最终都会因为我们的努力付出而变得美好动人。

但将行好事，莫要问前程！

第四篇
深情黑龙江

我曾看过凌晨 1 点的东北夜空

文/樊蓉

（西安财经大学经济学院 2018 级金融学研究生）

"我可以披着月光出发，因为我还很年轻"

很荣幸能再次成为"贫困县退出专项评估检查"项目组的一名调查员，远赴黑龙江省开启这一光荣的征程。由于之前参加过山西省的贫困县退出调研，基本理论和入户经验都已掌握，内心的忐忑基本消除。这次调研，更多的是对我们这么一支庞大的队伍一起出发以及那片我从来没有见过的黑土地的期待。

我们这次去的桦南县，是一个国家级贫困县，位于黑龙江省东北部，距离西安 2600 多公里。由于人员多路程远还要配合调研天数的完整性，临行前飞行计划也是在不断调整，最终决定去和回来都是中间转一班机，3 月 1 日晚上出发，3 月 8 日晚上回来，披星戴月风雨兼程！

其实最辛苦的不是坐两班飞机，飞机上时间加起来总共才 5 个小时，最难熬的是转机时在机场等待的 7 小时！出发时转机到青岛机场已经凌晨 1 点了，虽然带队老师一直强调这次行程很辛苦，很多平时作息规律的同学也稍有抱怨，可我一直很兴奋，丝毫不觉得辛苦，真心觉得在研究生期间能和这么多老师同学一起，为了做成一件有意义的事凌晨在机场等待，也不失为一种美好的体验。我可以披着月光出发，因为我们还很年轻；我可以去那么远的地方，因为年轻不怕辛苦！

"1 垧地 = 15 小亩"

3 月 2 日上午 9 点落地佳木斯，在去往桦南县 1 个多小时的大巴上，终于看见那向往已久的黑土地。广阔无垠，与天远远连成一片。黑土地是大自然给予人类的得天独厚的宝藏，肥力高，非常适合植物生长。因此黑龙江也是我国主要的商品粮基地。桦南更是中国南瓜之乡和中国白瓜籽之乡。

"您好，我们是来自西安财经大学的研究生，受国务院扶贫办委托，过来做一个入户调查，了解一下您目前的生活状况。"下午，便开始了入户调研工作。由于我和队友都是第二次参加入户调研，两个人都相对有经验，采访和拍照取证都是轮流着来，配合得特别默契。不存在流程的摩擦，就更能发现农户生活的问题，这才是入户调研的诀窍。我们走访的几个村都主要以玉米种植为主，当询问农户家里种了几亩地之后，听到的回答是几垧，一开始不明所以，当换算过来之后恍然大悟。1 垧地等于 15 小亩！原来东北地广人稀，本来口粮地就比陕西这边大，并且玉米种植小规模单位成本太高，再加上大型农机的使用，根本不划算！所以如果家里有劳动力且没有外出打工的，往往会在自家地的基础上承包多垧别人家的地，所以种粮大户很多。如果家里没有劳动力，往往会将地流转出去，收取每年1垧地三四千元的承包费，贫困户的话，还有低保，产业扶贫政策，再加上健康扶贫政策看病几乎不用花钱，老人的话还有养老金，生活水平较过去有很大的提升。每次到农户家里，夸党的政策好的声音不绝于耳，在这些絮叨声中，我听出了幸福的声音。

凌晨 1 点的东北夜空

这次去黑龙江最大的感受就是：天黑得好早，也亮得好早！下午大概5点左右天就黑了，早上5点左右天就亮了。按照我们调研的安排，一般是下午7点左右吃晚餐，8点左右开研讨会，10点左右开完会，那个时候每个组当天的影音整理和上传任务差不多完成，但我们数据审核员当天的工作才刚刚开始！

一个数据审核员手里往往会分到四到五组，每组每天的工作量是十几户，所以我们每天都要审批七八十户。数据审核第一个任务是要核对清楚每组当天做的各个村的建档立卡和非建档立卡的问卷数量，保证数量不能出错。然后就是出现校验冲突的话，要向组员求证校验冲突情况，并填写相应表格。最后最费时的工作就是一份份点进去检查，看有没有逻辑错误或者笔误。数据审核最考验人的细心和耐心，所以往往做完一天的工作就已经凌晨1点多了，距离天亮也就4个小时了！做数据审核员能从入户调查员的角度跳脱出来，从一个更宏观的视野来考量贫困县退出的情况。每次做完审核，虽然疲惫，但却很有成就感。我曾看过东北凌晨1点的夜空，好美。

"对于贫困你怎么看？"

还没有去桦南的时候，老以为 3 月份的东北至少也有零下 10 度，可到了之后发现天气对我们非常友好，温度和西安差不多。东北人和陕西人一样热情好客，听着熟悉的东北话，有一种异常的亲切感。这几天的入户调研过程中，我发现农户脸上很少出现一丝忧愁，当聊起国家扶贫这件事，他们都有非常多的话要说，国家的政策，让他们吃饱穿暖了，让他们有安全的房屋可以栖身，让他们的孩子上学不再是问题，让他们看病不再是"感觉天要塌了"，他们真正实现了"两不愁三保障"。"我们的生活已经很好啦！很满足！"农户说道。

黑龙江地处三江平原，地广人稀，我们这次去的几个村子相距比较遥远，我们坐的大巴车行驶在天地间，看着窗外的蓝天白云，呼吸着这里的新鲜空气，尤其是从常年雾霾的西安过来，感到一种久违的幸福。农业大省的人们从环境这个方面来说是比大多数都市里的人富有的吧。再加上有了国家的政策，绝大部分人现在已经脱贫。

看到绝大部分人真正实现脱贫，打心底里为他们高兴。但我发现究其贫困的原因，大部分都是因病致贫，疾病的治疗不仅加重了家庭的经济负担，而且还造成家庭劳动力短缺，切断了收入的来源。但值得庆幸的是，国家为贫困人群制定了专门的健康扶贫政策：建档立卡户享有新农合、大病医疗保险、大病救助以及家庭签约医生等政策，做到真正看得上病、看得起病；贫困地区可以免费筛查一些疾病项目，做到提前预防；贫困人口住院费用支付是县域内定点医疗机构先诊疗后付费，等等。很多农户都反映，现在看病比以前真的减轻了很多负担，直夸党的政策好。其实对于所有家庭都是这样，只要家里人身体健康，就是我们最大的财富。所以我特别想告诉身边的所有人：年轻的朋友们，少熬夜多运动，去尝试一种更健康的生活方式，多关心自己父母的身体；父母们，身体有任何不适要及时就医，不要有拖延或者隐瞒，你的身体健康就是子女最大的福报。

近些年国家在脱贫攻坚、精准扶贫方面，出台了强有力的政策与制度。但是，对于基层农村的贫困群众来说，勤劳是他们的生存之本。如果他们失去了勤劳的基本积极性，制度再好，那也只是"扶不起的阿斗"。这次入户调研，很高兴很多农户能在国家政策的帮扶下，靠自己勤劳的双手来创造美好的生活。"国家政策这么好，咱们自己也得给力，你说是不是?"

"政策的宣传到位能减少很多不必要的误会"

我们这次评估的有个村子叫城子岭村，发生了这样一件事。有一家农户既不是脱贫户也不是一般户，只是有人反映他家的房快塌了。我们组实地去看了，确实不管墙内墙外都有很大的裂缝，没法维修，存在安全隐患，属于住房没有保障。我和队友在了解他家收入情况的时候，他告诉我们他和妻子是收农户玉米的然后转卖给粮站，去年粮站人跑路了，他欠了农户20万元的粮款，把原来在县里的房子卖了补了亏空。了解到他家还有一辆小轿车，他看我和队友年龄小，没有说实话，对我们说车也卖了。我和队友就将这个疑似户报告给带队老师。老师提前在村委了解了一下他家的情况，查出他家去年确实亏损，但除了他家在县里已经卖掉的那套房，他家在珠海也有房产，并且车也没有卖，除此之外院子里停着一辆大型机械，据农户自己说价值13万元! 而且据村民说，这家今年就将搬走，是看到国家的政策好，心生贪念。带队老师向他解释了国家的政策，他家在珠海有房产是属于有安全住房的，扶贫是给最需要却没有能力的人的。农户听后悻悻地低下了头。

确实政策的宣传到位能减少很多不必要的误会。国家制定的精准扶贫政策确实是惠及千秋万代的好政策，但在政策的宣传上，尤其对基层群众的普及上，好像还需要付出更多的努力。农民因为文化程度低，对政策理解不到位，在村里盲目跟风，看到你家享有政策了，那我家也必须有，事实上每个家庭的情况都不一样。还有我们入户调查员可以对政策进行二次讲解，虽然我们年龄小，但更要义正词严。

"我做了一件很多年后回想起来都值得骄傲的事情"

我们正在做的贫困县退出评估是真正地和农户实地接触，发现有没有错退、漏评的情况，保证群众真脱贫、脱真贫，因此调查员能否真实、客观、公正地反映贫困县的状况，意味着贫困县能否顺利脱贫摘帽，更意味着我们国家能否顺利实现2020年全面建成小康社会的宏伟目标。党的十九大报告指出，要决胜全面建成小康社会，开启全面建设社会主义现代化国家新征程，要完成这么宏伟的目标，最艰巨的任务就是脱贫攻坚，带领困难群众一道进入小康社会是全面建成小康社会的根本需要，更是社会主义的本质要求。而我们现在所做的事就是扶贫攻坚中的重要一步——贫困县退出专项评估工作。能参加到这样的工作中来，堪比当年知青"插队"、上山下乡的自豪感！是的，我做了一件很多年后回想起来都值得骄傲的事情！

扶贫攻坚路上的汗与泪

文/张晶晶

（西安财经大学经济学院 2017 级金融专硕研究生）

　　能在零下几度的冰雪黑土地上度过特别的七天，我深感荣幸。在广袤的完达山麓和大兴安岭中穿行，从南到北，由西往东，走过了偏远的山村，看了别样的风景，遇了各样的人，我收获满满。

　　出发那天我们辗转于几种交通工具，很晚才到目的地——桦南县。然而，幸好有此经历，我才和同队的小伙伴们逐渐熟络了起来，不同专业的视角交错、视野互补，让我接触了很多在学校里可能遇不到的观点和想法。遇见了这样一群优秀而有趣的朋友，何其有幸！

从简与扰民

每到一个县，带队老师便会强调一切从简、不要扰民。然而，我想我们终究还是"扰民"了。正如带队老师所说，没有当地政府的协助，人生地不熟的我们在当地将寸步难行，乡干部和领路人既帮助我们入户调查，却也可能干扰了我们获取情况的真实性。如何平衡优劣、改进评估工作的方式和方法值得我们思考。很多时候的很多事情并不可能做到完美，而大多可能是有得有失，所以，只能在保证主题的基础上寻求某种最优化，尽量做到一切从简。

扶贫与扶智、扶志结合，多元参与和互利共赢

访谈中记忆至深的是一户独居老人。他家徒四壁，却收拾得极其整洁，是我们走访中遇到的唯一上过初中的老人家。他说，政府帮扶不等于就要把所有问题都推给政府，靠自己才是最关键的。确实如此，教育是解决很多问题的根本。人的意识很重要，主动脱贫的意识更重要。如何让村民从内在发生改变，从而最大化其主观能动性是很关键的环节，其后才是帮助农村青壮年劳力增强知识技能，以利其生存。也就是说，当农户的文化素质提升之后，很多问题更容易推进落实。因此，我们不能忽视每一个平凡个体的主观能动性。毕竟民为水，可孕育英雄，民智和民志始终是社会和国家的根基和力量源泉。帮扶绝不是有洞补洞，重要的是如何不再出现新洞。客观地来讲万事万物都会出现漏洞，所以很多时候补的工作并不难，如何预防问题的出现才棘手，"等靠要"这样的思想绝不能纵容其滋长。因此扶贫的关键在于教育，只有大力发展教育（包括基础教育、职业技术教育、企业社会责任感

教育等），才能使村民、公务员、企业等各方的思想观念发生转变；只有重视主观脱贫和互惠、互利、共赢，才能更高效地从根源上发动群众，激发各方扶贫的积极性，从而齐心协力，打好脱贫攻坚战。

　　教育这一服良药却又涉及方方面面，与经济、科技等相互交织。唯有齐头并进才可能全线前进并保证其可持续性，这便是扶贫道路漫长而艰难的主要原因。此外，如何使人民得实惠、干部得实用、国家得实效？我个人觉得，自上而下与自下而上的多方面改革与创新相结合，才能协调发展。因此，扶贫无疑需要多元参与，政府、社会、学界、个人等不同主体的合作，最终将会在共建、共享中有更多的参与感、获得感和幸福感。多元参与的一个关键在于合作的有效性，很多时候，问题的发生在于信息交流的不对称，供求对接有错位。那么如何引入合作？有效的合作需畅通的信息沟通平台做保障。因此，科技发展很关键，而科技发展离不开教育，社会的方方面面都需要相辅相成、齐心协力。

用事实和证据说话，客观、理性、负责

　　老师们常常强调评估工作一定要细致查实、审慎判断，不能凭感觉主观臆断、想当然。在近七天的工作中，每走访一户，每录一份问卷，便更能体会到评估的每一个环节、每一个细节都需要我们认真对待。因为走访的每一户、填写的每一份问卷都是数据库中的一个采样点，只有确保每个点尽可能的真实可靠，才能尽可能地勾勒出所到之处的真实扶贫情况。我们必须对得起国家的信任、村民的信任、工作人员的信任，这个过程让我体会到一种强烈的使命感。我们需要寻找出尽可能真实反映扶贫成效的结果，尽己所能帮助精准扶贫做到更精准、更富有成效，哪怕自己的力量是如此微弱。

　　在此次评估中认识了很多志同道合且未来可期的小伙伴，我也在一定程度上认识了中国的贫困现状。以往未曾见过的很多人和很多事构成了难得的

生命经历，带给我很多不一样的新鲜体会，很多的感谢、感恩和感动在心中无以言说。2018 年终了，我对自己有了更深刻的认识，对精准扶贫有了更多的参与感，更确信自己的信仰是值得的。正如一位领导所寄语的，我们是拥有着不成熟观点和观念的小"期货"，但是当我们努力用心去参与、去经历，在实践中不断思索成长之后，终有一日，我们能提出有意义的见解和观点来帮助我们的国家，让社会变得更好。愿我们都不忘初心，不断前进。

调研经验总结

此次调研无疑给我们留下了宝贵的工作经验。我发现可以采取多方打听的方式结合再三核实的策略去发现问题，寻找漏评、错退的疑似户。具体操作来说，首先向正在采访的农户询问整个村里的生活状况，并同时问及其他农户的生活情况。比如问道，您觉得村里谁家最贫困等，然后继续到下一户核实此情况，如若有超过两户反映相同的情况时，应该及时向老师们、小组长们反馈信息，这样可以精准把握错退，漏评现象，更好地发现问题。

同时在采访过程中我也总结出一些技巧，比如为了让农户放下戒备心，要严格按照纪律要求，不让相关人员干扰工作，当向导带我们进户以后，要严格要求其离开现场，否则终止调研工作。在入户时要用亲切的语气，首先问候农户再进行调研工作。在访问时，尽量避免专业性的术语以免农户无法回答而造成尴尬。访问结束时，要坚守调研纪律，拒绝农户的热情"送东西"的现象。拒绝的方式有很多，譬如可以告诉他们，我们如果拿了群众东西会挨处分等婉拒农户。总而言之要取得农户信任，可以适当采取一些话术技巧，让他们充分地相信我们的工作，避免出现农户不敢说真话的现象。还有很多类似的话语和采访的技巧，都是很值得我们分享总结以及借鉴学习的。

作为调研工作中的老队员，我一直秉持着严于律己的宗旨，做好榜样带头工作，绝不消极怠工。此次调研工作，我有一项任务即好好教会新队员，让其熟悉工作。在刚开始工作的时候，我先简要地交代工作内容，给新队员分配了相对比较轻松的取证工作，并耐心解答了遇到的所有问题。但是，后来我发现尽快放手让她们自己去体验，在追求质量的基础上不追求速度，让她们很快上手工作，可以加快整个团队的工作效率。这样做了两天的工作之后，我们整个团队开始配合默契，效率超高，也让老师们倍感欣慰。此次唯一美中不足的是，我换了一次搭档。当我刚刚以为优秀的小伙伴已经熟悉工作，可以挑起大梁的时候，个别原因导致搭档离开了我们团队，让我觉得有点遗憾；但是毋庸置疑，每个分配给我的小伙伴都很优秀并可以迅速地投入调研工作之中。

除了小组团队，我们和别的小组的小伙伴们也结下了深厚的友谊。总之，在老师的指导下，我们这个团队不仅工作能力愈加强大，互帮互助的团队氛围也愈加浓厚。我也相信大家在以后的工作生活道路中会越来越顺利。

实现精准扶贫，深入调研、准确识贫是前提。富裕的生活大体相似，而贫困的原因各有不同，这也就要求我们在深入农户家中调研时，要时刻把握和聚焦"两不愁三保障"的问题，即吃穿不愁，义务教育、基本医疗、住房安全有保障。我们不能以"大水漫灌、手榴弹炸跳蚤"的工作方式去调研，而应该深入调查，把扶贫对象摸清，把家底盘清。当遇到农户不在家的情况时，要再三核实情况，坚决不能疏漏问题户，并且要做到及时反馈。及时反馈信息是非常重要的一个环节，老师们一直在每一个村部严阵以待，只要我们一反馈问题，他们就会及时解答问题，并在发现"疑似户"的状况下，快速地到达现场，核查情况，当然同学们也为他们的这种敬业精神而振奋。

披星戴月可谓是我们这次调研的常态。离开黑龙江时，我们合影留念，为此次脱贫调研工作画上了完整的句号。这次脱贫评估工作的种种感受切切实实地激励着我。当我看到真正需要帮扶的群众享受到扶贫开发的阳光雨露之时，想到自己为之努力工作的地方，便会倍感骄傲。

安得广厦千万间，大庇天下寒士俱欢颜

文/胡可

（西安财经大学经济学院 2018 级金融学研究生）

    2019 年 3 月 2 日，我们来到了位于黑龙江省佳木斯市的国家级贫困县——桦南县。飞行 2700 多公里，从关中平原到三江平原，我第一次站在了黑土地上。尚未从一夜无眠的舟车劳顿中回过神来，当天下午就进入农户家中开始了调研工作，直至夜幕降临返回宾馆吃饭，接着准备晚上的研讨会。在研讨会上大家跟老师交流白天遇到的各种问题，改进工作方法，上传问卷与影音资料，等一切结束常常到了晚上 10 点。有的队员还要核对数据，一直忙到凌晨也是常有的事。好在我们的队伍里最不缺的就是朝气蓬勃的年轻人，大家在路途的颠簸中昏昏入睡，下车就又能抖擞精神投入工作中去。在这七天里，除了快节奏的工作让人难忘，深入农户家的走访调查同样带给了我心灵上的震动，并引发了我的一些思考，或许并不深刻独到，却是自己的所见所悟。

我们团队中的调查员都是 20 出头的青年人，大部分来自城市家庭，所以我们天然地对这里的农户生出一种同情，不自主地将他们的生活与我们自己的生活做比较，所以打心底想为他们做点什么，而我们能做的，只有尽可能详尽地询问他们是否生活得到了改善，是否切实享受到国家的扶贫政策。令人欣慰的是，我们得到的答案是肯定的。在这七天，我们从农户口中听到最多的词就是"感谢"。他们感谢党和政府的好政策，感谢自己家的帮扶责任人，那样诚挚热烈的话语我已经很久没有听过了，所以更为他们的淳朴真实所感动。

在这次调研过程中最让我印象深刻的，是在最普通的农户身上发现了人性中最美的闪光点。我和我的队友郭春尧走进一户建档户家中，迎接我们的是一位身体还算硬朗的老奶奶，问及她家中情况，才得知这是一户因病致贫的贫困户。老奶奶的女儿患有乳腺癌，女婿患有肝癌，这样的大病开销是他们无论如何负担不起的，而现如今有了医疗保险，老奶奶的女儿已经做了乳腺切除手术，女婿的病也在治疗当中，报销后几乎没有自掏腰包，提及这些，老奶奶满口感谢，感谢党和政府的帮助，让他们渡过难关。老奶奶还向我们提到了自己的孙女，说孙女有肺结核，不过现在已经治好了，老人家心心念念着自己的孙女，还开玩笑着说："我年纪也大了，血糖高，血压高，哪儿都高，就是个儿不高，平时也不能怎么照顾我孙女儿，我这孙女儿可怜，我捡她回来的时候她才那么小一点。"听到这里，我和队友都非常吃惊，原来老奶奶满口所提的孙女并非亲生，而是她捡来的弃婴。这样一个家庭，自己生活已经这般艰难，却依然满怀善意，温柔地对待一个本与自己无关的生命。当这种事不是来自电视和报纸，而是真正地出现在我面前，我才知道它能给一颗成长在象牙塔里的迟钝心灵带来多大的震撼。我们的国家，有贫穷的地方，这里的人或许因为经济困难也没什么文化，但这不妨碍他们拥有高贵的品格，在精神上，他们与这星球上的任何人相比都是富足的。同样，这种乐观向上的心态也非常值得我终身学习。这段日子，我常常会问自己，平时学习与生活中遇到过的困难和挫折跟这些农户面临的生活困窘、疾病折磨相比算什么呢。他们的生命力真是坚韧又顽强，即使生活中充满了不如意，却依然能够笑对人生，保持乐观豁达的心境。

当然，调研的工作不是只有配合与感谢，我们也听到过不一样的声音。有部分农户向我们反映了自己家中的种种困难，但经过我们仔细的询问与观察以及多方了解之后，这些农户的"两不愁三保障"是可以得到充分满足的。可是我也知道，农户向我们诉说这些并没有错，每个人都向往更美好的生活，令国家骄傲的正是培养了挑剔且有思考的国民，这促使中国更快速前进。只不过我们的当务之急是消除贫困人口，农户们想要更进一步地提高生活质量的愿望，我相信通过地方经济的不断发展，在不久的将来一定会完全实现。作为经济学研究生，这也是我们今后奋斗的方向。毕竟我们还有很长的路要走，"脱贫"远远不是终点，未来中国还会有更健全的教育、医疗、养老制度，劳动人民会依靠自己的双手走向富裕。记得听老师说过，在抗日期间，东北 11 支抗日联军中桦南县就有两支，这样一片蕴含了中华民族英勇无畏、顽强不屈精神的土地，当然值得更美好富足的生活。同时，针对部分农户的不满，我们在调研过程中也进行了部分扶贫政策的解读，向他们解释了我们的评估标准，尽可能通过沟通的方式消除他们的不满。

扶贫工作不是单纯地给贫困户一笔钱就能让他们瞬间脱贫的，对于有工作能力的人我们为他们创造就业机会，让他们依靠自己的努力改善生活，这样才是长久之计。对于任何人来说，人生路上很多时候只有自己才能救自己，抓住机会才是对自己负责，更是对下一代负责。可是我们就遇到过令人愤怒又无奈的农户，40 岁年纪并无病痛折磨，却懒惰地在家只会满口怨言，问及为何不外出打工补贴家用时，他回答我们"那能挣几个钱！"更有甚者，自己家里的欠债完全指望政府替他们偿还，否则就对扶贫工作消极应付，整日怨天尤人，只知道张口谈条件，伸手要政策。这让我理解了为什么要"扶贫先扶志"，扶贫工作中最大的困难是"因懒致贫"。物质上的贫穷其实并不可怕，可怕的是精神上的贫穷。"志不强者智不达，言不行者行不果"，扶贫工作绝不是养懒汉，贫穷不是借口，不是光荣，不是"我穷我有理"，必须先端正了态度才能激发群众内部活力，增强扶贫内生动力。

此次桦南之行让我颇感意外的是这里年轻的领导干部们。我们调研所在的一个村子，那里的村支书是个"85 后"的青年干部。他对自己村的每户村民情况都如数家珍，家里几口人，种有多少亩地，是否有家庭成员外出打工或身患疾病，甚至村民平时嗜好什么，等等，这些信息他都能脱口而出。这绝不是靠一朝一夕能记住的，一定是平时经常深入农户家中与农户交谈的结果。在我的印象之中，他负责的那个村子的村民精神面貌也非常好。我们在一户非建档户家中调查时，问及一对夫妇生活是否有困难，他们非常自信地说："我们家再有困难，那这村家家都困难了。"遇到这样充满干劲的领导干部是让人觉得满怀希望的，我们都相信他能带领全村过上更好的生活，而越来越多这样的有志青年深入基层，中国农村未来可期。

这七天的调研对我而言是一次非常难忘的人生经历。第一次来到东北，体验了当地的风土人情，尤其深深感受到了东北人民的热情好客、爽朗豪放。说来惭愧，这也是我第一次真正意义上走进我国农村，看到他们的生活状态，我很感谢父母给了我现在的生长环境，深刻认识到自己真的已经比很多人要幸运了。好在通过深入农户家中的调研，我看到了国家扶贫工作的显著成效，帮助那么多家庭走出贫困，解决了住房、教育、医疗、就业等一系列问题。同时，作为当代青年，我们也需要有"安得广厦千万间，大庇天下寒士俱欢颜"的胸怀。国家和父母培养了我们，我们就该在自己的岗位上发光发热，为祖国的经济建设作出努力。"脱贫"之后，就是走向富裕，在这个过程中需要我们青年贡献自己的力量，这也是我们的历史使命。最后，感谢桦南县配合我们调研的工作人员，感谢为扶贫工作做出努力的所有人，祝福桦南县！

桦南县"贫困县退出评估"调研总结

文/李依梦

（西安财经大学经济学院 2017 级应用经济学研究生）

　　这是我第一次参加精准扶贫第三方评估调研活动，从同学那里得知去黑龙江佳木斯调研的消息，便一口答应。由于之前没有参加过调研工作，能加入这次的调研队伍，内心十分激动，充满了期待与好奇。在此之前，我没有去过黑龙江，但是对大家说的东北黑土地、中华大粮仓并不感到陌生。我们这次调研的目的地是隶属于佳木斯市的桦南县。佳木斯市是中国最早迎接太阳升起的地方，素有"东极新天府，快乐佳木斯"之称，而桦南县也有着"中国紫苏之乡"和"中国白瓜子之乡"的美誉，我怀着强烈的责任感和使命感踏上了征程。经过一星期的调研活动，我受益良多，这是一段值得珍惜的记忆。

准备工作

2019 年 2 月 28 日，我参加了这次的调研培训会，会上金博同学讲解了这次调研的任务与目的以及电子问卷的使用方法和技巧，带队老师也强调了重要性、纪律要求与安全问题。老师说国家选我们学生作为第三方评估是最公平的，在这里我很荣幸成为桦南县"贫困县退出评估"项目组的一名调研员，感谢国家对我们的信任。第一次参加的我，激动与紧张相伴随。激动的是可以为脱贫攻坚战贡献一份自己的力量，将公平公正带向所走过的每一家；紧张的是第一次参加调研任务，不知道该如何下手，怕自己做得不好耽误大家时间，幸好我有一个经验丰富的小伙伴。在签署了保密协议之后，整个调研过程中，我们严格遵循保密原则，不能向外人提及关于调研的一切相关信息，我也对此次调研之行更加不敢懈怠。

此次的调研队伍共分为 18 个小组，每组两个人。与搭档简单交流之后，我们将一起努力完成此次调研任务，遵守此行的调研纪律，做一名合格的调研员。

肩负使命

由于这次去的地方比较远，我们是坐飞机出行的，3 月 1 日晚，我们乘飞机前往佳木斯市，我是平生第一次坐飞机，在飞行中全程都很紧张，落地时觉得"脚踏实地"真好。经过数个小时的奔波，我们到达了佳木斯市。下飞机的第一反应：冷！东北的冷就是不一样。又经过一小时的大巴，我们终于到了此次调研的目的地：桦南县。到了住处，短暂的休整之后，调研工作便拉开了序幕。虽然一路的奔波让我们感到有些疲惫，但当我们来到这个新的环境，看到桦南县对我们调研工作的重视，劲头就又足了。

按照之前的分组，当天下午的主要任务是熟悉流程，我们跟随着经验丰富的"老手"第一次进户调研。

其实在路上，心里还是紧张的，因为不知道如何去做，是否可以做好。我怀着忐忑的心跟着"师父"进入了第一家，循着小伙伴的思路，我也对调研工作梳理了一遍。我们进入农户家里的时候需要全程进行录音，并且拍照录像，录音不仅能保证我们问卷的真实性，而且也方便之后问卷出问题的时候及时做出修正。录像以及照片的拍摄也是有相应的规定，照片要反映农户的吃穿情况，衣物是否充足，肉蛋类食物是否能吃到，能否达到"两不愁"。其次，农户家里的义务教育、基本医疗、住房安全要有保障，需要拍摄相关的证明材料以留证，这些影音资料是此次评估的重要参考材料。另外，每户的家庭收入方面，家里多少亩地，种了什么农作物，种了多少亩，家里养了多少牲畜，今年卖了多少头，政府补助资金是否到位，扶贫工作的认可度等每一处细节都不放过。在调查过程中，我们克服各种困难，力争把情况摸准，切实了解该村该户是否满足"两不愁三保障"。这看似简单的问卷，却是关乎他们命运的关键，我们调查组首先要把态度放端正，时刻保持着客观、公正的原则来开展此次调研活动。

在熟悉了整个调研流程之后，心里的石头也落了地，对接下来的工作充满了信心。回到住处，吃过晚餐之后，调研交流会便开始了。交流会上每个小组汇报自己的工作量以及在调研过程中遇到的问题，针对有关问题，大家进行集体讨论，并由带队老师进行相应的解答。除了遇到的相关问题，伙伴们也把自己小组的调研经验和方法拿出来分享，杜绝接下来的调研过程中再出现这类问题，少走弯路。交流会之后，需将本组一天的调查问卷以及相关材料进行上传，此时我们调研小组一天的工作才算彻底结束。但是检查小组的工作才刚刚开始，他们需要对我们的问卷进行一一核查，他们的工作时间会更长。在此非常感谢检查小组的辛苦付出。在结束工作，回到住处，简单洗漱之后，我们便很快进入了梦乡。

随着时间的推进，调研速度也有了很大的提高，调研过程中遇到的问题也比之前少了许多。每天从早到晚，尽管不停地走来走去，不停地去交流沟通，但是心里却很开心，睡觉也很香甜，我感到平时从未有过的充实，每一天都过得很有意义。每天去往不同乡镇的路上，短暂的休息时间对于我们来说都十分宝贵。一上车，我便不知不觉睡着了，这时候的小憩是为接下来的工作充电，以饱满的精神状态投入下面的工作中。

调研所见

整个调研的贫困户中，致贫原因有很多，有的是缺乏劳动力、没有钱供孩子读书，但大部分是因病、因残致贫的，因为对于普通的家庭来说，疾病的治疗是一个巨大的负担。据我们了解，对于因学致贫的贫困户，国家开展了各种阻断贫困代际传播的渠道，比如：积极帮助贫困户争取"雨露"计划，减免学杂费等；对丧失劳动能力的贫困人口，政府有社会保障实施政策性兜底扶贫；对于因缺乏技术致贫的贫困户，村里也设置有就业培训、公益岗位等；对于因病致贫的贫困户，大家都享有新型农村合作医疗等，另外患有慢性病的还配有家庭医生，定时来给贫困户进行身体检查。

在国家帮扶政策下，现在许多贫困家庭通过自己的辛勤努力摆脱了贫困。不少爷爷奶奶跟我说："现在党的政策好呀！感谢党的好政策，我吃得饱穿得暖，生病了也不怕看不起病，生活比之前好太多了！"看到他们脸上幸福的模样，我们心里也十分欢喜。在调研中我还遇到一户河南老乡，是一对老夫妻，他们已经在桦南县生活了40多年，是当年从河南逃荒过来的，这么多年他们老俩说的话还是有河南方言的味道，我说我们是老乡时，他们很是激动，他们说虽然老家不在桦南，但在这里住了这么多年，乡里乡亲处得都很好，还是政府的政策好，现在吃穿不愁，住的也好。当我们完成调查准备走时，他们嘱咐我以后没事常来，我看到老两口眼里泛有泪花，目送我们很远，也不知是否还有机会再来这个地方。我们遇到了各式各样的人，让我印象很深的还有两位 90 多岁的老人，两位老人自己在家里住，93 岁的奶奶身体不好常年卧床，90 岁的爷爷要每天做饭，照顾老伴，家里的屋子还有些漏雨，我们看两位老人这样生活也着实可怜，最后老师联系了他的孩子，也让村干部好好处理二老的吃饭问题，我也是希望老人的孩子再忙，也要安顿好老人的生活。还有我很想说的一件事，我们入户的一家有位老奶奶实在是太亲切了，在我和我的小伙伴调查结束后给我俩一人一个吻，我也是懵了挺久，东北人不愧是热情好客。

但是，在调研过程中，我也遇到了个别被利益蒙蔽了双眼的人，想让我们给上级政府反映说安排低保、贫困户时还有很多不尽如人意的地方。我们基于"两不愁三保障"的原则，加上考察家里的情况以及结合邻里的评价，判断出他们的生活已经得到了保障，家庭生活条件也可以，但他们就是一直拉着我们说家里很穷。我们现在所做的事就是精准扶贫中的重要一步——贫困县退出评估工作。所以我们不可以被虚假的外表蒙骗了，要拥有一双善于发现的眼睛。我们要对自己的工作负责，对贫困家庭负责，对脱贫攻坚战负责。这不仅仅关系到桦南县是否可以摘掉贫困县的帽子，更关系到我们国家所有贫困县能否顺利脱贫摘帽，我们国家全面建成小康社会的宏伟目标能否顺利实现。

政策惠万家

在调研中我们注意到，桦南县的每个村都有产业帮扶，每个村特色发展一种产业，基本每人一年能得到 1200 元的产业分红。例如：石头河子镇八一村的产业帮扶是蔬菜大棚种植，其他的村也有光伏扶贫，肉驴养殖等，这种方式打破了长久以来"输血式"的扶贫模式，实现了由单一的资金扶贫向"造血式"扶贫模式的转变。此外，桦南县主要种植玉米和大豆，政府补贴的有地补和粮补，一亩的大豆补320元，鼓励农户种植，我听农户们说今年天旱，收成不太好，这就成了收成不好时的一笔重要补助。在调查的贫苦户中，也有不少是享受过危房改造的，都通过了验收已经入住，农户住着暖和结实的房屋，对党的政策以及政府工作都挺满意。

调研任务结束了，我们即将踏上归途。收拾好行李，是时候和工作过的地方说再见了。虽然在这里待的时间不长，但是我很珍惜在这里度过的每一天。这几天的调研实践同样使我受益颇深，不仅锻炼了我的表达沟通能力，还认识了很多朋友，感谢这些日子以来，遇见的人，看到的事，让我从中学习并有所成长，这里给我留下太多美好、珍贵的回忆。在此，希望桦南县可以早日摘掉贫困县的帽子，大家的生活越来越好，一同奔向幸福的小康生活！

人生没有无用的经历

文/刘海霞

（西安财经大学经济学院 2018 级金融学研究生）

　　"人生没有无用的经历。"用这句话来形容这一次调研之旅是再合适不过了。作为一名学生，我们都很珍惜每一次出去的机会，外面是你从未去过也从未了解过的世界，当你走近它、接触它时，都会带给你不一样的收获与感悟。

启　程

要把每一次的出发，当作最美好的记忆。出发，不一定是去旅行，但一定会是一次难忘的旅程。2019年3月1日晚7点30分，我们这一支调研队伍从学校出发，经历了大巴—飞机—飞机—大巴，这是漫长的一夜，也是难忘的一夜，终于我们来到了桦南县。到达桦南已是中午11点左右，到了住处安顿好之后，我们就参加了此次调研的第一次会议，下午我们便投入紧张有序的入户调查访谈工作中。早在出发之前的培训会上，老师就告诉我们，"从现在开始，我们就要进入高度紧张的工作状态"，而我也早已给自己心里暗示，要认真完成工作任务。

这里还挺"暖"的

一说起东北，除了幽默有趣的东北话，还有它的寒冷。还记得当初在宿舍与舍友谈论起这次调研的目的地——黑龙江省佳木斯市桦南县时，大家都很激动，甚至还有另一个留守阵地的小伙伴开玩笑说，让我们替她看看"泼水成冰"的景象。真是遗憾，要让我的小伙伴失望了，3月份的佳木斯俨然没有那么寒冷了，早晨刚下飞机，只是感受到了一丝冷风。毕竟作为一个陕北人，我还是抗冻的，只是后悔穿了一件超长的羽绒服，说实话这还是我特意为这次"黑龙江之旅"准备的。

东北不光天气很暖和，这里的人也很热情。在我们调研走访的日子里，每入户调查完一户，向他（她）们表示感谢，走出门的时候，都会听到同样的一句话："以后再来桦南，就来家。"虽然我们都很清楚，山高路远，再来一趟不容易，但听到老乡的话，心里还是暖暖的。

充实的每一天

充实的一天从清晨开始。每晚睡觉前，负责人都会在微信群里通知第二天早上的时间安排，尽管每天都一样，但从不会省略。说实话，调研的几天时间，根本不存在失眠，忙碌的一天足以让你晚上回到住处倒头就睡。早餐过后，我们就要分队进入不同的村子里，两人一个小组，每支队伍都有随行老师和负责人，方便我们有问题及时反馈，及时核实情况。早在进入农户家里之前，我们就已经分配好了任务，调查开始一人负责访谈和录音，另一人负责录像和采集照片以及核查资料，相互配合。入户之后的问好、解释来意、完成后的感谢都是我们必有的环节。每家每户存在相同的问题也有不同的地方，我们都会去了解，这就是我们白天的工作。

晚上回到住处，晚餐过后，每天都会有一次例行会议。在会上，每个小组要进行一天的工作总结并汇报白天遇到的问题，大家相互之间进行交流，老师也会针对我们的问题进行详细的解答。会后的工作就是整理和上传数据资料，包括核对问卷、照片和语音录像资料，然后按村按户分类，交给资料收集员统一保存。充实的一天，以这样的形式结尾，还是挺完美的。

与老乡交谈中的小感动之一

调研的主题一直是围绕"两不愁三保障"展开的，其中对于家中有适龄儿童上学的家庭，"义务教育是否有保障"是我们必问的话题。还记得有一天在一户老乡家里，我们问到"家里孩子在上学吗?"老乡斩钉截铁地告诉我和队友："上啊，再穷也不能穷教育!"我和队友听到这个答案很欣慰。是的，加强知识教育这一意识，不只是在城市十分重视，农村人民一样深知"知识改变命运"。他们更希望自己的子女能够走出农村、接受高等教育、找一份好的工作、有一个幸福美满的家庭。

周总理说："为中华之崛起而读书。"我们要树立为祖国独立富强而发奋学习的宏伟志向，努力做好学生能做到的：好好读书，不辜负自己也不辜负父母的期望，不拖国家的后腿。

与老乡交谈中的小感动之二

像平日一样，了解过农户的情况后，我和队友准备离开，却被一位快要流泪的阿姨叫住了。阿姨从自家柜子顶的箱子里，取出来一张卡片，拿给我们看，我和队友有些犹豫，觉得不合适，因为事先阿姨告诉我们这是女儿写给她的。但阿姨很想跟我们分享，接过卡片，我们发现这是女儿在母亲节的时候写给妈妈的信，字里行间流露出的情感也很真挚、朴实，我们夸赞小妹妹的字漂亮，阿姨高兴地给我们解释，她的女儿在书法比赛得了优秀奖，满脸的自豪与骄傲。说实话，小妹妹信上的那些话我从来没有对自己的母亲讲过，我想大多数人和我一样，不是不明白，只是羞于表达。我是一个容易感动的人，小女孩勇敢地表达对母亲付出的感谢，对母亲辛劳的感动，嘱咐母亲要对自己好一点，承诺母亲自己会好好读书，这些语言都是那么的纯粹，那么的真诚。仔细想想，我们已是研究生，如果本科毕业之后不是选择读研来继续深造，或许早已步入职场，早应该肩负起身上的责任，替父母分忧，让父母不再操劳，这一切的一切都时刻提醒我们，要努力读书、努力工作，未来回首才不会留遗憾。

常回家看看

在我们走访的农户中，我们发现村子里有很多"空巢老人"，子女都已成家，远在外地打拼、工作、生活。当然，这是中国许多农村地区普遍存在的现象，值得我们反思。当我们问到这些老人，"儿女经常回来看你们吗?"有些人回答时有些犹豫，"也就过年的时候，儿女都忙，有自己的家庭和工作。"甚至有一个老人说自己已经几年没有见到儿子，儿子一直在外打工。为"空巢老人"带去关爱，让他们也能感受到关怀，作为子女，就算再忙也应该常回家看看，陪陪年迈的父母，听听他们的唠叨，因为子女是他们一生的牵挂。

精准扶贫落到实处

精准扶贫，是根据不同贫困区域环境、不同贫困户状况，运用科学有效程序对扶贫对象实施精确识别、精确管理的治贫方式。简单来说就是，谁贫困就扶持谁。这个道理我们都懂，我们要把政策、温暖、实在的好处送给最需要的人，我们要帮助的是最困难的人群。在入户的调研过程中，我们了解到县里带领贫困户发展产业，搞大棚种植、家禽养殖，给农户带来了切实的利益，还有各种公益性岗位都能够增加收入。在谈论起扶贫这几年以来，家里和村里的变化时，好多农户都说"国家好""国家政策好""共产党好"等等。其中有一位80多岁的老爷爷，令我们记忆很深刻，在聊到国家的一些政策时，他觉得自己给国家添了麻烦，我和队友告诉他，不要有这样的想法，国家最在意的还是人民，要努力生活。

"我最牵挂的还是困难群众。"习近平总书记曾在新年贺词中这样说。有一份牵挂，就有一份温暖。

用勤劳的双手创造幸福生活

在入户调查中，我们发现有很多建档立卡人口，他们有的年事已高，甚至患有慢性疾病，失去了劳动能力，已然没有收入来源；也有很多人因为身体残疾、患有大病，不仅没有劳动能力，而且还要花费大量的医疗费；也有人是因为意外事故等其他个人和家庭原因导致了贫困。人不会永远处于困难的境地，我们一定要有积极的心态去面对和战胜。习近平总书记强调，扶贫先扶志。说的就是，要帮助贫困人群树立起摆脱困境的斗志和勇气，激发出他们持久的脱贫致富的动力。贫穷并不可怕，可怕的是你失去了摆脱它的勇气。

调研期间，每晚的交流研讨会上，除了一些工作上的收获，老师讲述的案例也让我们颇有感悟。有个案例真是现实版的"浪子回头金不换"。一位男子在犯错之后，改过自新，不仅过好了自家的小日子，也立志要带领村里的人民脱离贫穷，发家致富。故事主人公的人生跌到低谷的时候，依然没有放弃生活的希望，相信明天的日子会越过越好。这样的信念让我们感动，也让我们敬佩他，为他点赞！

我们现在所做的工作是"贫困县退出专项评估"，属于脱贫的一部分。我们的工作是很严肃的，也是很重要的，我们要秉承实事求是、客观公正的原则进行评估。在入户走访时，有农户反映，自己家中有负债、有贷款，也想得到一些补助，我们追其原因，也根据实地查看，发现家庭生活水平还可以，导致负债是因为发展产业购买了农业机械。我们也解释道，国家政策帮助是有评定标准的，不是人人都能享有，国家现在要做的是，帮助最困难的群众。一些人听了表示可以理解。其实我们认为这些都是正常的，他们都是为了改变现状而努力生活的人，应该有更积极向上的心理，把日子过好。

把握初心，勾画未来

文/辛强

（西安财经大学经济学院 2017 级金融学研究生）

　　为了共同的理想和任务，我们 40 多位同学和老师聚集到了一起，前往黑龙江桦南县，进行"贫困县退出专项评估检查"的调研活动。从 2019 年 3 月 1 日出发到 3 月 9 日返校，我始终带着一份激动。最初的激动来自对未知土地的好奇心，最后的激动来自满满的收获。

红色的温暖

细节之中见温暖。开动员大会时，我就被认真的老师和带队同学所打动，认真的人最美。这是我第七次参加这种正式的、规模较大的调研活动。从 PPT 的讲解到软件系统与仪器设备的使用，以及温暖的手提袋上的西财美景都让我感受到大家是在用心去做每一件事情。

第一天到达桦南县。我们的住宿、饮食等安排得井井有条，使我对这个组织的信任又增加了一分。笔记本、工作牌、文件袋……每一项事无巨细的准备工作，都让我肩上的责任感更重了一分。

微信之中有温暖。"有红包哟，快抢！"老师们发红包时是微信群里最热闹的时刻。为了缓解紧张工作的疲劳，除了"抢红包"，在奔波的路上，老师们也会介绍地理地貌，或让同学们畅所欲言，互相发送各种各样的表情包。微信群是我们的第二个聊天室，第一个聊天室当然是会议室了。除了放松心情，微信群更给大家带来身边的温暖。有人说好冷啊，谁有"暖宝宝"，马上就会有人送来一大包；有人说，求吹风机，马上就会弹出对话框说，快来拿吧；有人感冒生病，我们的医疗箱里马上就会出现感冒药。

绿色的心情

绿色好心情，是因为有一群小伙伴在笑。因缘相聚，因趣相投。调研中，我们的配合是如此的默契，一起访谈、一起录入问卷、一起高效完成任务，我们真的好开心。吃饭之余，我们围坐在一起，聊着调研中的见闻趣事。

绿色好心情，是因为有美丽的风景。我们未曾到过黑龙江，对于一路的地貌变化充满新奇，一边听着老师的讲解，一边用心感受别样的地域风情。

一起乘车，游览美丽的桦南县，参观桦南特色小火车。一起封存美丽的风景，留下美好回忆。我们不会忘记一起喝桦南特色饮料白瓜汁，不会忘记我们在一起度过的日日夜夜。

蓝色的理性

工作中，我们保持着蓝色的理性，认真对待每一份问卷。我们不断探索访谈的技巧，比如，如何尽可能多地了解被访谈对象的家庭收支状况，如何礼貌地请当地基层官员回避访谈现场。我们如同侦探一般，注意访谈与调研过程中的各种细节，以保证我们做出正确的判断。

工作中，我们认真对待每一个样本。每个抽样的判断将关乎基层干部的政绩，将关乎我们的最终结果，更关乎每一个贫困户的切身利益，这就要求我们要保持理性认真的态度，实事求是地反映客观问题。宋敏老师带领我们对于每个疑难问题进行深入探究与分析，以保证结果的客观准确；同学们在微信群里不断将自己获得的信息进行及时分享。调研团队的每一个人都秉持客观、公正、严谨、认真的态度来完成这项艰巨的任务。

白色的纯真

调研活动给我们单纯的校园生活画上丰富的色彩，我们洋溢着纯真微笑的脸庞，虽然已经在寒风中冻得瑟瑟发抖，但却收获到许多关于生命的体会与感受。

一户被调研的贫困户，老爷爷是孤寡老人，身边没人照顾，独自一人住在老屋子。当问及房屋是否存在倒塌危险时，老爷爷用手指了指已失去原貌的房屋欲言又止。当时，我的眼泪已经在眼眶里滚动，即使是耄耋老人，我依旧能感受到他对生的渴望。如果没有来到这里，我不会如此深刻地感受到人对生命的敬畏与珍惜；如果没有来到这里，我不会如此真切地看到当前中国有这样一群孤寡老人，他们走过了青葱岁月，走过了人生的大半程路，只希望他们的余生可以平安顺利。

灰色的困惑

在调查过程中，我一直在想，为什么会如此贫困？为何不能富裕起来？为什么政府出台各种方法扶贫还是有那么多"难啃的骨头"？我们到底该怎么做？对于这些问题，我的想法肯定是稚嫩的，不成熟的。但我认为脱贫不能仅仅依靠政府独力撑起，更需要我们每一个人投入这项工作中。由此而生几个方面的思考。

一是农民的收入主要来自种地，因此农户最关注的是土地问题。我们此次去的地方位于东北平原黑龙江省，纵然自然风光很好，但缺少水资源，并且村子道路状况差，交通不便利。我们调查的所有农户都种植玉米，农作物的种类单一，存在很容易因为这一种农作物价格的变动而遭受损失的风险，没有其他农作物进行对冲。由于缺乏水资源，种植水稻的人少之又少，看到广袤无际的黑土地，我既感受到了当地的风土人情，也感受到了他们的无奈。

二是和大部分农村地区一样，我们调研的几个村里年轻劳动力很少，老人和儿童居多。年轻人为了使生活过得更好一点，不得不出去打工。当地工作的机会太少，这是小地方的局限，也是人口净流出的主要原因。政府应当采取适当的措施，根据当地的情况，依靠必要的生产要素，因地制宜地发展特色产业，留住当地劳动力，促进产业发展。

三是对接会上当地政府报告中提到的政策让人觉得非常可靠，但真的落实下来的却少之又少，对真正贫困的人几乎没有什么影响。另外，精准扶贫的"精"和"准"有些地方没有做到。比如政策性收入，往往只是为了脱贫而脱贫，并没有真正提高贫困户的生活水平，仅仅是完成了"数字脱贫"。这也是我们此行之前就一直在强调的，不能仅看数字脱贫，而应当用眼看、用心想，农户到底有没有真正脱贫？因此，在政策和制度方面还有很多有待改善之处。

紫色的回忆

直到现在，依然清晰记得2019年3月第一次前往黑龙江省参加贫困县退出专项评估调研时的情景，正是这次调研给我留下深刻的印象，使我有了毕业想扎根黑龙江的冲动想法。虽然我是农村人，但20多年来并没有像这几次调研活动一样，切实地感受农村的面貌，深入了解农民的生活。

目前，我国还有7亿农民，其中贫困人口7000万。为确保到2020年农村贫困人口实现脱贫，国家打响脱贫攻坚战，力求精准识别、精准帮扶。对国家而言，希望通过本次评估来聆听真实的民声，切实了解扶贫工作的成效；对农户而言，本次评估给了他们一个反映民意、提出个人诉求的机会；对参加调研的师生们而言，这更是一个理论结合实际，客观、公正地了解我国"三农"问题的机遇。

这次调研让我深刻地理解了"纸上得来终觉浅，绝知此事要躬行"。调研中发现，无论是在物质帮扶还是精神慰问上，基层村干部以及驻村工作队、帮扶责任人真真切切地为贫困人口的脱贫做了很多，真正地暖了村民的心。调研中有好多爷爷奶奶都感激地说道："现在的政府好呀，经常有帮扶人来家里看望，有时候还带来米、面、油和盐，比自己的孩子还关照我。"他们讲这些话时，脸上洋溢着满足的笑容。

尽管基层干部已经高度重视精准扶贫，力求2020年实现脱贫目标，但由于各地的自然地理环境以及经济发展差异，各级干部应该结合自己所在地区的实际情况，制订有特色的脱贫发展计划，在保障顺利脱贫的同时，抑制返贫现象，实现真正的可持续脱贫和长远发展。调研中发现，基层现阶段的扶贫方式很单一，电商扶贫、小额信贷、发展特色农业、劳动技能培训等有利于农民可持续发展的长久之计并没有得到广泛推广，成效甚微。基层扶贫方式基本还停留在"输血"层面，如何将"输血"变成"造血"是目前抑制返贫现象、实现脱贫户可持续发展的关键。

扶贫如同医生看病，扶贫工作的成效高低取决于基层干部能否把准脉、看对病、开对药。这就要求基层干部充分了解当地贫困的实际情况，了解老百姓的需求，依托客观条件基础，充分调动贫困户的主观能动性和积极性，找出帮扶的精准策略。当然，脱贫不能仅仅依靠干部"一头热"，贫困户也必须积极行动起来，脱贫不能"坐等要靠"。

勉励自身，许以期待

我突然明白了扶贫的意义，我们助人而自助。无论是物质上还是精神上的扶贫，我们只希望让大家感受到温暖，感受到生的力量。我们在帮助他人的同时也在体味人生，认识社会。我们用纯真的眼睛看这个多彩的世界，用纯真而温暖的风吹走生活中的雾霾。

我们喜欢阳光，因为它的灿烂与温暖；我们喜欢植物，因为它的健康与清新；我们喜欢自己，因为有爱。当我们结束调研活动时，我才真正感受到因为爱让我们走到一起，因为爱让扶贫工作前行，因为爱让社会进步。我们的大爱如同斑斓的色彩，可以随意勾画出不同的美景。今天的我们共同创作了一幅画，记录在每个人的心里，成为美丽的回忆。我们无法估计未来，我不知道那位老爷爷是否能够安稳地度过晚年，我不知道未来的我们是否还会见面，只望心存大爱的我们一切安好。未来的生活如同白板，等待着我们去勾勒去填色。相信扶贫工作也会在一颗颗赤诚之心的推动下，顺利实现脱贫目标。

纸上得来终觉浅，绝知此事要躬行

文/姚思琪

（西安财经大学经济学院 2017 级应用经济学研究生）

2019 年 3 月，我满怀一腔热血前往黑龙江省佳木斯市桦南县参加 "2018 年黑龙江省佳木斯市贫困县退出专项核查评估" 实地调研工作。虽然这已经是我本年度参加的第二次实地调研，但我将一如既往地以最饱满的热情投入到此次调研中。

角色的转变

2018 年，我首次以调研员、纸质问卷审核员的角色 4 次参与国家级贫困县和省级贫困县的退出工作；2019 年 1 月份，我又首次以组长、技术负责人的角色参与山西省吕梁市方山县的贫困县退出专项评估工作；2019 年 3 月，我再次以组长的角色参与黑龙江省佳木斯市桦南县的贫困县退出专项评估工作。从冲锋陷阵的调研员到运筹帷幄的联络员，从负责幕后工作的配角到主管和安排台前工作的主角，每一重身份，都意味着一份责任；每一次身份的转变，都意味着一份新的担当。从被别人指挥入户调研，到自己独立带队指挥组员入户调研，在检验和提高自身综合能力的同时，也帮助我不断成长并逐渐成熟。

孟子曰："天将降大任于是人也，必先苦其心志，劳其筋骨，饿其体肤，空乏其身，行拂乱其所为，所以动心忍性，曾益其所不能。"之前以电子问卷审核员、调研员、影音资料收集员等多重身份参与贫困县退出专项评估的实地调研工作，为此次担任组长和技术负责人双重身份夯实了基础。弱小而又稚嫩的肩膀在屡次调研中逐渐变得厚实，历次调研中所吃的"苦"均化作这次调研的"补"，铁肩担大任，虽然责任重大，任重道远，但我以如履薄冰、如临深渊的谨慎感，一丝不苟的工作作风，坚韧不拔、始终如一的工作精神，圆满且顺利地完成了此次调研。

工作的转变

从入户调研的执行者到稳坐村部的指挥者，身份的转变，意味着工作内容的变化；从负责幕后业务的配角到掌管台前工作的主角，不仅改变了工作的位置也改变了工作的性质。每一次由身份变动和角色转变所引起的工作内容的变化，不仅考验和提高了我的业务熟练度，也锻炼和增强了我的工作能力，让我变得更加自信、自立和自强，让我深刻体会到"胜人者有力，自胜者强"这句话的深刻含义。同时，在身份和工作内容的转换中，让我不断挑战自己、认识自己、证明自己以及肯定自己，从畏首畏尾到"自信人生二百年，会当击水三千里"。

此次调研我每天负责带队并兼任联络员，看似轻松悠闲地坐在村部，实则不然，不仅需要及时回复组员反馈的信息和反映的问题，还需要准确、快速地记录信息和答疑解难，有时甚至需要联系老师核实组员在入户调研中发现和判定的疑似户，这就需要注意力高度集中且专心致志地紧盯群里的消息，而不能出现丝毫松懈或走神。此外，对于组员在农户家中发现材料不全或需要填写问卷的部分信息缺失时，则需要联系村部的引导员查找并提供相应的信息，并迅速将所需信息反映给组员并回复其所提问题。

从手忙脚乱、慌张无序，到有条不紊且从容不迫，这个转变所经历的过程，正是我逐渐成长、逐渐强大、逐渐成熟所走过的布满荆棘与坎坷的道路。在这条道路上，我曾遇到的每一块"绊脚石"，都成为我的"垫脚石"，不仅让我站得更高，也让我看得更远；在这条道路上，吃苦受累磨炼出的意志和淬炼出的精神，都已成为我宝贵的精神财富，激励我不断战胜困难与挫折；在这条道路上，遇到的是志同道合、目标一致的战友，每一位战友的热心帮助，让我在这条路上走得更稳。

一景一情，深有所感

"天苍苍，野茫茫。风吹草低见牛羊……"并不只是吟唱，或书写在纸上，更是此次实地调研中随处可见的场景，远处山坡上缓缓漫步在黑土地上的牛羊马，时而低头进食，时而抬头眺望。桦南县地处东北腹地，纬度偏高，气候寒冷，适宜种玉米等抗寒农作物，部分乡镇因地制宜发展畜牧业和养殖业，既为农户增加了稳定收入，也合理配置和利用了本地的资源。"牧人驱犊返，猎马带禽归"，放牧人踩着晚霞驱赶着牛羊放牧归来，悠扬的一声吆喝，既是坚定的命令，又是幸福的呐喊，更是令人振奋的誓言，仿佛指挥的不是前行的牛羊，而是殷实的家产，一声吆喝，既是对财富的展示和炫耀，又是对美好生活的向往与希冀。脱贫致富的道路上，他们凭借着自己因长期辛苦劳作起茧而突显厚实的双手，辛勤劳动，勤俭持家，从不"等靠要"，既是脱贫道路上的标兵，也是勤劳致富的典范，依靠自己勤劳的双手，艰苦奋斗，稳定脱贫、稳定致富。"黄金堆垛满，红日绽芳华"，农户院中堆积如山的玉米，赤裸裸地展示了一年辛苦耕耘的所得，如黄金般耀眼，如玉石般迷人，农户提到收成满脸洋溢着幸福，丰收的玉米既是对政策方针的完美回答，也是对农户双手劳动、努力付出的回报。农户依据本地的气候环境、土壤条件、水资源等相关自然资源，种植玉米等农作物，卖玉米获得收益的同时，秸秆还田还可以保持土壤肥力，一方面，减少燃烧秸秆造成的空气污染，另一方面，秸秆还田或发展下游养殖业，延长产业链，增加附加值，增加收入的同时还保护了环境，实现环境与经济的协同绿色发展。"道阻且长""道阻且跻"，并不只是痴情郎对心上人苦苦寻找和追寻所经历的道路之苦，也是此次实地调研中调研团队切身经历和体会的致富道路之苦。桦南县，所管辖县域面积较大，乡镇之间或村落之间距离较远，脱贫攻坚战中在完善乡村基础设施时，由于种种原因，致使在此次调研评估中，所经历的道路"阻且跻"，遥远的路程，以及颠簸的路段，让人昏昏欲睡，浑身酸痛，但这丝毫不影响调研评估的效果和进程。

实地调研中看到种种令人动容的情景，既看到了县乡政府在脱贫道路上的努力和作为，也看到了驻村工作队和帮扶责任人帮助贫困户和贫困村脱贫的决心和敬业，同时也看到了农户凭借双手创造财富实现脱贫的勤奋和毅力。而这一切若非实地调研，则根本无缘见到。走下"象牙塔"般的学校，走向天地宽阔的乡村，接受乡村生活的教育，既是对所学课程的实践和检验，也是重新学习或再学习的过程，开阔眼界的同时也震撼和感染了正在成熟的心灵。在专项评估道路洒下的辛勤和汗水，终究汇成涓涓细流，流向交给人民的答卷，流进历史的画卷。

每一次调研不同身份的切换，不仅让我全新地认识了自己，也让我更好地体现和证明自己；每一次专项评估调研秉持着独立、客观、公正的工作原则和认真、踏实、严谨的工作作风，抱着"不破楼兰终不还"的必胜决心，在黑土地上再次谱写贫困县退出专项评估的新篇章。

助力脱贫，我们在路上

文/陈新

（西安财经大学经济学院 2017 级应用经济学研究生）

　　2019 年 3 月 1 日至 8 日为期 7 天时间里，有 6 天在入户调研。调研过程中，我本着客观公正、实事求是的工作原则认真负责地完成每一户的调研工作，此次调研活动让我收获颇多，不仅让我学习到了许多东西，亦获得了新的更深的感受，也积累到了人生许多的宝贵经验财富。

行前动员，认真准备

　　此次是我在研究生阶段的首次调研，因此我非常认真准备着调研的相关工作。为了在调研过程中能够做到更专业，我把相关学习资料反反复复地学习了几遍，对于年份、数字、微末细节的地方更是标注下来重点记录。调研前的动员我认真聆听了老队员的经验介绍，他们讲得既生动，又真切，让我对调研更有兴趣、更有信心了。

3月1日晚，我们出发前往目的地黑龙江桦南县，因为路途遥远，所以我们不得不在青岛候机近6个小时，然后转机到黑龙江。到了青岛的时候，已经是深夜，候机室停止检票，我们只能在大厅外候机。3月初的青岛还是很冷的，我们几个小伙伴围坐在一起聊着一些趣事，增进彼此友谊，不知不觉时间就过去了，寒意似乎也减退了，我们收起这份宝贵的记忆前往最终的目的地。

满怀激情，入户调研

3月2日上午我们顺利抵达桦南县，在完成对接后，吃过午饭就直接下户调研。虽然我们经历了十几个小时的舟车劳顿，没有好好休息，大家都有些疲惫，但同学们的热情依旧高涨，丝毫没有懈怠，反而积极投身到接下来的工作中去。

对于出身于农村的我，再回到农村时，倍感亲切、放松，这也使我接下来的调研工作轻松许多，只不过东北的农村地理环境和老家截然不同，这里的农户也更热情。

对于第一次入户调研的我，有了老队员的带领也让我放心了许多。我的队友很友善，也很贴心，考虑到我是第一次访问，不知道如何与农户进行交谈和如何填写问卷，就让我先做一些简单的工作，如拍照、录像，查看房屋里外情况。这几项工作较为轻松，我很快就做完了，我就到里屋跟队友学习如何与农户进行交流，并且询问她一些问卷上不懂的内容，我细心地观察她的访谈过程，偶尔也会和农户聊上几句，让她可以安心填问卷，最终，在我们共同的努力下，我们顺利地完成我们的第一户。完成了第一户，我心里很开心，对访问农户跃跃欲试，从农户家里出来，队友问我感受如何，我就兴致勃勃地和她说：感觉挺简单的，你再做一户就让我来试试。

我自己选择了一户进行访问，这一户是建档立卡户，从屋里情况观察，家里面的条件还算不错。仿照队友的做法，先开录音，然后打开问卷进行访问，在询问完他家里的情况后，我就发现我还没填写完相应的问卷，这就导致了中间有一段空白——我在低头填写问卷，我不知道要问啥，农户也不知道要说啥，场面有点儿尴尬，工作气氛搞得很死板。我自己没有注意到这个问题，队友在拍照、录像后进来发现"冷场"了，就主动和农户聊一些关于后面问卷内容的话题。这时我并没有注意到他们的谈话内容，当我填完那几页问卷的时候，我就继续照着后面问卷的内容问农户，但是，队友打断我说，她刚刚已经问过了，于是就过来帮着我继续完成问卷的填写。最终，在她的帮助下，我的第一份调研问卷总算完成了，这份耗时半个小时的问卷让我受益良多。从这份问卷中，我总结了自身的几个问题：一是问卷过程过于死板，不够灵活，场面不够生动、亲切，并没有增进与农户的互动；二是对于问卷里的问题不太熟悉，导致问卷耗时比较长，虽然之前在使用测试账号的时候认真看过几遍，但是，没有实操经验导致实际做起来速度上慢了许多，效率低下；三是和队友配合不够默契，做问卷的时候就没有理会其他了，与队友、农户之间的互动性缺乏，农户的参与感不足，导致我做的问卷感觉"冷冰冰"的。

有了第一次做问卷的经验和教训，第二次的入户访问我就特别注意到那些问题。这一户家里就两个老人，是大娘在家，向导将我们领进屋说明了来意，大娘热情地招呼我们坐下，要给我们倒水，我们婉言谢绝了，在简单的认识后，我们的访问正式开始了。这次我做问卷访问，在和大娘聊天的过程中得知，老两口儿虽然无法劳动，但是享受着国家的政策，吃着低保和养老金，生活虽不富裕，但是很幸福，村部给大爷在村里提供了一份简单的公益岗位，也获得一份额外的收入。大娘说他们老两口儿甚是满足、开心。在谈到村里情况、帮扶人等问题时，老人脸上满是感激和幸福，她说，村里现在特别的好，给修路，给安装自来水，给安装路灯等，满足之感溢于言表。看得出来，大娘是一个知足常乐的人，她很感激地说，感谢党和国家，让他们这些老人有了期盼，生活也变得越来越好了。大娘很是健谈，我还担心我没话题和她聊，她就主动和我聊起来了，但是还是要涉及问卷内容，扯远了就及时把话题拉回来。因为这个大娘比较健谈，我也不用担心冷场的情况，我就有时间去想着接下来问卷里的问题以便和她进行针对性的交流。有了之前的经验，我对问卷问题也熟悉了许多，也对农户们的回答有了快速准确的判断，这也使我在填写问卷时高效了许多。最后，在我和队友的共同努力下，一份满意的问卷完成了，耗时15分钟。完成了这次的问卷，对我来说很是鼓舞，让我信心大增，更让我调研的动力倍增。

两个插曲

我们此次调研是评估贫困县的退出情况，要本着科学、公正、客观、负责的态度去完成这项工作。在这个过程中遇到了两个小插曲，让我感受到调研工作的不易。

这一天我们来到一家农户进行访问，当我们刚进屋时，有几个邻居在他们家，在知道了我们的来意之后，便都回避了。但是有一个大姐，和我们说她家也很贫困，想让我们也去了解下，就一直说着她家的情况，过了好半天才被向导请了出去，我们这才安心进行入户访问。当我们的访问刚进行了十多分钟时，她又进来和我们说她家的情况，说是很贫困，希望我们可以和上面反映，队友就耐心地和她交流，询问她家的情况，但是我心里觉得有些不妥，一是我们正在进行的这一户访问还没有结束；二是培训的时候讲过，我们不用到没有指定的农户家里去，如果有情况特殊的，也应该先反映给老师，于是就对那个大姐说："我们是对贫困户脱贫进行评估的，不是进行贫困户评估的，如果情况确实特殊，可以形成材料如实向村部及镇里反映，他们有相应的评估标准。"这时候及时赶来的带队老师也对她进行了耐心的政策讲解，她这才不情愿地离开了，我们得以继续访问。虽然把她请出去了，但是我心中多少有些不安，觉得没有具体了解她家情况，所以我们向附近的邻居问了问这个大姐的情况，发现她反映的情况并不属实，她家里条件还算不错，自给自足完全没问题，只是觉得自己没能评上贫困户，心中不忿罢了。在座谈会上和同学们交流发现，这样的问题并不少见，贫困户给予的政策优惠确实会让部分没能够评定的农户不满意，这也在情理之中。我也真切体会到了在培训时老队员们分享时说的，不能够完全听信农户的一面之词，我们要进行科学的判断，这也正是我们此次评估的宗旨：客观公正。

第二个小插曲是，我们到一农户家进行访问时，发现家里就老两口儿，主要的问题是房屋有裂缝。他们住在一个土屋里，房屋里外都存在裂缝，而且农户情绪较为激动，对于我来说这种情况也是第一次遇到，所以就报告给了老师去核实。当时已经傍晚六点半，天都黑了，但是秉着对农户负责的态度，我们如实把问题反映给了老师，然后就在原地继续等待。东北的夜晚气温比较低，农户家也没有生火，再加上那家农户所在地信号不好，无法及时和联络员沟通，就这样在外面等了差不多半个多小时。等老师来了，走进屋内进行查看，最后给出的结论是房子没有问题，我稍微有些不理解。晚上开总结会的时候，老师给了详细的说明：这一户房屋承重墙没有危险，家中拥有房屋鉴定，房顶进行了加固，所以不影响房屋的安全。此次评估标准是"两不愁三保障，人均年收入达标"，这一户的房屋虽然有裂缝，但是并不对住宿安全构成威胁，农户住房条件达标，随后老师也给我们看了他们之前调研过程中出现的房屋裂痕情况，也有比这严重的，但是仍不会危及住宿，所以亦不算住房没保障。这一户让我懂得并不是照本宣科就可以随便下结论，而是要具体情况具体分析。

结　语

通过这一次的调研让我感触很深，亦收获颇丰。我以为自己生长在农村便见惯了所有农村疾苦，殊不知比我见过的贫困更甚的有之，比我见过的辛酸家庭更甚的有之，比我见过的幸福家庭更甚的有之，比我见过的灾祸连连的家庭更甚的有之，比我见过的高兴的、快乐的、坚强的家庭更有之。有许许多多的贫困是天灾人祸造成的，这对任何家庭来说都是一种打击。

贫困自古有之，但在国家的领导下，正确引导社会进行帮扶，脱贫攻坚才能够走得下去，走得长远。通过此次的调研工作，让我切切实实感受到了国家耗费心力与精力在扶贫工作上，国家在综合国力不断强大的同时，不忘那些贫困户，确保小康社会一个都不掉队，我们国家在脱贫攻坚工作上真的做了太多太多，也切切实实让农户们也感受到了国家的温暖与关怀。

第五篇
七 彩 云 南

但愿苍生俱温饱，不辞辛苦入山林

文/白浩闻

（西安交通大学数学学院 2020 级研究生）

2020 年 6 月 17 日至 6 月 24 日，我跟随西安财经大学的团队，来到云南省昭通市巧家县开展了为期一周的贫困县退出抽查评估工作。在此期间对巧家县的一些村落的贫困户进行了走访，与村民代表、村干部以及驻村帮扶干部座谈研讨，切实帮助群众解决"两不愁三保障"中存在的问题，并解决其他生产和生活的难题。第一次来到了祖国的西南山区，通过这次评估工作，我对昭通市巧家县的县情有了深入了解。走访群众时，很多村民都非常热心，积极配合，对我们的工作都非常理解和支持，感谢村民对我们的工作的配合，这也让我更有信心将此次调研高质量地完成。

脱贫最重要的是精神上的脱贫。在调研过程中，我们遇到了这样一个农户，女主人的名字叫李传润。她的家里有五口人，自己带着四个孩子，最大的才上中学，也就是说家里只有她一个劳动力。但是她的家里收拾得特别干净，并没有有些贫困户家里的脏乱，可以看出是经常打扫的。她的家里猪牛羊和土地都由她一个人养殖和种植，她还抽时间学习了电焊，并且拿到了电焊工职业资格证。这位农户也非常的热情开朗，在感谢扶贫政策的同时也表示脱贫要靠自己的双手努力。这件事引发了我的深刻思考，物质世界贫穷是不可怕的，可怕的是精神世界的匮乏。同样是贫穷，一种是不思进取的懒惰，一种是直面生活的勤勉；一种是人格的丧失，一种是不屈的抗争。有人双腿残疾但仍不畏艰难坚持上山放羊以维持家里的生计，这样的人格与精神令我们敬佩，而有人则失去了精神上的财富，只想着不劳而获，这样的人令我们鄙夷。人最需要的，还是精神上的脱贫。

要致富，先修路。以前从贫瘠的山沟里走出来是一件不易的事情，很多老一辈人一辈子都生活在大山里，有得甚至从未到过县城，山路的陡峭和崎岖阻碍着人们想走出去发展起来的念头；同时山里复杂的地形地貌制约着这里水资源的利用，山势海拔落差较大让通过打井取地下水变得不太现实，这边的人们基本上都是靠雨水和山泉水满足日常所需，很早以前走很远的山路去挑水已经成为山里人的日常。而现在我们却看到了另一番景象，远远望去山间白色水泥路一弯接着一弯，那是承接着他们内心的希望之路、致富之路，能走出去意味着外出机会变多，能走出去也意味着产业可以在这里扎住根。在我们走访的过程中也看到了这边发展起来的产业，核桃树、花椒树、蚕桑等特色种植业使农户们钱包子鼓了，生活也富足了。与此同时我们也在农户家里看到了水龙头，从以前挑水吃，到现在拧开水龙头就可以取到清澈的生活用水，农户们在和我们谈到这些点点滴滴的变化时，脸上洋溢着笑容，以前是道不完的艰辛，现在是道不完的喜悦。

脱贫一定要兴教育。脱贫的首要任务是提升教育水平，从智慧的源头上摆脱贫困。教育是强国之本，更是摆脱贫困的根本，针对贫困地区，要完善学前教育、义务教育、职业教育等全方位教育结构体系；针对贫困群众，要结好教育帮扶对子，有的放矢；针对开阔群众视野，要培育致富意识，构建致富思维，增强致富本领，构建可持续内在动力。因为在和农户沟通时一个明显的问题是他们知识的匮乏，对于明白卡上的字和一些信息他们都不认识也不是很理解，只能用一句"我们是文盲，不认识字的，写的什么我们也看不懂"来回答我们的提问；教育的落后让这里的人们接受新的事物和新的思维变得有些困难。让义务教育有保障，也是防止贫困代际相传的一个重要途径，对于大山里的孩子，走出大山的唯一途径就是接受教育；对于贫困家庭的孩子，摘掉贫困的帽子最重要途径就是珍惜教育机会。俗话说，"人穷穷一时，智穷穷一世"，教育是"治愚""扶贫"的根本，教育能让贫困家庭学生从精神上"走出困境"，能丰富他们的思想，更能开阔他们的眼界。

脱贫最关键的就是信心。只有把贫困群众的信心树立起来，才能让大家有看到未来的期望，才能有足够强大的内因驱动转化成有力的外部行动。只要有信心，黄土变成金，只要有信心，铁杵磨成针，唯有在心灵的源头改变人的思想，才能从根本上改变原先"等靠要"的被动思想，才能真正帮扶群众脱离贫困，逐步实现小康。

调研的过程中我还看到了社会主义制度的优越性，脱贫攻坚在中国，也只能在中国才能成功，集中力量办大事是我们体制的优越性所在。脱贫攻坚不让一个少数民族掉队，也不漏掉一家一户。我想如果没有此次调研，脱贫攻坚在我的世界里只不过是一个工程，我也不会体会到它对于我们实际的意义，了解到的可能也只是一系列的数字和报告，也不会体会到国家为我们每一个民众生活的付出。

但愿苍生俱温饱，不辞辛苦入山林。实现贫困人口如期脱贫，是我们党向全国人民做出的郑重承诺。实现这一承诺，需要各地付出更大努力。贫困不是一两天产生的，要想根治，也不可能毕其功于一役，必须和发展相结合。各地要围绕四个全面战略部署的相关要求，下定打赢攻坚战的决心，以精准扶贫实现精准脱贫，让真正需要帮扶的群众享受到扶贫带来的阳光雨露。与此同时，我们也要相信，在党和政府的带领下我们一定能通过自己勤劳的双手创造出完美幸福的生活。

这次的调研活动是我参加过的最有意义、收获最大、感触最多的一次调研活动。我深深地体会到我们国家的强盛和坚决打赢脱贫攻坚战的决心。在走访中我也深深体会到，相比那些弱势群体，我们是幸福的。让我们不忘初心，一路同行，互助共进，执着坚守，牢记使命，稳步自信地踏着习近平新时代特色社会主义的鼓点，向着全面建成小康社会的宏伟目标奋勇前进，奔向美好的明天！

韶华盛世，如您所愿

文/白阳萱

（四川大学文学院2017级汉语言文学专业研究生）

　　这次贫困县退出抽查是我第一次去外省工作，我第一次以旁观者的视角去审视一个省的背面。光鲜亮丽的城市名片，繁华奢靡的车水马龙，这些是一个城市的正面，展现的是城市的体量与实力；而它的背面，展现的是城市

的精神内核和人文关怀，乃至整个民族的精神厚度。对弱者的关怀，是中华民族几千年的文化传承，是"老吾老以及人之老，幼吾幼以及人之幼"的生动阐释。

七天的调研，我看到了政府对弱势群体无微不至的关怀。烦琐的问卷不仅彰显了设计者缜密的心思，而且显现出了国家政府对弱势人群全方位的帮扶和照料。一开始，我是有些担心的：调研对象是否配合？国家的帮扶能否带他们走出困境？基层官员是否中饱私囊？众多的疑问在我到达第一个村落时便消散无踪，错落有致的水泥房、干净整洁的村部、隐约响起的牛铃声告诉我，这和我想象中布满灰褐土坯房的农村，不一样了。在分完向导后，我有幸得以一窥村庄的全貌。我惊奇地发现道路是如此的平整干净，预想中泥泞的道路、粗糙的石砾羞涩地躲藏在路边；连通农户的小路，都垒上了方方正正的台阶；两旁的水泥房上，光伏反射着耀眼的光辉，骄傲地将太阳的能量储存进主人的存折。我感觉这里不是贫困村，而是一个世外桃源般的小城正向我们敞开了怀抱。

沿着青石阶向上，两旁的桑叶肥大饱满。向导告诉我们，当地人以养蚕为生，一年可养四季，因此桑叶种植至关重要，政府专门组织专家下地教导桑叶种植，现在的桑叶叶片大、成熟快，蚕桑的产量提高了许多。闲聊之余，我们到了第一家农户。户主曾经的土坯房如今已经用来养蚕了，全家住进了政府补贴的新房，户主盛情邀请我们去家中一坐。踏进房屋，我有些失望，外面看简约精致的二层小楼，里面并没有多少家电，显得有些空荡。旋即又释然了，我看见角落里充满现代气息的电视和冰箱，冰箱里充盈的水果彰显着户主的衣食无忧，我倒有些杞人忧天了。

工作前，我就充满了担心，担心我的问询会对农户产生困扰。当真正披挂上马时，我发现农户对于帮扶政策了解仍不够，常常说："我不识字，你自己看明白卡吧。"在这里，要感谢搭档，对我这个笨手笨脚的队友予以极大的宽容和鼓励。许多农户已经脱离贫困，但是文化程度低一直制约着他们的发展。对政策的不了解往往让他们不配合我们的工作，尤其是问到危房补贴，经常会因为国家的补贴金额不同和我们拌上好半天的嘴。这时候，搭档就会耐心地向农户解释政策，而我却常常只能干瞪眼，想起来现在依旧有些羞愧。同样严重的，还有村庄的"空心化"现象，我们有一日连续找了七八户都不在家，年轻人都出去打工了，那个村子只剩下一些老人蹲在路边，抽着长杆烟，看上去不免有一些萧条。村子太偏僻了，虽然道路硬化基本完成，但是从县城到村子依旧需要三个小时的山路，这阻碍了许多产业在这里驻足，同时当地的特色作物也没有形成品牌。"酒香也怕巷子深"，经济的萧条也让许多年轻人背井离乡，在县城谋生活。

即便如此，我依旧能看到国家扶贫的决心。调研途中，我遇到了一位老共产党员，还没有踏入家门，饭菜的香味就已经令人有些陶醉。进了屋，我看见一位身材矮小、伛偻的老太太在炒饭。她看见我们，停了火，黝黑的皮肤布满了褶皱，老年斑就像一块块青苔爬满她干瘪的皮肤，只是她的眼睛依旧明亮。得知我们的来意后，她的脸上仿佛绽开了一朵花，弓着腰，将我们邀到沙发上。我们还未开口，老太太就开始叙述政府的好："你看那个水壶，政府给的。""你看那个床，政府给我铺的……"不大的屋里，家具却很齐全。我们语言不通，老太太听不懂也听不清我们的问询，但是在她的絮絮叨叨中，我看见了国家对一位老党员、一位贫困户的关怀。打开扶贫材料，我看到签约医生、住房补助、养老金、合作社……一份份文件的背后，是老人颐养天年的资本和底气。"你看前两天有人给我送米和面了……"随着她的手势，我看见了灶台下的调料和屋角的米面，锅中豆干炒饭依旧温热，我的眼角湿润了。临走时，老人用她的左手托着我的右手，再用她的右手盖在我的手上，说："谢谢你们这群年轻的娃娃，谢谢……"话未说完老人就哽咽了。我把这一幕留在文中，也永远留在心中。

返程的路上，天色已经有些暗了，回头望去，已经有不少人家开灯了，明亮的光在昏暗的山影中，煞是好看，电流穿过了崇山峻岭，点亮了离开的路，也点亮了前去的路。一颗一颗的星星，像一双双揣着希望的眼，无声地传达着新的希望与活力。我的眼眶又湿了，恍惚之间，再次看到那个伛偻的身影。

这韶华盛世，如您所愿！

致敬扶贫路上的每一位"攀登者"

文/蒋煜宇

（西安财经大学商学院 2018 级会计专业硕士研究生）

　　总有一些年份，注定会在时间的坐标上镌刻下熠熠生辉的印记。习近平总书记指出，2020 年是脱贫攻坚决战决胜之年。冲锋号已经吹响，千百年来困扰中华民族的绝对贫困问题即将历史性地画上句号，我们将全面建成小康社会，实现第一个百年奋斗目标。但脱贫攻坚这场"大考"还未结束，一刻也不能松懈。新中国成立 70 年来，云南扶贫历程实现了从救济型、区域开发型到精准扶贫型的转变，扶贫实现历史性跨越。特别是改革开放以来，贫困人口规模大幅度减少，贫困发生率持续下降，减贫成果显著。

2020 年 6 月 24 日至 6 月 27 日期间，我非常荣幸能作为一名调研员跟随我校宋敏老师参加了 2019 年云南省昭通市巧家县的贫困县退出抽查第三方评估。这是我第三次参加此类调研活动，去之前我心情很是激动，因为此后再也不会有机会如此近地深入老百姓的生活了。这次评估中，我不仅同各位老师、同学一同成长、学习，更是亲身感受了我国农村生活的现状，切身体会到了我国消除绝对贫困这一项事业的重要性与伟大性，在巧家县的短短几日与同学、老师、扶贫干部的学习交流中让我开始慢慢了解了滇东北这一片地区的民俗风貌，真的让我受益匪浅。

巧家县位于云南省东北部、昭通市西南部，是昭通市面积、人口第三大县。历史悠久，巧家先民和周边会泽、东川先民共同创造了以青铜文明为代表的"堂琅文化"；境内遗存蒙姑石棺墓群、乾隆年间"安澜吉水"摩崖石刻、红军抢渡金沙江等历史人文遗迹，人文荟萃，是云南省的革命老区县；地貌丰富，金沙江、牛栏江两江环流，境内海拔高差 3441 米，涵盖了从亚热带到寒温带的所有气候类型。

巧家县地处乌蒙山集中连片特殊困难地区，境内山高坡陡、谷深沟切、地形地貌复杂，受交通落后、基础设施薄弱、自然灾害频发、信息交流闭塞等因素制约，全县经济总量小、基础条件差、产业支撑弱、贫困程度深。

在我们调研的这些天里，每一天的调研都需驱车两三小时前往目的地，晕车药、晕车贴已经成了我们的必备品。6 月 23 日我们前往金塘镇火把地村，我们一路乘车，驶过大雨冲刷而形成的浑浊的小溪，盘旋往上，向居住在对面半山腰的贫困人员家里进发。虽然已经来到巧家快一周，渐渐适应了云南的山路，但是狭窄的山路总是比想象中更蜿蜒、颠簸，司机每一次的转弯，车身都仿佛贴着山壁而行。司机熟练地开着车，然而大家并不轻松，随着车的颠簸而东倒西歪，甚至跌离了座位。我们一路聊着天来缓解晕车的症状。

一路上到处可见热火朝天施工盖房的场景，那里的房子真令人印象深刻，是自己用水泥铸的空心砖垒砌，而非我们印象中的红砖。站在路上仰视，一座座房屋镶嵌在错落有致的梯田中，颇为赏心悦目。鸡、鸭、鹅在房屋附近奔跑，乡村的景象瞬间映入眼帘。

我们的向导是一位背着孩子的大姐，她今年才 31 岁，已经是 3 个孩子的妈妈了，背上的孩子才 1 岁，因为孩子认生不能交给别人带，她只能背着孩子来给我们带路。步行前往农户家的路都是上坡的土路，大姐要照顾孩子还要不时回头叮嘱我们注意安全。我们跟随着大姐的脚步，走入农户家中。他们互相热情地打着招呼，"来啦！""是啊！在忙什么呢?"一位大爷邀请我们尝尝刚从树上摘下的本地胭脂李子，我们推却再三都不能阻挡大爷的热情，向导说在村里其他人给你东西你不要他们会觉得是自己的东西不好，于是盛情难却，我们只好尝了两个，大爷这才心满意足地走了。

向导说其实最终解决基层困难的只能是帮扶人以及当地基层工作人员，村子里谁家有个大事无法自己解决的，他家帮扶责任人和村上的干部肯定很快就来他家帮忙了，这里的山路不好走，一下雨车就开不上来了，帮扶责任人和扶贫干部就只能踩着软烂湿滑的泥路，蹚着浑浊不清的泥坑，步行跋涉六七里地进到村子里，由于有的地方海拔高，各家各户住得又较为分散，他们还要再从村里步行好久过去。经常是风尘仆仆地来，办完事连饭都来不及吃就又匆匆忙忙地走，陪伴着他们的是满裤腿的泥点子和走坏掉了的鞋。这些村里的老百姓都看在眼里记在心上，大家都是由衷地感谢他们。

我们每每走进一家人的房子，他们堂屋供奉着的"天地国亲师"尊位旁不是贴着习主席的画像就是挂着一面小国旗，虽然和大山外的人比起来，他们还是很穷，但是他们的精神面貌都很积极，他们常对我们说的一句话是，现在的政策对我们真的太好了，我们再不努力奋斗都对不起党和国家对我们做的这些。

回去的路上，我们依然凭借司机高超的车技在山间穿梭。向导大姐给我们说，县里近两年准备将这里的道路硬化，方便大家出行。我们感叹于这浩大的工程量，也真心希望住户都能在这儿安心地生活。

　　越过层层峰峦的攀登者，只要再进一步，就能够领略宏伟的山岭和翻涌的云海。承载着亿万人民梦想的全面小康，已经可以眺望到胜利航船的"桅杆尖头"，只要再进一步，就能够迎来梦想成真的时刻。回首来路，才知道走出了多远；亲历奋斗，才明白付出的意义。成为这个历史性时刻的参与者、见证者，此乃人生之大幸！

附录

千磨万击还坚劲 脱贫攻坚志在行

文/任艳妮

（西安财经大学马克思主义学院）

2020 年初我有幸参加了对山西省贫困县退出第三方专项评估工作。现就参加此次评估活动谈几点自己的感受。

第一，作为一名思政课教师，我深刻感受到了理论与现实对接的真实感和震撼感。习近平总书记在党的十九大报告中提出，要培养能够担当民族复兴大任的时代新人，思政课具有不可替代的作用，思政课教师更肩负这一时代重责。应该说，无论从思想上、态度上、理论上，我们绝大部分思政课教师都做好了这样的准备。但是，如何让思政课内容入脑入心，真正地说服人、打动人，我觉得只有理论深度是不够的，正如习近平总书记给思政课教师提出的六点要求：政治要强、情怀要深、思维要新、视野要广、自律要严、人格要正。在本次评估工作中，确实开拓了我对党扶贫工作的视野，强化了我党要全心全意为人民服务的政治站位，也打破了对党的基层组织工作模式和效率的固化思维。使我这样一个常年只站在讲台上传道授业的一线教师，看到了无法从书本上、网络上看到的中国农村的现实状况；看到了中国共产党在中国大地上展开的伟大的扶贫工作的真实面貌；看到了党的基层组织和工作人员忘我地投身于扶贫工作的真实情况，深刻地感受到理论与实践相对接的震撼感，今后我再讲到党的扶贫工作和党的基层工作时，相信会讲得更好更生动。

第二，作为一名共产党员，我深刻感受到了自己的责任感和使命感。此次第三方评估工作中，我们接触到了很多基层党员干部，他们在扶贫工作中展现出了一名党的领导干部应该具有的素质和作风。比如，给我们印象非常深刻的是一名七十岁的退休老干部胡玉维同志，他独自一人从四川返乡到娑婆村出任该村的村支书，甚至自己掏腰包建村委会、活动场所，开办村合作社，让我们感受到了老党员退而不休，心系家乡，燃尽自己最后一份光和热的党员责任感和使命感。还有，我们在访谈中接触到了很多驻村干部和第一书记，很多扶贫干部和第一书记就是高校教师。他们都是在总书记提出精准扶贫政策后派驻到贫困村的其他工作单位的党员同志。据了解，很多扶贫干部和第一书记下村后干着"5＋2""白加黑"的工作，就住在村委会，自己搭灶做饭。他们很多人虽然只在村上下派一到两年，但是对村上的情况非常了解，帮助村委会开展各种工作，对村子的未来发展规划思考了很多方案，有的正在落实实施。确实把村子的发展、村民的脱贫致富作为自己的本职工作，践行着自己作为一名共产党员的职责。他们这种工作态度和热情让人敬佩，令人深受感染，对我这样一名具有 15 年党龄的中青年教师又是一次精神的洗礼，再次坚定了我兢兢业业、甘于奉献、奋发有为，为我国教育事业发展作出重要贡献的理想和信念。

第三，作为一名初次深入基层调研的观察者，我深刻感受到了习近平总书记扶贫攻坚、振兴乡村的决心和此项工作的艰巨性、长期性和复杂性。

首先，此次第三方评估工作中，我们深刻感受到了党对农村脱贫工作的坚定决心和巨大投入。我们调研的村子在"两不愁三保障"方面几乎不存在什么问题了，对于村子里的贫困户各项补贴都很充裕。农村的基础设施建设也非常完善，村级公路、自来水、网络等均实现了贯通，村民的基本生活保障都没有问题。这些成就的取得与党中央对农村脱贫工作的坚定决心和巨大投入有很大的关系，从对贫困户的保障措施和款项来源中就可以看出。这也再一次加深了我对党全心全意为人民服务根本宗旨的进一步理解，世界上还有哪一个国家能调动如此大的人力、物力、财力来进行这项工作呀？

其次，此次第三方评估工作中，打破了我对政府基础工作的固化认知。我被党基层领导干部工作强度之大、工作责任之重、工作效率之快、工作态度之认真所震撼。这也再一次体现了十八大以来，党风廉政工作所取得的重要成效。在此次疫情工作中，党超强的协调力、动员力、组织力、行动力也体现得淋漓尽致，我们社会主义的制度优势也再一次得到体现。

最后，农村脱贫工作已经进入收尾阶段，但是乡村振兴却是一个更加长期、持久、复杂、艰巨的任务。如：一是本次调研中我们深刻感受党对农村脱贫工作给予的巨大支持，但是如果没有中央的支持，农村发展的内生动力从何而来？比如静乐县脱贫主要依靠生态脱贫，生态脱贫又主要依赖光伏发电补贴，可以说这种脱贫是一种被动脱贫，并没有完全调动起贫困户的自主性和积极性。如何实现脱贫后可持续发展，促进乡村振兴，确实是一个重大的问题。二是农村脱贫工作中出现的精神贫困问题并不是一个个案，很多贫困户享受政策习惯了，不能自主创业发展，"坐等靠"情况还部分存在，这种情况势必会影响基层干部如何"扶贫"与"扶智"，仍然是一个难题。三是农村规模性产业发展受限。正如很多专家讲到的，农村振兴关键在产业，要依托第一产业，发展第二、第三产业。可是，现在部分农村，尤其是受自然条件、地理位置、土地资源、资本来源、产业规模等因素限制的农村，规模性产业发展处处受限。四是农村人才缺失。尽管中央和各地都出台了很多吸引年轻人返乡创业的优惠政策，但是，目前广大农村仍然存在人走地荒的情况。长期在农村待着，并且留下务农或者养殖、创办产业的青壮年并不多。有的村两委干部换届选举都没有候选人，干了几十年的老支书和老村长，难以领会、实施党在农村的各项工作，只能依靠下派干部，但是，下派干部也是暂时性的，只能处理本村事务性业务，无法对村子长期规划和发展进行谋划和实施，这种情况也非常影响乡村振兴这一伟大事业的进程。

总之，不到一周的调研活动给我们的触动很多，感谢学校领导给我们的这次宝贵机会，也感谢其他带队老师给我的指导与帮助。这次宝贵经历不仅对我思想和认识上有很大的改变，让我结识了静乐县很多扶贫干部和第一书记，更是我人生的宝贵财富，也必将对我今后的教学工作带来积极的影响。

在实践中理解"历史和人民为什么选择了中国共产党?"

——赴山西省静乐县评估调查的心得体会

文/李转

（西安财经大学马克思主义学院）

  作为一名思政课教师和评估组的非专业成员，有幸跟随宋敏老师团队参与山西省静乐县脱贫摘帽的第三方评估工作，通过这次评估调查活动，我深刻意识到：历史和人民为什么选择了中国共产党？不是因为它生来就是命运

的宠儿，而是因为它始终不变的为民情怀和担当。为了人民，在革命年代，中国共产党带领人民翻身当家做主人；为了人民，在和平年代，中国共产党带领人民脱贫致富奔小康。虽然历史阶段不同、时代任务不同，但为民的初心和使命是一样的。我们评估调查的静乐县属于吕梁山集中连片特困区，是山西省十个深度贫困县之一。自从打响脱贫攻坚战以来，静乐县委县政府将脱贫攻坚作为最大的政治任务来抓，尤其是农村基层党组织深处脱贫攻坚战的第一线，在这场摆脱贫困的战役中发挥了先锋模范的带头作用，成为带领乡村群众脱贫致富的坚强战斗堡垒。

基层党组织是乡村脱贫攻坚的践行者。静乐县基层党组织作为乡村脱贫攻坚的领导核心，始终坚持从群众中来，到群众中去的工作路线。任家沟村驻村干部陈书记便是典型。在驻村帮扶期间，他深入群众，开展调查研究，不辞辛苦遍访全村农户家庭，详细地记录了贫困家庭的各方面情况，为帮扶责任人及时准确掌握贫困户家庭面临的实际问题提供了重要参考。在这一过程中他摸清了任家沟村最贫困家庭和最困难人口，在严格落实低保、五保评议政策的基础上，将35人纳入低保，4人纳入五保户，做到了困难群众一户不落，一人不少。在驻村期间，陈书记不仅多方筹措资金维修村小学，解决村内67户村民的安全饮水问题，而且帮扶了6户贫困户发展养殖业和1户贫困户发展农机产业。作为驻村第一书记，他以身作则，不摆架子，扑下身子积极参与村集体劳动，一起与村民清理全村垃圾，铲除路旁和院落中的杂草，并且从县林业局争取油松树苗300余株，建成绿化村道900米，与县交通局技术人员及施工方密切配合为村里整修田间道路4000米，极大改善了村容村貌。事实上，在驻村帮扶工作中，很多像陈书记一样的第一书记，在参与扶贫攻坚的战役中和群众打成一片，受到了乡村民众的一致肯定。

基层党组织是乡村经济发展的引领者。发展乡村经济，提高群众收入是摆脱贫困，实现共同富裕和建成小康社会的前提和基础。娑婆乡娑婆村党支部胡书记便是带领群众脱贫致富的典型代表。胡书记作为一名70多岁的退休老干部，在四川成都工作生活了四十多年，本来到了享受天伦之乐的年龄，但是当静乐县党委找到他，希望他能够参与到家乡脱贫攻坚的工作中来时，他毅然离开了大城市和亲人，来到静乐县娑婆乡娑婆村担任村支书。从2017年到2019年，两年多来没有顾得上回一次家，一头扎在这里挥洒自己的热血，奉献自己的力量。在娑婆村扶贫期间，胡书记有想法、有规划，认识到发展集体经济是改造农村，实现脱贫致富的根本路径。因此，在他的组织带领下，兴建了华惠源养殖专业合作社联合社，自2017年以来，合作社联合社实现利润分红42.5万元，通过养殖、种植让贫困户参与务工2360余人次，贫困户获得劳动报酬22.8万余元，极大地提高了娑婆村贫困人口的收入。与此同时，他利用沙滩地和碾河的有利条件，建立了百亩鱼塘，并完成了700余亩（鱼塘段）河坝建设和部分区域的绿化工程，种植松树、柳树300余株。已经投放各类鱼种86000余尾，计划2020年初再投放120000尾，达到年产200000尾的规模，以此实现村民的长效收入。在胡书记的带动下，娑婆村党支部还提出党员干部先行让利于民的原则，他不仅拿出自己多年的积蓄支持村里的脱贫工作，甚至主动将自己在合作社联合社的股份分红无偿送给困难群众，深刻体现了共产党员无私奉献、全心全意为人民服务的宗旨。

基层党组织是乡村精神扶贫的推动者。静乐县基层党组织坚持把物质扶贫与精神扶贫相结合，把治穷与治懒、治愚相结合，不断转变"等靠要"的思想，强化群众脱贫攻坚的内生动力。辛村乡马圈滩村的第一书记刘书记便是典型，他是辛村乡马圈滩村"爱心超市"的创办者。他提出了"爱心超市＋"的模式，与脱贫攻坚各项工作有机结合，最大限度拓展"爱心超市"的服务功能，形成了涵盖劳动积分兑换商品、宣传扶贫政策、排查矛盾纠纷、开展便民服务、扩大农产品销售等服务项目为一体的脱贫管理服务中心，使"爱心超市"成为提升脱贫攻坚实效、激发贫困群众脱贫动力的"试验田"和"新阵地"。其中"爱心超市＋积分兑换商品"，既"扶贫"又

"扶志"。爱心超市的商品兑换实行积分制度，一般村民每年每卡基础积分为50分，建档立卡贫困户为200分，所有积分当年有效，年末清零。村民可以通过积分换取商品，积分项目包括村民参与人居环境改善、关心关注扶贫、注重道德提升、带头致富、帮扶贫弱等等，最后基层党组织根据村民积分多少、个人需求兑换同等价值的积分商品。"爱心超市"实行"表现换积分，积分换物品"的自助式帮扶做法，创造性地将扶贫与"扶智、扶志、扶德"相结合，"法治、德治、自治"相融合，极大地激发了群众脱贫致富的内生动力。到目前，静乐县常住人口在五十人以上的行政村基本实现了"爱心超市"全覆盖，"爱心超市"已经在脱贫攻坚中发挥出了积极作用。

　　静乐县基层党组织在中国最贫困的农村中带领群众摆脱贫困的事实是新时代中国共产党人为了建成小康社会，实现中华民族伟大复兴而努力奋斗的一个缩影，全面展现了新时代共产党人的勇气、担当、责任和情怀。由于自己缺乏现实生活的深刻体验，曾经在给学生上课的过程中，比较注重从理论的高度去讲问题说道理，但是通过这次评估调研活动，在以后的教学中，我们能够自信地和学生讲述关于中国基层党员在扶贫攻坚中发生的那些最真实、最鲜活和最生动的故事，让他们认识到中国共产党为什么行，历史和人民为什么选择了它。

因了解而感恩，因热爱而砥砺前行

文/李睿

（西安财经大学马克思主义学院）

2020 年 1 月初，我和学院的任艳妮老师、李转老师一起跟随第三方评估组，和学生一起去山西省静乐县进行了为期 6 天的评估工作。特别感谢各位领导的信任，给我这次参加第三方评估的机会，感谢同去调研的老师们对我的帮助。这次去的时间其实不长，只有短短几天，但是对我的震撼和洗礼却是前所未有的。我将结合自己在评估中的所见所闻，向扶贫工作中的每一个角色致敬，这些致敬中就包含了我这次的认识和收获。

首先，致敬奋斗在一线的扶贫干部。包括乡村干部、驻村干部、第一书记、帮扶队伍等等。如果没有这些一线干部的全身心投入，脱贫攻坚任务将举步维艰。农村生活条件是很艰苦的，而且很多贫困村都在山区里，交通条件十分恶劣。我还记得我访谈的一个山村的第一书记和驻村队员，这个第一书记是县急救处派遣下来的，是个退伍军人，驻村队员是个初中历史老师。但明显那个历史老师比第一书记精神面貌更好一点，也更健谈一些，聊的过程中才知道，在我们去之前的半个月，他们在从村里返回县城的路上出了意外，下雪天，开的车被逆向而来的拖拉机迎面撞上了。历史老师被方向盘撞伤了腰部，第一书记头直接撞破了挡风玻璃，造成了脑出血。我们到的前两天这个第一书记刚刚出院却坚持继续坚守岗位。他们说出事后老乡们自发去县城看他们，等他们返回村里时老乡们还给他们拿各种好吃的，拉着他们的手让他们去家里吃饭，他们微笑着说，觉得自己所有的辛苦都值得了。他们的言谈非常的朴实，但他们在脱贫攻坚战中发挥的作用却是举足轻重的。群众对扶贫政策的了解度和满意度与他们的努力息息相关。正是因为扶贫攻坚的战场上有千千万万个尽职尽责的扶贫干部，政策才会在第一时间得到落实、发挥效果。

其次，致敬淳朴的老区群众，他们身上散发着"吃水不忘挖井人"的感恩精神。犹记得有一户贫困户，家里是一个七八十岁的老母亲当家，这个老人家曾上过学，知书达理也很和蔼可亲，但天公不作美，她有四个儿子但老大、老二、老三都是哑巴，只有老四是正常人。而且老大有精神病，一直到现在都是老人家在照顾他，老二学习很好，也考中了大学，可惜在游泳的时候溺水死亡了，老三也没有结婚，四十多岁了一直跟着母亲生活，老四在县城中学当老师。这样的命运，放在一般人身上都是很难熬过去的，但是老人家看上去却非常的坚强。就是这样困难的人家，也没有说想要国家更多的扶持，而是心存感恩，一直夸着国家政策好。我们下乡的过程中遇到很多自食其力的老人家，六七十岁还在务农，甚至还有自主创业，承包土地搞产业的。他们都非常满意现在国家的政策，而且都心存感恩，其中一位七十七岁的大爷这样说："党和国家的政策这么好，我们不干活，干啥？"朴实的话语蕴含着强大的力量，直击人心。虽然这次调研的农村里也有个别人有"等靠要"的心理，但大部分的老百姓都是愿意勤劳致富的，并且对国家的政策常存感恩之心。

再次，致敬贫困县那些真心为百姓谋福利的干部领导班子，他们有着舍我其谁的担当精神。一开始我们到县里的时候，县领导班子事无巨细地帮助我们，从住宿、饮食到出行安全等，都非常的细致周全。一开始，我以为这只是因为我们代表第三方验收，他们对我们的示好可能有目的性。但随着后来在走访过程中的考察和调研发现，他们真的为百姓做了许多的实事，让群众享受到了实实在在的实惠，老乡们都说，看到了村里翻天覆地的变化。比如说，在产业扶贫上，单就光伏扶贫一项，给贫困户每户每年增加了 3000 元左右的收入。而且他们还为百姓规划了种植、养殖、培训、合作社、电商，致力于打造一个二产带动一产，三产服务二产的更先进的产业结构。目前很多合作社运营得不错，初具规模，已经给农民带来了肉眼可见的价值，我们也进行了现场考察，感受到县领导班子的用心。其他的基础设施和教育医疗方面也都做得不错。而且我认为特别好的一点就是县里各村的主要项目不尽相同，都是因地制宜地寻找了最适合的产业项目。可见县里是比较用心规划过的。他们还为静乐小杂粮农产品加工进行了静乐生活的品牌赋值，为静乐务工人员打造了静乐裁缝的品牌效应，有效地提高了就业岗位的数量，吸引了一部分年轻劳动力的返乡就业。这样的县政府是实实在在办事的县政府，这样的扶贫干部是踏踏实实为农民谋福利的好干部，2020 年打赢脱贫攻坚战，离不开他们的努力和奉献！

又次，致敬参加这次调研的学生孩子们，他们认真调研，有着公正负责的专业精神。没有他们的辛苦付出，我们这次的调研就无法进行。他们每天从早上七点到晚上十二点多，争分夺秒地进行专业的评估工作。工作强度特别大，但每个孩子都很认真地坚持着，努力着，感受着，成长着。记得有一天晚上研判会上，让每个孩子说一件在调研过程中感动的事，很多孩子都是说着说着就哽咽了，我相信他们在这次调研中的收获和成长，将会受益终身，这种感动和激励也会随着时间给他们的生命带来深刻的影响。其实农村的生活条件是非常苦的，光上厕所这一项就是一个很大的挑战。很多孩子都是在城市里长大的，没有吃过生活的苦。农村的厕所都是旱厕，户外的，说实话我自己都挺难适应的。但就是这样的条件，孩子们没有人喊苦喊累，而是圆满地完成了任务，给他们点赞。而且我们的孩子有纪律，有礼貌，每次出行可以有序地排队，对村里的向导和群众有礼貌。因为这次下去刚好遇到下大雪，他们在村里的路上和群众互相扶持，我相信这会让他们记忆深刻。我为我们西财的学子骄傲，为身为西财学子的老师而自豪。

最后，致敬我们的国家，国家的强大体现在全国人民奋发向上的奉献精神。国家的强大和国家对农村扶持力度之大、对扶贫工作规划到位，都深深地震撼到我。对我来说，在参加这次调研之前，扶贫攻坚只是晚上七点多新闻联播里的一个专业名词，我是带着学习的心态参加这次调研的。到现在，我了解国家在扶贫工作中，在教育、医疗、基础设施、产业项目等的一系列努力和成效。我看到了农村的改变、百姓的认可和扶贫干部的负责。能作为第三方参加到这次活动中，对我而言是一次精神洗礼，我更加热爱我们的国家、我们的党了，我爱得更加纯粹了。作为一个思政课教师，我以后会更加努力地工作和生活，为国家奉献自己的力量。

后　记

很荣幸由我来主编这本书，见证一段伟大历程，记录一些特殊情感，保存许多感慨与感动。

今年是建党一百周年，我国顺利完成了全面建成小康社会的伟大目标。8 年的脱贫攻坚，让近 1 亿农村贫困人口全部脱贫，832 个贫困县全部摘帽。这是一场全国上下动员、各族人民广泛参与的伟大战役，取得了举世瞩目的伟大成就。贫困县退出第三方评估，作为整个过程的必要环节，发挥着重要的作用。我所带领的团队非常有幸能在此环节中发出一点光和热。

2017 年 12 月至 2020 年 7 月，我们组织百余名师生深入 10 余个国家级和省级贫困县开展脱贫退出第三方评估工作。我们足迹东达黑龙江省佳木斯市桦南县，西抵新疆维吾尔自治区乌恰县，南下云南省昭通市巧家县，北上内蒙古自治区阿荣旗、奈曼旗和库伦旗，中至山西省垣曲县、万荣县、方山县、壶关县和静乐县。3 年来，我们置身于厚重的土地上，行走在贫困山区里，看到一组组喜人数据带给群众的喜悦与笑容，体会着数字背后的复杂与艰辛、矛盾与纠结、泪水与汗水，感动于劳动人民的勤劳勇敢与善良质朴。

2019 年 7 月，评估队来到乌恰县中国最西极的吉根乡，乡党委书记陈邹凤是一名来自重庆、扎根基层多年的"90 后"大学生，受邀为我们做了工作交流，深深地打动了我们每一位师生。对于脱贫攻坚中的辛苦付出与喜人收获，她用《祖国不会忘记》这首歌做了最动人的诠释。

在茫茫的人海里，我是哪一个？

在奔腾的浪花里，我是哪一朵？

征服宇宙的大军里，默默奉献的就是我；

辉煌事业的长河里，永远奔腾的就是我。

不需要你认识我，不需要你知道我，

我把青春融进祖国的江河。

山知道我，江河知道我！

祖国不会忘记我！

是的，祖国不会忘记，精准扶贫政策的规划者与执行者，为扶贫鼓与呼的有识者，带领群众艰苦脱贫的各级党员、干部，还有更多深度贫困地区不甘贫困的普通群众。大家的目标只有一个，就是想落实好党的扶贫政策，让困难群众早日脱贫致富奔小康。新时代是奋斗者的时代，他们是新时代最可爱、最可敬的人。

是的，祖国不会忘记，评估中这群朝气蓬勃的研究生们，他们的身影穿梭在田间地头，奔走在贫困村、贫困户家中，用他们的真情、热情和智慧谱写着无悔的青春。他们用一个个真实、生动的故事展现出中国脱贫攻坚取得的巨大成就，呈现扶贫工作的艰巨性和复杂性，充满着思辨和温暖。深入生活、扎根人民，将个人情感与国家命运紧密相连，在扶贫路上青年永远不会缺席，这是青春的勋章。

作为新时代脱贫攻坚的见证者和践行者，我们必须要铭记那些用生命担当使命、坚守初心、默默奉献的英雄，珍惜来之不易的幸福生活，时刻鞭策自己，在岗位上兢兢业业，积极弘扬奉献精神，祖国和人民不会忘记每一位时代的奋斗者。

贫困县退出第三方评估工作是师生们进行爱国主义教育的重要平台，我们亲耳聆听了"人民楷模"国家荣誉称号获得者布茹玛汗·毛勒朵和"最美奋斗者"吴登云的感人事迹，深入平顺县"纪兰党性教育基地"、静乐县高君宇纪念馆等现场感受爱国主义精神。返校后，我们在全校开展"扶贫评估致敬祖国"主题教育宣讲活动，希望把脱贫攻坚中涌现的感人事迹、中国人民百折不挠的干事劲头、我们在期间所沐浴的精神洗礼，分享给全校师生，鼓舞信心，凝聚力量，一道为建设特色鲜明的西安财经大学、实现中华民族伟大复兴而不懈奋斗。现在看来，这个愿望实现了，我们的宣讲活动赢得了师生们的点赞，大家工作的热情更高了，学习的心劲更足了。这个特色教育活动，还赢得了社会的密切关注，先后被《中国教育报》《中国青年报》《陕西日报》等多家媒体报道。

而陈邹凤书记所唱的《祖国不会忘记》，也传递着我编写本书的心声。是的，我决定用一本书来承载大时代的跃动音符，铭记我们波涛般的内心感触，礼赞脱贫奔小康道路上的奋斗者、奉献者，致敬那些最美好的岁月。

衷心感谢北京师范大学刘学敏教授和李强教授对我们团队的信任，带领我们用双脚丈量着祖国的土地，用心感知着国情、党情、民情，我们的心灵被强烈震撼，精神时时被沐浴洗礼，同学们深深懂得了祖国母亲的伟大。衷心感谢西安财经大学党委书记杨涛、校长方明在评估中对师生的牵挂和嘱托，感谢校党委副书记李国武和副校长任保平对本书编写出版给予的关心和支持！感谢马克思主义学院、党委宣传部、校工会（扶贫工作办公室）、人事处、研究生院、经济学院等部门负责同志给予的宝贵支持！衷心感谢接受评估县相关部门和领导的密切配合，使得评估任务顺利完成，催生了感想，孕育出这本集子！

此刻，耳边又飘过陈邹凤书记的歌声："我把青春融进祖国的江河。山知道我，江河知道我！祖国不会忘记我……"我相信，这歌声也会时刻萦绕在所有师生们耳边。

宋敏

2021.01.29 于神禾塬